GW01607824

COLLECTION
FOLIO ESSAIS

Textes sacrés d'Afrique Noire

Choisis et présentés par

GERMAINE DIETERLEN

avec la collaboration de
Béatrice Appia, Daniel Biebuyck, R. P. Borgonjon, Daryll Forde, Pierre Idiart, Annie et Jean-Paul Lebeuf, Paul Mercier, Jean Rouch, Pierre Roumeguère, Jacqueline Roumeguère-Eberhardt, Pierre Verger, Dominique Zahan

Préface de

AMADOU HAMPÂTÉ BÂ

Gallimard

Cet ouvrage a été publié pour la première fois dans
la Collection UNESCO d'œuvres représentatives,
Série africaine.

PRÉFACE

Qui suis-je et quels titres puis-je décliner pour justifier le fait d'avoir accepté de préfacer ce recueil de textes religieux d'Afrique Noire que Mme Germaine Dieterlen présente au grand public ?

Je suis Africain noir de souche ; je suis né et j'ai grandi dans un pays de savane : le Mali, où les traditions de l'Ouest africain, au sud du Sahara, ont puisé leurs sources principales, où elles sont conservées avec précaution et où elles continuent à se transmettre de bouche à oreille.

Quant à mes titres, ils tiennent tout d'abord à mon âge, qui, en Afrique Noire, me donne droit absolu à la « grande parole ». Il y a, de plus, mon initiation qui m'a amené à connaître nombre de traditions secrètes de mon terroir.

Mais le plus grand privilège de ma vie est d'avoir été nourri de l'enseignement du sage de Bandiagara, Tierno Bokar, un des maîtres de l'ordre musulman Tidjania.

Mon ami, le professeur Théodore Monod, fut le premier à révéler en 1950 au public européen l'existence de Tierno Bokar. Cet homme extraordinaire fut tour à tour appelé « homme de Dieu », « interprète de Dieu », « saint François d'Assise du Mali », etc. Pour lui, le verset coranique « À vous votre religion et à moi la mienne » ne fut ni un vain mot ni un thème de dissertation théologique sans application pratique et moins encore un verset abrogé.

Il m'apprit dès mon âge le plus tendre à ne pas croire sans appel que mon « moi » était le pôle de l'Univers et qu'en dehors de ma « vérité » il ne pouvait y en avoir d'autres.

Cette éducation de base mystique instaura de bonne heure en moi une grande tolérance. Celle-ci a souvent scandalisé la conscience de mes confrères plus formalistes. Je le sais. Mais cela ne saurait m'empêcher de poursuivre ma route. Comment apprendre à être tolérant ? Cette question fut posée à Tierno Bokar par un de ses élèves, Samba Hammadi. Il répondit :

1° Tout en cherchant à avoir raison, il ne faut pas pour autant s'évertuer à réfuter les idées de ton prochain dans le seul but d'établir les tiennes à ses dépens.

2° Si tu n'es pas compris, cherche à comprendre celui qui ne t'a pas compris et à savoir pourquoi il ne t'a pas compris.

C'est la seule voie infaillible qui mène à cette entente basée sur une mutuelle connaissance.

3° Sois sincèrement le néophyte de tout homme qui voudrait t'apprendre quelque chose et aussi l'humble moniteur de tout homme qui solliciterait ton enseignement.

4° Sois un fouinard hardi et attentif. Frappe à toutes les portes pour t'instruire des us et coutumes des autres. Mais sois un fouinard qui ne vilipende jamais, par mépris ou malveillance, les secrets qui lui seront confiés.

Je rends hommage à la culture française de m'avoir permis de découvrir qu'il y avait de par le monde d'autres horizons, différents de ceux que mon hérédité et ma formation traditionnelle m'apportaient.

Essayer de comprendre l'Afrique et l'Africain sans l'apport des religions traditionnelles serait ouvrir une gigantesque armoire vidée de son contenu le plus précieux. Mme Dieterlen, qui présente ce recueil de textes, le fait ici en toute connaissance de cause : elle est membre de cette petite phalange de chercheurs qui a réalisé une grande œuvre et su ouvrir la porte de certains sanctuaires sans en fracasser ni même en forcer la serrure.

Contrairement à ce que pensent certains Occidentaux et quelques jeunes Noirs formés à leur école, la religion n'est pas en Afrique une cause de stagnation de l'homme ni une source de conflits interterritoriaux. Autant le Noir est profondément croyant, autant il est grandement tolérant. Partout où l'intolérance se manifeste en pays noir, elle est due à une cause introduite de l'extérieur.

La religion, en Afrique, ne consiste pas seulement à respecter les dogmes établis pour rendre hommage à un Dieu unique ou à des dieux multiformes. Elle est l'armature de la vie. Elle charpente toutes les actions publiques et privées de l'homme ; ceux qui se disent incroyants, s'ils vivaient en Afrique, verraient leur conviction ébranlée.

Bien que nos religions traditionnelles ne se perdent pas dans les labyrinthes de la théologie qui veut décrire Dieu ou épiloguer pour prouver son existence, nul ne peut nier l'existence de cette cause principielle dont les êtres créés que nous sommes sont un effet patent.

Pour nous, Dieu est la cause universelle, permanente et cachée. C'est lui qui donne l'existence aux êtres. Celui qui nie cette cause, que la science actuelle découvre chaque jour davantage et que les adeptes des religions dites révélées défendent avec une âpreté remarquable et un aplomb surprenant, ne saurait être considéré en Afrique au sud du Sahara comme un être normal.

S'il n'y avait pas une force régulatrice pour ordonner les mouvements des hommes et des astres, nous vivrions dans un désordre tel qu'un jour on verrait le soleil se lever à l'ouest et se coucher au sud, les grands arbres de la forêt vierge pousser dru à la surface des déserts glacés du pôle Nord. Cette force inouïe qui paraît ambiguë à certains experts ne l'est point en Afrique Noire. Pour le Noir, Dieu existe ; les Bambara le nomment Massa Dambali, soit « Roi increé », ou encore Fembé Damba, « Créateur de toutes choses ». Mais il est si transcendant que seules des paroles composées selon des rites précis peuvent parvenir jusqu'à lui. D'où les prières, les danses et les grands feux des cérémonies qui ont lieu partout en Afrique à l'occasion des grands événements. « Il faut prier sans cesse et demander l'assistance suprême à chaque occasion », dit l'adage ancien.

Le jeune marié demande à Dieu de lui donner un héritier ; le cultivateur et le pêcheur demanderont une bonne récolte ou une bonne prise ; le malade, la santé ; le vendeur, une clientèle ; l'acheteur, le meilleur marché ; etc.

Avant que l'enfant vienne au monde, les dieux sont sollicités afin qu'ils facilitent le voyage de l'étincelle vitale qui va descendre pour animer la matière et devenir un « Tiéblénin », « petit homme rouge ».

Le trajet qui va de l'inconnu, dit « grenier des semences » de vie, à la matrice vivant sur la Terre « mère », appelée aussi « champ de l'incarnation », est fait de méandres dangereux plongés dans des ténèbres épaisses. La parole, mesurée et bien scandée, peut seule éclairer cette voie. Elle seule peut aussi fléchir les dieux. Elle les pousse à manœuvrer l'appareil commandant l'écoulement de la force qui véhicule le germe vital des êtres. Le corps de l'homme est une rampe de lancement de la parole humaine vers les sphères divines. Sous la poussée des contorsions qu'effectue le corps, la pensée et la parole montent ensemble comme un projectile.

C'est là l'explication des danses rituelles accompagnées de paroles et d'hymnes. Aux battements des tambours, les danseurs initiés se trémoussent et chantent. Les feux allumés tordent leurs flammes qui se transforment en fumée et montent. Les vœux exprimés se mêlent à la fumée, qui est, d'après le proverbe didactique, le meilleur véhicule pour « aller en haut ».

Il n'est donc pas étonnant de voir en Afrique danser et chanter nuit et jour comme un peuple jeune et insouciant. Mais l'Afrique n'est mineure que dans le domaine technique ; elle est mûre quand il s'agit de l'humain. Elle n'a jamais cessé d'être dans la nature.

Ne pouvant m'étendre ici trop longtemps, je donnerai quelques exemples puisés dans les traditions africaines relatives d'une part au cycle de vie de l'homme, d'autre part aux techniques diverses qui sont les siennes.

1° L'union matrimoniale est bénie par les « anciens » vivants, puis recommandée par ceux-ci aux « mânes des ancêtres ». Selon la tradition, jadis la jeune mariée, pendant les douze premiers mois de son mariage, était considérée comme la « servante des dieux ». Elle était exempte de toute besogne domestique en dehors de l'intimité conjugale. Elle était dite une « chambre réservée à l'hôte » que les dieux pourraient envoyer — en l'occurrence un enfant.

Chez les Toucouleurs, la jeune mariée cachait son visage derrière un large voile noir, et cela pendant les quatre-vingt-dix premiers jours à partir du moment de la consommation du mariage, qui n'est conclu qu'après l'intervention du voyant, géomancien et prêtre à la fois. Celui-ci ne se prononce qu'après avoir prié et manipulé les quatre-vingt-seize points auguraux répartis en mâles et femelles dans les seize demeures ou voies. La femme qui ne concevait pas au cours des onze premiers mois prenait rang pour effectuer les travaux ménagers de sa famille.

La matrice d'une telle femme était considérée comme affectée d'un esprit malin de l'espèce opposé à la multiplication du genre humain. Qui peut lutter contre son influence ? Seul l'un des prêtres initiés à la démonologie. Il détermine si la matrice improductive a vraiment été obstruée par un esprit malin ou si elle est improductive parce qu'un dieu a été offensé. Dans le premier cas, c'est une incantation barbare et grossière que le prêtre utilisera, comme celle de « barafindya », souhait proféré contre les sorciers. Dans le second cas, il fera des prières et immolera un animal pur.

Si la femme a le bonheur de concevoir avant l'expiration des onze premiers mois, elle sera classée parmi les « têtes heureuses », à la matrice fertile.

Quant à la femme qui conçoit dans les sept premiers jours, elle portera le titre flatteur de « femme-lumière » ou « la meilleure », et sera dite « la phosphorescente ».

Selon la tradition, un enfant conçu dans cette période d'élection vient au monde avec toutes les chances d'être plus tard un « grand ». Il lui sera facile de se hisser bien haut sur les plans supérieurs de la hiérarchie sociale, de la vie intellectuelle, de la morale.

La religion s'occupe donc de l'enfant avant et pendant son état fœtal. Elle lui a donné, alors qu'il n'était qu'une étincelle de vie, l'appui et le guide qu'il lui fallait. Elle a veillé sur lui durant les neuf mois de sa formation physique dans l'obscurité du sein maternel, car la femme en état de grossesse est soumise à des rites prescrits par la croyance. La religion ne sera point absente le jour de la naissance du bébé. Elle interviendra quand il faudra le sevrer, c'est-à-dire rompre définitivement le deuxième lien qui l'unissait étroitement à sa mère. Le premier lien — le cordon ombilical — a été coupé à la neuvième lune, c'est-à-dire le jour de la naissance. Le sevrage a lieu après la vingt-quatrième lune. On constate ainsi que le nouveau-né puise sa nourriture dans le corps de sa mère pendant trente-trois lunes. Après ce temps, il la puisera directement dans la nature, car les trente-trois os de sa colonne vertébrale sont formés. À partir de la soixante-sixième lune, il peut pratiquer la religion en commençant par la petite initiation. Elle doit durer au moins dix-huit lunes. Dès que les quatre-vingt-quatre lunes qui forment le premier septennat seront révolues, le petit garçon deviendra « bilakoro », terme qui signifie mot à mot : « laissé à vieillir », c'est-à-dire « en voie de maturité ». La vie mystique complète d'un homme est de sept cent cinquante-six lunes, soit soixante-trois années lunaires, subdivisées en neuf degrés de douze lunes. La sept cent cinquante-sixième lune est mystiquement considérée comme marquant la fin des activités obligatoires de l'homme. Il est symboliquement mort, ce qui implique son dégagement de toute obligation sociale. Il peut continuer à servir, mais il n'y est plus astreint par la loi initiatique.

Les cérémonies des funérailles sont les dernières pratiques religieuses exécutées à son intention. Ainsi la religion, qui va au-devant de l'homme au-delà des zones connues, le suit tout au long de sa vie et l'accompagne jusque dans sa tombe.

2° Toutes les liturgies des religions traditionnelles d'Afrique Noire comportent trois grandes divisions :

— la liturgie relative aux êtres du règne animal ;
— la liturgie qui se rapporte aux végétaux ;
— la liturgie concernant les objets du règne minéral.

Ces grandes divisions et leur segmentation sont à la base des représentations liées aux ateliers de travail.

Le maître ouvrier ou chef d'atelier était non seulement un travailleur manuel, mais encore et surtout un prêtre officiant, habilité à exécuter des rites déterminés, à l'occasion d'événements intervenant dans la vie des hommes ou de phénomènes de la nature. Il y a eu au départ onze « ateliers » ou sanctuaires de base :

1) le forgeron,
2) l'orpailleur,
3) la potière,
4) le tisserand,
5) le cordonnier,
6) le bûcheron,
7) le maçon,
8) le chasseur,
9) le pasteur,
10) l'agriculteur,
11) le tailleur.

Quant aux subdivisions, je n'en citerai ici que quelques-unes. Les forgerons travaillent dans deux ateliers différents :

a) la forge pour le « métal fort » — le fer noir ;
b) celle des « métaux précieux » — or et argent.

Le forgeron du fer noir est le grand maître de la magie. Tandis que son homologue bijoutier, travaillant or et argent, est plutôt un homme de cour proche des rois. C'est donc un courtisan de classe.

L'orpailleur travaille dans la mine, c'est de lui que dépend le bijoutier-forgeron courtisan. L'orpailleur détient les secrets du sein de la terre. Il affronte les esprits de dix couches avant de parvenir à « Kaydara le merveilleux », qui habite la onzième, qui est aussi la demeure de l'or, matériel et spirituel à la fois.

Comme pour les forgerons, il y a deux sortes de tisserands : celui du coton et celui de la laine — ce dernier plus magicien que le premier. Son métier est fait, obligatoirement, de trente-trois pièces distinctes. Sur chacune de ces pièces on doit dire une prière avant et après l'utilisation courante.

La vannerie et le tressage des nattes se classent dans l'un des embranchements du tissage.

On distingue, pour la chasse, celle qui s'effectue sur la terre ferme et celle qui a lieu dans l'eau.

L'élevage est généralement l'apanage des nomades. Il est basé sur une grande école initiatique. Chez les Peul, il est subdivisé en trois sections ou grades qui sont associés aux trois catégories d'animaux : bovins, ovins et caprins. Il me suffirait de rappeler les mythes relatifs au taureau, au bélier ou au bouc, qui existent dans les traditions de bien des pays, pour donner une mesure d'appréciation de ce métier, quand il est considéré comme une religion chez les Peul « rouges » dispersés dans toute la savane africaine de l'est à l'ouest. Koumen, cité dans cet ouvrage, donnera un avant-goût de cette initiation peule que nous souhaitons pouvoir écrire un jour entièrement.

Pour chaque rite, il y a une musique appropriée, une danse spéciale, une chanson particulière, des paroles déterminées récitées avec ou sans emphase. Le rituel peut varier d'un pays à un autre, mais le fond reste le même. Il s'agira toujours sur terre d'un objet ou d'un être qui ne saurait se situer en dehors des trois grandes divisions ni appartenir au règne minéral, végétal ou animal.

Il faut, dira le maître initiateur, trois cailloux pour créer un foyer sur lequel se posera la marmite qui cuit le repas. Il faut de même trois personnes pour fonder l'unité et la stabilité de la famille : le père actif, la mère passive et l'enfant neutre.

Ce qui est vrai pour la famille humaine l'est aussi pour la révélation divine selon les monothéistes. Ce sont toujours trois agents qui s'unissent pour que s'établisse le mystère. L'Église chrétienne connaît le Père, le Fils et le Saint-Esprit ; le Judaïsme, Jéhovah, le Métatron et Moïse ; l'Islam, Allah, Djibril et Mahomet. Dans la pensée de l'animiste malien instruit, ce sont toujours les principes de Ma, Sa et Oua — soit trois essences divines — qui s'unissent pour accomplir des miracles.

Nous souhaitons que ces quelques lignes apportent au lecteur une idée de la place que la religion occupe dans la vie privée et publique de l'Africain noir au sud du Sahara et servent de torche vive pour éclairer celui qui entreprend la lecture de cet ouvrage.

AMADOU HAMPÂTÉ BÂ

INTRODUCTION

Les textes que nous présentons dans ce volume ont été pour la plupart extraits d'ouvrages d'auteurs qui se sont penchés sur les problèmes que posent les croyances et les religions des populations d'Afrique Noire. Ils ont été choisis, certes, pour l'intérêt qu'ils présentent en eux-mêmes ; mais aussi pour le rôle qu'ils jouent au cours des cérémonies, car ils rythment l'exécution de rituels complexes auxquels ils s'intègrent, au même titre que les gestes de l'officiant, du sacrificateur ou des participants. C'est dire leur extrême variété.

C'est pourquoi le lecteur trouvera dans cet ouvrage des textes soit longs, soit courts, descriptifs ou au contraire elliptiques : simples prières et oraisons, individuelles ou collectives ; formules d'invocations où interviennent des répétitions scandées, modulées ou même chantées ; longs textes immuables qui servent de base à l'enseignement donné à ceux qui subissent l'initiation.

Sans être exhaustif, ce choix couvre une très large partie du continent africain ; cependant, il est bien évident que tous les peuples d'Afrique Noire n'y sont pas représentés, soit que la documentation fasse défaut, soit qu'elle ait échappé à nos recherches.

Chaque texte est précédé d'une introduction directement inspirée par l'ouvrage de l'auteur qui l'a recueilli et transcrit. Dans ces présentations, nous avons, autant que l'ouvrage et l'auteur le permettaient, instruit le lecteur des bases de l'organisation sociale, politique et religieuse, et du panthéon des peuples intéressés. Pour schématiquement résumées que soient ces considérations, elles nous ont paru indispensables à l'intelligence du texte lui-même.

Chaque fois que cela a été possible, nous avons demandé aux auteurs de présenter eux-mêmes les textes choisis. L'ouvrage compte aussi un certain nombre d'inédits ; ceux qui les ont communiqués ont également consenti à les introduire eux-mêmes, ce qui ajoute à leur valeur. Dans ces deux cas, l'auteur a signé sa propre introduction. Nous les remercions tous ici de leur collaboration qui a permis de les situer dans un contexte plus précis que nous n'aurions pu le faire nous-mêmes, de leur conserver davantage encore leur caractère ; ils transmettent ainsi leur message le plus authentique.

Ces présentations, qui situent chaque texte dans son cadre, feront apparaître la diversité des structures sociales traditionnelles de l'Afrique, dont il est impossible de donner un aperçu général. En effet, il s'agit de nomades ou de sédentaires, de peuples dont la technique de base diffère et dont l'économie est liée soit à l'agriculture, soit à la pêche ou au pastorat, voire à la chasse et à la cueillette. Si le fondement de l'organisation sociale est le plus souvent la famille au sens large, le lignage, il comporte des variantes ou des différences aussi fondamentales que celles qui relèvent du patriarcat ou du matriarcat; de plus, ces lignages peuvent être ou ne pas être groupés en clans totémiques. On note aussi le rôle des classes d'âge; la présence de castes endogames et indépendantes, comme celle des forgerons, dont les fractions sont rattachées à tel peuple ou à telle autorité.

L'organisation politique présente également toute une gamme : certaines populations s'étaient reconnu un roi, certaines ont formé des empires, d'autres étaient constituées seulement de groupes territoriaux placés sous l'autorité d'un chef local, ou encore de tribus nomades.

Cette mosaïque de structures a fait en son temps la richesse de l'Afrique traditionnelle. L'évolution rapide actuelle des pays d'Afrique Noire les a déjà modifiées et les modifiera encore; en leur donnant un autre départ, dans des systèmes où elles trouveront à s'exprimer, elles contribueront à conserver aux peuples d'Afrique leur force spécifique et leur originalité.

Parmi les ouvrages et les études dont sont extraits ces textes, empruntés pour la plupart aux religions traditionnelles de l'Afrique, beaucoup sont déjà anciens. Avant même leur parution, les contacts avec l'Occident, les changements apportés à l'économie, l'importation de religions étrangères, islamisme et christianisme, avaient déjà modifié le visage de ces croyances et de ces rites. À l'heure où l'Afrique Noire est constituée de pays indépendants, organisés étatiquement selon des structures modernes, ce changement se produit de façon accélérée. Notre documentation a donc un caractère historique, elle constitue un recueil de traditions orales qu'il convient de compléter, là où l'œuvre n'a pas été entreprise, avant leur disparition.

L'énoncé des prières, des invocations, des textes initiatiques, se situe dans les cadres les plus variés :

— au moment des cérémonies religieuses, soit collectives, soit réduites à un groupe social déterminé : rites agraires, rites de pêche ou de chasse, fêtes de renouvellement de l'année, etc. ;

— pour tout ce qui concerne les étapes de la vie de chaque membre du corps social : naissance, baptême, circoncision ou excision, initiation, mariage, décès ;

— pour la pratique de l'artisanat traditionnel (tissage, forge, travail du bois, de la paille ou du cuir) qui s'accompagne toujours de rituels spécifiques ;

— lors de l'intronisation ou du décès des prêtres, des chefs, des rois ;

— pour tous les incidents graves et les événements individuels ou collectifs : les maladies et les épidémies, les voyages et les migrations, la guerre et la paix ; pour tout ce qui, selon la formule africaine, « inquiète notre cœur ».

C'est dire que l'officiant ou le récitant est chaque fois différent. Au sein du lignage, c'est le chef de famille, le patriarche, qui invoque Dieu et les ancêtres au nom du groupe ; pour le clan, le prêtre totémique — qui doit parfois entrer en transes et parler au nom de l'« esprit » qui le pénètre et dont il devient, momentanément, le support ; pour l'intronisation ou les funérailles d'un roi ou d'un chef, le prêtre ou le dignitaire désigné par l'étiquette. Ce sont les initiés du plus haut grade qui enseignent les jeunes qui doivent apprendre et comprendre les textes sacrés et, lorsque c'est le cas, le maniement de la langue secrète dans laquelle ils sont émis, laquelle diffère du dialecte courant ; ce sont ces mêmes dignitaires qui, dans certains cas, les récitent au cours des cérémonies collectives. C'est l'artisan qui, au début ou au cours de son travail, invoque les puissances surnaturelles dont dépendent, pour une part, l'exécution et le fini de l'ouvrage entrepris. C'est le devin — car la divination, dans presque tous les cas, est un acte religieux — qui prie au moment où il dispose les matériaux qu'il utilise, lesquels sont faits parfois d'éléments naturels classés et coordonnés, et qui lit souvent le destin du consultant en fonction d'un système cosmogonique.

Plusieurs remarques doivent être faites dans cette introduction. Nous présentons ici des textes liturgiques, qui n'ont aucun caractère littéraire pour les usagers — lesquels ont produit de tels textes et en usent largement, mais dans d'autres occasions — mais qui offrent par contre tous les caractères de textes sacrés. Leur beauté n'est point due à l'art de tel ou tel individu ; l'auteur, s'il y en eut, est toujours resté anonyme. Elle réside, lorsqu'elle existe, dans l'expression d'un contenu qui, le plus souvent, intéresse une collectivité. On remarquera la richesse indiscutable de certains de ces textes : l'invocation, la prière témoignent de la foi de l'individu ou du groupe, de l'appel que tous adressent à Dieu, aux puissances surnaturelles, aux ancêtres, pour être secourus, ou des remerciements qui leur sont adressés. Mais ces appels s'accompagnent très souvent d'un grand nombre de considérations qui traitent d'éléments naturels, voire d'objets et dont on ne peut, à première vue, saisir le sens et la portée.

C'est qu'en effet, et ce point a été dégagé au cours des études menées ces dernières années dans le continent africain, dans les croyances et les systèmes de pensée d'Afrique Noire, aucune place réelle n'est faite à ce que nous nommons le profane. D'où le contenu des textes, où apparaissent les éléments les plus divers de la nature, comme du monde social créé par l'homme. L'Africain qui pratique une religion traditionnelle ne croit pas seulement en un Dieu créateur et tout-puissant que secondent un certain nombre de puissances surnaturelles, qui sont des intermédiaires entre lui, la nature et l'homme. Il ne croit pas seulement au pouvoir de Dieu et de ce panthéon sur l'homme et sur l'univers. Il vit — au sens le plus complet du terme — sa croyance et ceci sous l'œil du créateur, dans un monde organisé où chaque être — vivant ou mort —, chaque chose, même la plus humble, a sa place, joue un rôle et où le hasard n'a point de part. Dieu a créé et organisé le monde — dans des systèmes construits et fonctionnels — où le désordre et la maléficience eux-mêmes sont inclus. Rien de ce que l'on voit, fait, dit ou pense, n'est indifférent ; rien de ce que Dieu a créé ne peut être négligé. L'homme se meut et agit dans l'univers en fonction de la présence et de la valeur de tous les éléments qui le composent.

La conscience claire qu'ont les Africains de ce qui les entoure les a poussés à analyser, dans leurs moindres détails, tous les éléments de l'univers qu'ils ont appréhendés. Ceux-ci sont classés en catégories décomposables et mises en parallèle. Dans la perspective religieuse, étant membres du même tout — le monde créé et organisé par Dieu —, ces catégories sont en correspondance les unes avec les autres, dans des relations non point seulement conceptuelles, mais biologiques, comme celles qui lient les organes d'un même corps vivant.

Là où, à côté de la religion traditionnelle, s'est développée la magie, là où l'on observe cette série de pratiques que l'on nomme « sorcellerie », ces démarches ont probablement puisé au même fond, pour traduire en techniques contraignantes ces correspondances et ces analogies. Et, dans le cas de la « sorcellerie », pour les détourner complètement de leur but initial.

L'appréhension de tels systèmes constitue l'acquisition d'un véritable savoir, qui englobe tout ce qui concerne le monde stellaire et la terre, la nature et ses règnes, l'homme comme individu, également en tant que membre d'une collectivité. Elle est d'une ampleur telle qu'elle nécessite une véritable instruction qui s'étend généralement sur des années ; c'est ce que l'on nomme l'initiation. L'instruction est donnée progressivement, après la petite enfance — et généralement débute avec la circoncision et l'excision, qui sont des rites de passage —, à tout individu désireux de l'acquérir et qui se montre digne de la recevoir. S'il remplit sa fonction d'homme ou de femme au sein de sa famille ; s'il en a les capacités intellectuelles ; s'il fait preuve de qualités morales : droiture, patience, persévérance, courage, sens de la discipline ; s'il a conscience de son rôle dans la collectivité.

L'initiation prend des formes différentes dans chaque ethnie ; elle peut être liée à la pratique de telle ou telle technique, elle varie selon qu'il s'agit d'agriculteurs, de pêcheurs ou de pasteurs. Partout elle modèle, développe, affermit l'individu. Elle est, bien entendu, nécessaire à tout responsable d'une fraction de sa société, à tout membre actif du corps sacerdotal.

Un autre point doit être souligné, qui concerne à la fois la valeur du contenu, et l'expression de ce contenu. Si l'Occident possède un certain nombre de textes écrits considérés comme sacrés, l'Afrique Noire traditionnelle en connaît un très grand nombre, mais ils sont oraux. Leur connaissance nécessite un exercice mnémonique d'envergure : leur transmission est l'objet de soins constants et, justement à cause de leur caractère sacramentel, de précautions particulières. Ils sont communiqués fidèlement, de génération en génération, par ceux qui en sont les dépositaires, à ceux qui doivent les remplacer. Du père au fils, de l'instructeur à l'initié, du prêtre au postulant, cette transmission ne s'opère qu'entourée de garanties destinées à les protéger de tout sacrilège. Car ils relèvent de l'oralité ; les termes dans lesquels ils sont exprimés sont, selon les croyances traditionnelles, expression verbale de la « parole » au sens complet du mot ; il inclut ici la pensée, les sons articulés, c'est-à-dire le langage, dans lesquels elle est transmise et dont elle reçoit sa forme matérielle, enfin l'action exercée à l'extérieur par l'expression de cette pensée. Le terme se comprend à la fois comme pensée, parole sonore, langage et verbe. Dieu entend la prière qui « agit » dans le rituel par son pouvoir intrinsèque, sous une forme au moins égale et comparable au sacrifice ou à toute autre opération ou manipulation rituelle.

Aussi ne faut-il point s'étonner que de tels textes comportent des expressions d'un symbolisme parfois polyvalent. Ils sont déclamés, récités, donc entendus par l'ensemble des assistants ; ce qu'ils traduisent doit rester caché pour ceux qui ne sont pas instruits et transparaître pour « ceux qui savent ». La « parole » agit, mais le secret reste gardé. Une séquence d'un texte, parfois même une seule phrase peuvent être comprises de plusieurs façons. Le sens courant, intelligible à tous, recouvre un sens profond — parfois plusieurs — que l'on révèle progressivement aux initiés, le dernier étant généralement réservé à ceux du plus haut grade ; tous les commentaires successifs, étagés, qui seront donnés peu à peu, contribueront à leur instruction.

Les textes qui suivent parleront d'eux-mêmes ; même traduits — et parfois deux fois —, ils nous transmettent le message des peuples d'Afrique. Tous, dans des formes diverses, manifestent l'intense religiosité qui caractérise ces peuples. Presque partout, l'homme s'adresse d'abord à Dieu, le créateur, l'omniscient, le tout-puissant, et à ceux auxquels il a délégué ses pouvoirs, qui sont généralement soit ses « fils », soit ses émanations ou encore ses attributs. Dieu étant au-dessus de tout et comprenant en lui-même l'ensemble des choses, ces puissances surnaturelles que l'on nomme parfois dieux secondaires, « génies » ou « esprits », faute de meilleurs termes, sont souvent des personnalisations de ses caractères, pouvoirs et manifestations : ils peuvent donc être innombrables et représenter son autorité, son ubiquité, sa miséricorde, sa colère ; sa terre, sa forêt, sa pluie fécondante, sa foudre, son feu, etc. Les hommes s'adressent aussi aux ancêtres de la tribu et du lignage, toujours présents et actifs, que l'on consulte, auxquels on demande appui, fécondité, et qui sont garants de l'ordre dans la lignée ; aux héros morts, guerriers et civilisateurs, qui, entrés dans la légende et parfois dans le mythe, ont conservé leurs pouvoirs et dont les textes exaltent les forces particulières.

La foi vécue dont nous avons parlé se traduit dans toutes les perspectives évoquées — et sous toutes les formes, explicites ou non — qui relèvent du génie particulier à chaque peuple. Elle peut aussi s'exprimer avec la force et la simplicité dont témoigne cette invocation à Dieu, extraite d'un texte dogon[1] :

« Amma, nos corps sont courbés devant toi,
Nos mains sont dans notre dos,
Tous les hommes ont les mains au dos,
Enferme dans un trou toutes les mauvaises paroles,
Donne à notre gorge de bonnes paroles,
Donne à la gorge de tous les hommes de bonnes paroles... »

G. DIETERLEN

1. Marcel Griaule, *Masques dogons*, p. 148.

PRIÈRES ET INCANTATIONS

I

Prières des tisserands et forgerons peul

[B. Appia (inédit)]

Les Peul sont, à l'origine, des pasteurs nomades. Venus du Nord-Est, leur arrivée dans la région sahélienne se situe vers le VIIe siècle. Ils ont d'abord atteint le Sénégal, se sont ensuite établis dans les savanes de l'Afrique occidentale et ont conclu des alliances matrimoniales avec les peuples noirs établis dans ces régions avant eux. La plupart d'entre eux sont devenus progressivement sédentaires, l'élevage restant cependant leur activité principale. Si quelques fractions d'entre eux ont conservé la religion traditionnelle, la plupart sont convertis à l'islamisme.

Dans la plupart des peuples d'Afrique Noire, les tisserands et les forgerons occupent une place importante dans la hiérarchie sociale. En effet, ils détiennent l'un le métier à tisser, l'autre la forge qui revêtent une valeur symbolique ambiguë et confèrent à ceux qui les utilisent un caractère sacré.

L'initiation, particulière et très secrète, des tisserands et des forgerons n'est pas seulement destinée à la parfaite transmission, de générations en générations, de la science professionnelle, mais aussi à perpétuer l'héritage des prières transmis par les ancêtres et donné au premier tisserand et au premier forgeron par les *ginna*, génies bienfaisants. Ces prières ont pour but de se concilier les puissances surnaturelles et de s'assurer de leur neutralité, sinon de leur aide dans le travail à accomplir.

Elles revêtent, aux yeux de ceux qui les prononcent, une extrême importance, car elles constituent le legs professionnel et sacré du maître à son élève. Les initiés ne les livrent pas sans réticence et les récitent de façon souvent inintelligible, car ils les considèrent comme une arme redoutable qui pourrait se retourner contre eux.

Les textes relèvent de deux ou trois dialectes qui se déforment et s'altèrent parfois en se transmettant. Les langues principales en sont le peul et le malinké, mais on retrouve également quelques mots arabes déformés, héritage du nomadisme. Des mots magiques ou *tiefi*, dont seul le récitant connaît la signification et la valeur, sont insérés dans chaque phrase. De place en place, le langage mystique cède le pas à quelques figures poétiques, images de la vie quotidienne indigène.

Ces prières sont presque toujours psalmodiées sur un ton, comme des incantations. Le choix des paroles magiques, qui dépend de l'art du récitant, crée des sonorités rythmiques qui en augmentent la portée et le sens religieux.

PRIÈRES DES TISSERANDS PEUL

Lorsque le tisserand nomade installe son métier dans le village où il vient d'arriver, il murmure la prière suivante sur l'un des quatre piquets supportant l'appareil :

La paix, la paix, la paix.
La dispute ne viendra pas ici,
Et mon ennemi ne viendra.

Ô Bandioutou ! diablesse et son enfant,
Je vous loue.
Fleuves,
Montagnes,
On ne peut manquer de vous voir.
De même que si le fleuve tarit
Alors chez moi tarira le travail.
Si le Niger tarit, alors chez moi le travail tarira.

Le tisserand crachote sur le pieu, il l'enfonce dans le trou préparé, où sont mêlées les diverses offrandes du sacrifice : sang d'un coq rouge, riz et noix de cola mâchées. Une prière dite sur chaque piquet protégera le tisserand de toute action maléfique due à de mauvais confrères qui voudraient lui envoyer quelque maladie afin de lui prendre ses clients.

L'incantation suivante est récitée au moment où, le métier étant installé, il va entreprendre un nouveau travail :

Pauvre comme un morceau de fer,
Je t'invoque, Génie Moussa (maître des tisserands).
Comme l'eau vient par les tornades, que ma bonne fortune se mette en mouvement.
Le jour n'est jamais en retard à poindre, la bonne fortune,
La bonne fortune ne tardera pas à venir jusqu'à mon métier.
Elle viendra avec le vol de sauterelles des clients.
J'ai craché un mot, et les hommes me suivent,
Car j'ai mis dans ma bouche de l'amitié.
J'ai appelé les génies et la bonne fortune.
Si le fer se brise,
Moi, que rien ne me coupe.

Il crachote sur sa navette et frappe un coup sur le peigne. Il commence à tisser la première bobine et ne devra lever les yeux de son travail, ou parler, qu'une fois cette première bobine tissée. Sinon, ses fils se casseraient.

Voici une incantation du matin :

Je commence par le nom de Dieu.
Celui qui n'a pas commencé par son nom,
Il finira par Lui[1].
Ô Faï et toi Sooma, sa femelle,
Génies soyez loués.
S'il y a quelqu'un qui cache du mal contre moi dans son cœur,
Il sera couvert de huées.
C'est moi, un tel, qui ai planté ce métier.
Qui se fâche contre moi,
Se fâche contre rien !

Prière sur la navette :

J'ai déroulé mon fil,
Qu'il soit loué.
Ô toi Diountel, ancêtre des tisserands.
Le serpent n'a pas de pieds,
Mais Dieu le traîne...
Que Dieu traîne pour moi
Le fil de chaîne que j'ai tendu aujourd'hui.
Au nom de Mohammadou.

Et une variante de cette prière matinale :

1. Cette première phrase est énoncée en langue arabe.

Que la Paix de Dieu soit sur moi,
Que Dieu m'aide,
Que Dieu me donne la paix.
Au nom de Dieu, ma main,
Mon maître, ma main.
Que Dieu me donne la bénédiction du tisserand.
Du matin au soir, que je sois assis.
Qui est le maître du fil de la chaîne ?
C'est moi qui suis le maître du fil de la chaîne.

Quand le tisserand est dans un mauvais jour, que son fil se coupe souvent, et qu'il devient nerveux, il dit cette prière. Elle lui procurera la paix :

Que la graisse vienne au secours du *sippa*[1].
Que je grignote le fil de l'écheveau.
Le fil glisse,
Il vient avec l'aide des génies.
Tous les tisserands s'affairent
Entre les pieux de leur métier
Faits des arbres *tiuko* et *tieke*.
Moi, je m'affaire entre mon *tiuko* et mon *tieke*,
Entre mon peigne et ma navette.
Qui est le maître du fil de chaîne ?
C'est moi, qui suis le maître du fil de chaîne.
Mon écheveau m'arrive comme une balle,
Avec le bruit d'une chute d'eau.
Il vient... faisant *neku, neku*...

Voici une prière que l'on prononce sur un pagne terminé, pour qu'il se vende vite et attire d'autres commandes au tisserand :

1. Outil de fer avec lequel le tisserand a creusé des trous où placer les piquets.

Au nom de Dieu,
Au nom de ce qu'Il fera pour moi.
Oui, il faut que Dieu m'aide
Pour qu'on m'achète vite...
Ramèt[1]...
Comme un chevreau court, attiré vers la termitière
Pour grimper dessus,
Modiet ! modiet ! ramèt !
Que le client soit comme le chevreau
Attiré vers mon travail.
C'est moi qui vais finir la chaîne de l'étoffe,
Mais ce n'est pas elle qui me finira.

Autre prière dite sur le travail :

Louanges à Mahomet.
Soyez attirant, soyez attirant comme le miel.
Tirez les clients hors d'un puits,
avec du sucre.
Hellu, hellu[2] *!*
Ô toi, Diabi Diabanam,
Génie, agrée mes prières.
À moins que Dieu ne t'ait tué ;
Les prières que moi, un tel, je t'adresse.
Taradioum, Maradioum...

La prière se termine par des paroles magiques, imitant certaines phrases du Coran.

Voici une prière assez funèbre, où l'on voue les ennemis du métier à tisser à la mort. En disant que les deux choses qui peuvent venir à leur secours sont la hache avec laquelle on coupera les arbres

1. Parole magique de renforcement.
2. *Id.*

endamma[1] et *tieke*, qui servent à faire les traverses séparant le cadavre de la terre qu'on jette dessus, et la houe, qui sert à creuser la tombe.

Je demande autorisation à Dieu où le soleil pousse (levant).

Je demande autorisation à Dieu où le soleil veille (couchant).

Au début c'est Dieu, à la fin c'est Dieu. Qui ne commence pas par son nom achèvera par son nom. Toute chose, sauf Dieu, est mensonge.

Ô mon piquet, fait de *tieke* au doux fruit,

Un bruit de larmes se fait entendre.

On dit que c'est là où est couché mon ennemi que ce bruit se fait entendre.

La houe et la hache sont venues à son secours.

Celui qui est allé à son secours avec sa houe et sa hache est venu au secours de l'ennemi du métier à tisser.

L'*endamma* jeune est posé sur la tombe de l'ennemi du métier à tisser.

Ces arbustes jeunes ont été posés sur le front de l'ennemi du métier à tisser.

Les *tieke* jeunes ont été posés sur l'ennemi du métier à tisser,

Entre un Ourouro et un Dial Diallo[2].

C'est le tertre que font les tombes, qui connaît le nombre des ennemis de mon métier à tisser.

Moi je les appelle, comme le germe de la maladie du sommeil appelle des victimes à piquer.

1. L'*endamma* est un arbre qui repousse facilement et dont la verdure, symbole d'immortalité, ornera toute sépulture.

2. Membres de deux familles alliées.

PRIÈRES DES FORGERONS PEUL

Pour trouver du minerai :

Je demande à Dieu pour agir,
Je demande autorisation au couchant de Dieu,
Ce qui commence est Dieu,
Ce qui termine est Dieu,
Je demande à Dieu pour agir.
Les pierres.
Là où le soleil pousse, là où le soleil veille,
Les torts, les préjudices,
Diables à la chevelure abondante,
Qui se nourrissent pendant la nuit.
Ce qui est devant moi, c'est aveugle,
Ce qui est derrière moi, c'est paralysé.

Sur le haut fourneau :

À ceux qui sont partis sur le chemin,
À ceux qui sont partis sur le ravin,
Et toi, marteau, écoute,
Et toi, porte-bonheur,
Qui est le marteau ?
C'est moi qui suis le marteau.
Le fer peut couper le fer,
C'est moi qui suis le fer,
Qui coupe le fer.
Celui qui montre du doigt ma famille,
Tout le feu de la forge le montrera.
Le tertre l'appellera,
La houe et la hache y répondront,

Les traverses de la tombe le presseront,
Il se couchera toujours, toujours.

Au moment de délimiter sur le sol le plan de la forge :

Au nom de Dieu, j'ai pris en imitant le prophète David.
C'est ce que j'ai trouvé sur les traces du prophète David.
C'est lui qui forgeait sur ses genoux.
Si le fer lui manquait,
Moi aussi, je n'aurai pas de fer.
Toute chose, sauf Dieu, est mensonge,
Tous les monstres,
S'il y a des génies, là où j'ai tracé,
Ils ne sont rien.
C'est moi le forgeron qui les dépasse en force.
Qu'ils soient comme du feu,
Et je monterai comme un orage.
Je prendrai autorisation auprès de Dieu et du prophète,
Je les éteindrai d'un seul coup.

II

Amma Boy

[G. Dieterlen (inédit)]

Les Dogon ont quitté les monts Sibi du Mandé, leur pays d'origine, vers le XIIIe siècle pour venir occuper les falaises de Bandiagara. Ils ont apporté avec eux une solide organisation sociale et conservé leurs traditions religieuses, traditions qui les rattachent à leurs frères Malinké — et spécialement aux Keita dont ils portaient, avant leur migration, le patronyme.

Sur le plateau, les éboulis de la falaise et au pied de cette dernière, ils cultivent une grande variété de céréales, dans une région difficile, avec une ténacité remarquable.

Les Dogon se reconnaissent formés de quatre grandes tribus, non localisées territorialement : des lignages appartenant à des tribus différentes peuvent habiter le même village où chacun d'eux a édifié un quartier. Le lignage exogame, patrilinéaire, patrilocal, constitue la cellule de base. Plusieurs lignages associés peuvent former un clan respectant le même interdit totémique, mais il existe aussi des lignages étendus qui forment en même temps un seul clan.

Le chef religieux — et autrefois politique — des Dogon est le Hogon, désigné au sein de la tribu Arou par les anciens de ce groupe. Les autres tribus désignent un certain nombre de Hogon dont l'autorité est religieuse, territoriale, et s'exerce sur les habitants de plusieurs agglomérations réunies.

Avec les textes que nous présentons ici[1], nous pénétrons dans une large cosmogonie, un véritable « système du monde » construit et vécu : la vie sociale et religieuse, la pratique des techniques traditionnelles des Dogon témoignent d'une quasi totale imbrication de la vie mystique profonde avec la moindre démarche matérielle.

Amma, qui a créé l'univers, en a confié la gestion, c'est-à-dire l'organisation, le développement dans le temps et l'espace, à ses premières créatures vivantes et animées qui portent le nom de Nommo. Deux d'entre eux siègent avec lui dans le ciel, le troisième dans l'eau — élément de vie — sur la terre. Ce dernier fut sacrifié au ciel pour réparer les désordres cosmiques causés par son frère jumeau, formateur de la terre, qui fut déchu et transformé en Renard. La victime ressuscita, descendit sur la terre dans une arche qui contenait tout ce qu'Amma avait créé, pour y vivre, notamment les ancêtres des hommes, considérés comme ses « fils ». Dans cette perspective, les Nommo, agents de l'ordre et de la vie, nantis des pouvoirs conférés par Amma, lutteront efficacement dans le ciel et sur la terre contre les désordres instaurés et perpétués par le Renard — désordres qui provoquèrent l'apparition de la mort dans un univers dont tous les éléments, à l'origine, devaient être immortels comme leur Créateur.

La religion des Dogon comporte une série de cultes complexes, qui s'adressent toujours d'abord à Dieu, Amma, mais aussi aux Nommo qui sont ses délégués, aux ancêtres mythiques, enfin aux ancêtres de chaque lignage. Rigoureusement élaborés, ces cultes embrassent toutes leurs activités, individuelles et collectives ;

1. Cf. « Texte initiatique dogon », *infra*, p. 297.

l'homme, dans cette perspective, est situé par rapport à un univers construit et cohérent, classé en catégories, sur les plans respectifs de l'organisation sociale, des techniques, de la vie économique, de l'éducation, etc.

L'invocation dite « nom d'Amma » (*Amma Boy*) intervient dans toutes les cérémonies collectives exécutées à chacun des niveaux de l'organisation sociale : lignage, groupe de lignages appartenant au même clan totémique, membres d'un village, ensemble de villages relevant d'un même chef religieux, le Hogon. Elle clôture la cérémonie : elle est récitée soit par le patriarche d'un lignage, soit par l'homme le plus âgé du groupe intéressé, soit par un homme compétent désigné par celui-ci. Chaque membre de phrase, énoncé sur un ton, est répété par un neveu utérin du groupe, généralement sur un ton différent. Cette répétition — qui fait intervenir parallèlement les consanguins et les utérins — confère à l'énoncé du texte la complétude (mâle et femelle à la fois) et l'efficacité nécessaires.

Le texte comporte un certain nombre de séquences qui se rapportent à des faits mythiques, connus des initiés ; les allusions — voilées par le récit — sont claires pour quiconque a acquis la connaissance du mythe de la création et de l'organisation de l'univers — connaissance indispensable à tout responsable d'une fraction même minime de la société. Il n'est pas possible, dans le cadre de cet ouvrage, d'analyser en détail chacune des séquences, d'exposer le symbolisme — parfois polyvalent — de chaque membre de phrase ; un aperçu général permettra cependant au lecteur, en même temps que de goûter la poésie de la forme, de mesurer la profondeur du contenu.

Les premières phrases constituent une allusion aux faits dus à la révolte de celui qui est devenu le Renard et aux conséquences cosmiques de ses actes. Elles sont suivies d'une invocation aux ancêtres mythiques des hommes qui, sur la terre, subirent les effets des actes du fauteur de désordre et d'un appel à leur pouvoir pour aider les vivants.

La séquence suivante relate la technique de la fabrication de la bière de mil, et notamment celle consommée rituellement au cours du Sigui, cérémonie soixantenaire qui commémore la révélation de la « parole » aux hommes. Mais ce récit sous-entend tout le symbolisme attaché à la confection de la boisson, dont chaque épisode commémore les étapes du sacrifice du « jumeau » du fauteur de désordre, pour la purification et la réorganisation de l'univers en formation : faire germer le grain c'est châtrer la victime, l'étaler au soleil c'est prélever sa semence, l'écraser c'est l'égorger, le cuire deux fois c'est découper le corps en parcelles pour le répandre dans l'espace et purifier l'univers, mettre dans le liquide le support à ferment — symbole du placenta — c'est le ressusciter, le boire en commun c'est communier avec elle. Le récit du puisage et de la consommation fait apparaître les grandes lignes de l'organisation sociale.

Vient ensuite une séquence relative au forgeron qui apporta aux hommes les graines de céréales et leur enseigna l'agriculture, technique de base.

Puis une autre, relative au neveu utérin, qui souligne son statut particulier et son rôle bénéfique dans le lignage de son oncle. Cette séquence vaut également pour le griot — dont le neveu tient la place dans la cérémonie — qui contribua à la diffusion de la « parole », révélée par le Nommo ressuscité et transmise aux hommes par l'un des ancêtres descendus sur l'arche.

Suit un rappel d'« avertissements » (blessures légères, maladies) donnés aux ancêtres mythiques au cours de leur vie sur la terre, « avertissements » dus à des ruptures d'interdits que doivent se remémorer les responsables des lignages, des clans totémiques, des tribus, pour maintenir l'équilibre de la société. Elle se termine par un appel à Amma, pour la fécondité des familles, des champs et la prospérité de tous.

AMMA BOY

Le Hogon vous dit : « Salut de brousse. »
Salut, soleil de brousse.
Salut pour la douleur des reins.
Qu'Amma augmente les choses [1] sur vos têtes,
Que le Lébé soit votre compagnon.
Que les hommes du Mandé soient vos compagnons.
Que Dyendoulou soit votre compagnon [2].
La personne qui ne vous aime pas (le Renard), il dit que le Lébé le voit,
Que les hommes du Mandé le voient, que Dyendoulou le voit.
Qu'Amma augmente les choses sur vos têtes.
À celui qui n'a pas de femme, qu'Amma donne une femme.
À celui qui a eu une femme, (mais) qui n'a pas d'enfant, qu'Amma donne un enfant.
Il vous dit merci, il vous dit : « Salut de brousse. »
Il vous dit : « Salut de fatigue. »

1. C'est-à-dire : « les naissances ».

2. Le Lébé est l'un des huit ancêtres mythiques descendus sur l'arche ; les « hommes du Mandé » sont les ancêtres historiques des Dogon, qui vivaient au Mandé — région de Bamako — avant d'émigrer dans les falaises de Bandiagara ; Dyendoulou est le fondateur du village d'Ogol (Sanga) où a été recueillie la prière.

Il vous dit : « Salut pour la douleur des reins. »

Le Hogon a fait sortir les graines de céréales (de la bière), il a dit qu'on les mette dans les mains de femmes.

Les femmes ont puisé de l'eau, ont humecté les céréales, elles les ont retournées, le troisième jour la germination (des grains) est sortie, elles l'ont étalée au soleil, elles ont fait sécher, elles ont écrasé les grains et préparé la bière.

Le troisième jour est arrivé, on a eu ainsi le jour fixé.

Le Hogon a dit à la femme (du patriarche) : « Qu'Amma la fasse rester au coin du gros canari[1].

Encore une fois qu'Amma la fasse rester au coin du gros canari. »

Quant aux chercheurs du bois, ils ont cherché du bois et l'ont mis dans la main des femmes.

Partis en brousse, on n'a pas entendu dire que la hache ait donné un coup sur leurs pieds.

S'ils se sont coupés, qu'Amma leur accorde la plaie du chien[2].

S'ils n'ont pas reçu de coup, qu'Amma les protège.

Quant aux puiseurs de bière, ceux qui puisent à l'intérieur, quand ce sera passé pour eux, qu'Amma ne les bouscule pas.

[*Autre version, plus claire* : Quant aux puiseurs de l'intérieur, qu'Amma leur donne un deuxième jour (c'est-à-dire : longue vie), qu'il les fasse vieillir et les protège (jusqu'à leur donner) un autre homme (c'est-à-dire : un remplaçant) pour puiser lorsqu'ils n'y seront plus.]

1. C'est-à-dire : « lui donne une longue vie ».
2. C'est-à-dire : « celle qui guérit le plus vite ».

Quant aux puiseurs de l'extérieur[1], ils disent que c'est leur tour, ils disent que ce n'est pas leur tour[2].

Les plus âgés ont dit qu'eux-mêmes ont bu, et que la réprimande n'atteigne pas (les jeunes puiseurs)[3].

Au forgeron, il a dit : « Foule serrée, maître des Dogon. »

On va sortir pour semer, on va sortir pour cultiver, c'est grâce à eux (les forgerons) qu'on va sortir.

Il dit que grâce à eux on va sortir pour semer et cultiver. Il dit : « Maîtres des Dogon. »

Si on leur a donné une main fermée (une poignée, sous-entendu « de mil »), qu'ils fassent avec cela le martelage du fer.

On sort pour la culture à cause d'eux : qu'ils ne disent pas que c'est trop peu.

Il leur dit que, s'ils ont eu l'oseille, s'ils ont eu les graines de baobab, qu'ils ne disent pas que c'est une chose mauvaise.

Il leur dit qu'avec cela (ces dons), ils martèlent le fer et le donnent aux hommes, à leurs Dogon.

Au neveu utérin, au chat noir, il dit que la parole qu'il a entendue dans la maison de son père, il ne l'apporte pas dans la maison de sa mère. La parole qu'il a entendue dans la maison de sa mère, qu'il ne l'apporte pas dans la maison de son père.

1. Les hommes âgés donnent les ordres pour puiser dans la poterie, à l'intérieur de la demeure. Ensuite les jeunes qui n'ont pas puisé puisent à l'extérieur.

2. C'est-à-dire : « ils disent que bien que ce soit leur tour, on a laissé passer leur tour ».

3. C'est-à-dire : « que l'accusation ne retombe pas sur les enfants qui se plaignent, que la faute retombe sur nous », car on donne tout ce que l'on peut aux enfants qui sont toujours affamés.

Il dit aux femmes (des oncles) de ne pas apporter (aux neveux utérins) une chose mauvaise (le poison).

Il vous dit : « Qu'(Amma) vous accole aux bouts des seins de vos mères. » À eux, il le dit encore une fois.

Il dit (aux neveux utérins) de bousculer et de manger,

Car dans la maison de la mère, il n'y a rien de rouge[1].

Neveu utérin, fils de ma sœur, neveu des « pères », neveu de la société des Dyon, neveu de l'hivernage gris, Dyon qu'on n'a pas oublié, Dyon qui a travaillé, dont on a fait sortir le travail[2].

Fils aîné au long cou, il leur dit : « Salut de fatigue. » Il leur dit (aux neveux) : « Salut » ; il dit : « Fils de la sœur, salut de brousse. »

Qu'Amma vous amène, hommes des fils des pères (ancêtres), qu'Amma vous amène, classes d'âge des fils des mères, qu'Amma vous amène.

Nous avons eu le premier jour, on sortira pour semer, on sortira pour cultiver.

Il y a des épines piquantes, il y a le serpent qui mord, qu'Amma nous protège de leurs mains.

Qu'Amma nous donne des semailles continues.

Il y a le mauvais vent, qu'Amma nous protège de sa main.

Qu'Amma nous fasse don de nombreux hommes à naître.

Qu'Amma donne des semailles continues.

1. C'est-à-dire : « rien ne lui sera reproché, car le neveu utérin a le droit de prendre tout ce qu'il veut chez son oncle ». La maison de la mère est « sans rancune ».

2. C'est-à-dire : « qu'on n'a pas félicité ».

Qu'Amma fasse couler des pluies de sel bienfaisantes sur nos têtes.

Qu'Amma nous donne le mariage, qu'Amma nous donne des enfants à naître.

Il y a des épines piquantes, il y a le serpent qui mord, qu'Amma nous protège de leurs mains.

Vous tous, les femmes et les hommes, qu'Amma vous protège de leurs mains.

Qu'Amma vous apporte le mariage, qu'il vous apporte des enfants,

Qu'une grande chose (le Lébé) couvre votre crâne.

Amma nous fait sortir l'année (nouvelle).

Amma vous a amenés.

Ô mil, mil, mil !

III

Textes magiques songhay

[P. Idiart (inédit)]

Le nom générique du sortilège, en songhay, est *korte*[1]. Mais l'on emploie fréquemment des noms spécifiques, tels que *kungandi*, qui désigne le sortilège ou le talisman capable de détourner le coup d'une arme. La distinction entre magie religieuse et magie sacrilège est aisée, car seule la première fait appel à l'écriture, d'où le nom de *tira*, qui désigne à la fois la science de l'écriture et l'amulette dans laquelle est enfermé un billet portant un verset du Coran. Le sacrilège admet, cependant, une série de degrés, et l'on tolère généralement, de la part des adolescents surtout, le recours aux sortilèges, à condition qu'il reste limité, temporaire et socialement inoffensif. On est moins porté à l'indulgence pour les filles que pour les garçons, en ce domaine. Les spécialistes de la magie sacrilège, distincte de la simple divination — *gunandi* — et de la danse de possession — *holo* — sont les *bonobi*, têtes noires, les *tyerkow*, vampires, les *boronari*, mangeurs d'hommes. On les tient à l'écart et on les consulte en secret.

Le *korte* tient généralement dans une formule plus ou moins cabalistique, souvent intraduisible, accom-

1. Sur les Songhay, voir *infra*, p. 57.

pagnée d'une gesticulation appropriée, et parfois de la manipulation d'un talisman. La formule demande généralement à être récitée. Mais elle peut aussi être insérée dans une amulette faite de fil blanc et rouge, et simplement portée.

Les formules présentées ici sont les seules que nous ayons pu recueillir, susceptibles d'une traduction partielle relativement intelligible. L'énoncé en est rythmé, et parfois rimé, avec de nombreuses allitérations et métaplasmes.

POUR RENDRE INVISIBLE SUR LE CHAMP DE BATAILLE

Termitière même termitière
termitière amas termitière
invisible *fwa* invisible invisible *fwa*.
À jamais !

POUR FIGER L'AGRESSEUR, LE FAIRE TOMBER, LE TUER S'IL SE REBIFFE

Ce n'est pas le malade qui va prévenir les gens de la mort
Ce n'est pas le lépreux dont la main saisit le feu
Ce n'est pas le caïman qui peut lécher sa queue.
À jamais !

POUR S'ENFUIR À TRAVERS LES MURS

Je bénis le prophète
Le prophète bénisse son maître
Artisan de la petite porte
qui fait petite la mère de la porte
dehors, salut à vous.

POUR REJOINDRE SA MAÎTRESSE SANS ÊTRE APERÇU

Je bénis le prophète
Le prophète bénisse son maître
Sept fleuves, sept forêts, sept villages, sept dunes,
sept marchés
qu'une aiguille en soit ôtée
pas un œil ne la verra
si ce n'est l'œil de Dieu
ou l'œil de l'envoyé de Dieu
ou celui de la femme enceinte
ou celui du chameau borgne.
À jamais !

POUR MAÎTRISER UN SERPENT ET LE COUPER EN DEUX DU PIED

Serpent à deux têtes quel est le nom de ta mère ?
Le nom de ta mère (soit exécré) *tori wasi*

Ma cravache fend l'arbre *hasi*
de toute la brousse lie la gueule
du prophète *kampi kup*
gueule du serpent coupée,
À jamais !

POUR LUTTER CONTRE LE LION, LE CROCODILE, L'HIPPOPOTAME RENVERSEUR DE PIROGUES

Même la pierre, cravache fend
de toute brousse lie la gueule
Qu'un seul bras ne se fatigue
qui soit mon bras
ou le bras du prophète *Yakuba*.
À jamais !

POUR SÉDUIRE UNE FEMME

Démon fou
qui est après le parfum de sa mère
Démon de la folie fou
qui est après le parfum de sa mère
lie le lait jaune,
lie le lait noir.
Telle femme soit folle après moi
tout comme de la même manière
l'enfant est fou après sa mère
Telle femme soit folle après moi
tout comme de la même manière

ce gros bélier blanc
est fou après sa mère.
Telle femme soit folle après moi
Tout comme de la même manière
ce gros bélier blanc
est fou après son maître.

POUR ÉCARTER LE MALHEUR D'UN CORTÈGE DE MARIAGE

Je bénis le prophète, le prophète
Même le chien noir laisse
qui est à mon côté noir laisse
Même la dune noire la laisse
Même la forêt noire la laisse
Même la plaine noire la laisse
Même l'ombre noire la laisse
Que la main droite non plus ne la frappe pas
Que la main gauche non plus ne la frappe pas
Milmal À jamais !

POUR AVOIR DES ENFANTS

Je bénis le prophète
  le démon noir
de l'acacia albida
  le démon noir
du balanite
  le démon noir
de l'acacia ataxa-cantha

le démon noir
du tamarinier
le démon noir
du palmier nain
tous les démons noirs
dont les quatre femmes sont mortes
Moi dont les quatre femmes sont toutes en vie.
À jamais !

CONTRE LES MALADIES, PARTICULIÈREMENT LES « FOLIES DE LA BROUSSE BLANCHE, ROUGE, NOIRE »

Je bénis le prophète
et que le prophète bénisse son maître.
Démon du fleuve
démon de la mare
démon de l'arbre
démon de la dune
tous démons
qui ont *Tufa Towfa* pour mère
Towfa dit qu'ils se couchent
et ne se lèvent pas. À jamais !

POUR ÉLOIGNER LE VAMPIRE

Je bénis le prophète
et que le prophète bénisse son maître.
Prophète, le vampire
que je m'envole au-dessus.

Moi-même *algab* sans entrave
moi-même vautour
moi je vole pour aller plus haut !
Prophète, le cou du vampire
qu'il aille à terre !
Prophète, scie en deux ce gros noir
toi qui es le prophète qui coupe le cou de vampire !
Prophète, scie en deux ce gros noir envoyé
toi qui coupes, prophète, le cou du vampire !
Prophète, scie en deux ce gros noir envoyé
toi qui, prophète, coupes le bras du vampire !
Prophète, scie en deux ce gros noir envoyé
toi qui, prophète, coupes le pied du vampire !
Prophète, tranche ce gros par le milieu !
Qu'aucune main n'enlève ceci
sinon ma main
ou celle du prophète.
À jamais !

POUR CONJURER LES DÉMONS

Je bénis le prophète
et que le prophète bénisse son maître
ou bien *Hawla* ou bien *Kwati*
ou bien *Seytani* [1]
ou bien le démon *Seytani*
ou bien le démon *Dyibrili* [2]
ou bien le démon *Isa* [3]

1. Satan.
2. Gabriel.
3. Jésus.

ou bien le démon *Musa*[1]
ou bien le démon *Atakurma*
ou bien le démon *Lensar*
ou bien le démon *Umar*
ou bien le démon *Bana*
ou bien le démon *Leysalburhu*
ou bien le démon *Samakorosan*
qui est à *Malia*[2]
ou bien *Hamadu Samakorosan*
qui est à *Malia*
ou bien *Malmudu Samakorosan* démon
qui est au village de *Koulikoro*
sous le pont
dans l'eau.
À jamais !

D'après Bukary Mayga, de Sinam.
Introduit par P. Idiart.

1. Moïse.
2. Rade du port de Bamako.

IV

Textes rituels songhay

[J. Rouch, *La religion et la magie songhay*]

Les Songhay (et les Zerma) occupent en Afrique occidentale une place très à part.

Géographiquement répartis le long du Niger, du lac Débo à la frontière Niger-Nigeria, ils forment le groupe de sédentaires le plus septentrional de l'Ouest africain (le fleuve leur permet de vivre, là où, sans lui, la vie nomade serait la seule possible), donc à la frontière de l'Afrique noire et de l'Afrique blanche.

Historiquement, les Songhay sont les descendants d'un des plus grands « empires » africains, l'empire de Gao qui, après le Ghana et le Mali, fut pendant un siècle le plus grand État ouest-africain, et par la superficie et par la puissance. Les traditions, écrites au XVe siècle par des lettrés musulmans de Tombouctou (Tarrikh-es-Sudan, Tarrikh el Fettach...), nous en ont conservé minutieusement l'histoire, jusqu'à la conquête marocaine.

Linguistiquement, la langue songhay semble n'être apparentée à aucune autre langue « soudanaise » et Greenberg la met à part dans sa grande classification des langues africaines.

Sur le plan religieux enfin, les Songhay, bien qu'islamisés, ont su conserver leurs structures religieuses anciennes : culte des premiers occupants du sol et de l'eau, culte des divinités du fleuve, du ciel et de la brousse, introduites par les pêcheurs sorko, rites magico-religieux introduits de la Méditerranée par les fondateurs de la dynastie songhay, les Berbères de Koukya.

Les deux textes cités ici sont des textes rituels songhay. Le premier a trait au culte des grandes divinités, le second fait partie de la démarche magique.

*

Les *Torou* forment la famille primordiale des divinités « naturelles » songhay. Ce groupe magistral régente le fleuve et le ciel et l'on y retrouve des représentants de tous les groupes ethniques agglomérés ou alliés aux Songhay :

— *Dandou Ourfama*, de race koromba (*kurumu*), l'ancêtre ;

— son « fils » *Zaberi*, de race songhay, assimilé souvent au fondateur de l'empire de Gao, le Sonni Ali Ber ;

— la « fille » de *Zaberi, Harakoy Dikko*, le génie de l'eau, de race peule, mère des principaux *Torou* ;

— *Kyirey* (« le rouge »), de race songhay, génie borgne de l'éclair ;

— *Mahama surgu* (« Mahama le Targui »), de race targui ;

— *Musa Nyauri*, de race gourmantché, le génie chasseur maître des vents ;

— *Manda Haoussakoy* (« Manda le chef du Haoussa »), de race haoussa, forgeron des « pierres de foudre » ;

— *Faran baru koda*, le cadet de race targui (ou songhay), qui assiste sa mère dans le fleuve ;

— *Dongo*, le fils adoptif de *Harakoy Dikko*, de race Bella (ou bariba), le génie du tonnerre, le maître du ciel ;

— *Nayanga*, la servante, « sœur » de *Zaberi*, de race koromba, conseillère et réparatrice de tous les dégâts causés par ses pupilles turbulents.

À cette famille magistrale se rattachent les grandes familles de génies :

— les *Hargey*, les « froids », génies voleurs d'âmes (*tyarkaw*), malfaisants et difformes, descendants d'une fille répudiée de *Harakoy Dikko, Niaberi* (« la grand-mère ») ;

— les *Gandyi Koaré*, les « génies blancs », nomades touareg, maîtres des savanes du Nord, dont le plus redoutable est le guerrier *Serki* ;

— les *Gandyi Bi*, les « génies noirs », anciens maîtres du sol (Koromba, Gourmantché et Mossi), devenus les « captifs » des autres familles au cours des grandes guerres mythiques, et dont les principaux représentants sont *Zuduba*, leur ancêtre, maître de la forêt enchantée de *Garyel* (Zermaganda) ; *Mossi*, « épouse » de Zuduba, de race mossi, et mère des principaux *Gandyi Bi ; Zatao*, captif peul, devenu le captif du génie de l'eau *Harakoy Dikko*, et *Fatimata Dongo izé* (fille du génie du tonnerre *Dongo* et de la servante *Nayanga*), la compatissante qui n'hésite pas à implorer son père quand les hommes timides lui demandent d'être leur intermédiaire.

Le texte des *Torou* est exactement leurs *zamuyen*, leurs « devises ». Il est récité et chanté par les musiciens rituels (batteurs de calebasse) et les prêtres magistraux (les pêcheurs sorko) au cours des cérémonies où les hommes demandent à ces dieux de venir pendant quelques instants s'incarner dans le corps des danseurs rituels (« chevaux de génies ») des danses de possession.

Ce texte a été recueilli en 1951 auprès de l'un des principaux initiés songhay, *Wadi Godye* (décédé en 1959), tout à la fois pêcheur sorko, joueur de violon (*godye*) et prêtre des danses de possession (*zima*) du village de Simiri, dans le Zermaganda. Ces « devises » sont en principe de forme immuable, elles doivent être connues de n'importe quel Sorko, mais en fait la tradition orale se perd, et si j'ai pu en recueillir des fragments identiques à Hombori, Wanzerbé, Téra ou Gaya, c'est à Simiri, chez *Wadi Godye*, que j'en ai trouvé la version la plus complète.

L'architecture du texte est essentielle. C'est l'appel général aux grandes divinités, appelées l'une après l'autre, suivant un ordre qui correspond à la fois à leur lignée et à leur puissance. Il est récité dans une cérémonie comme celle du *Yenendi* (cérémonie de l'ouverture de la saison des pluies), tout de suite après l'invocation préliminaire à Dieu.

Le violon, soutenu par les calebasses battues, « chante » d'abord la devise, guide de la mémoire du prêtre, qui, suivant le rythme et la mélodie, récite à haute voix le texte, s'adressant aux dieux invisibles et aux danseurs qui tournent en rond : les uns et les autres ne peuvent alors s'y soustraire, l'âme d'un danseur « endormie » par ces phrases se déplace légèrement, poussée par l'âme vibrante du génie appelé : le danseur tombe haletant sur le sol, un homme a trébuché, un dieu se relève, un dieu fragile qui, pendant dix minutes ou une heure, parlera directement aux hommes, marchandera avec eux la pluie et la foudre de l'hivernage prochain, l'eau de la vie et le feu de la mort.

Le texte débute directement par un appel à l'ancêtre des *Torou, Dandou Ourfama* (1 à 3) et à *Zaberi* (4 à 13). Puis c'est l'appel au génie de l'eau, *Harakoy Dikko* (14) et à ses enfants (23 à 73) ; après deux vers adressés aux génies locaux du fleuve (74-75), c'est l'appel dramatique au génie du tonnerre *Dongo* (76-116) que l'on exhorte à la cruauté avant d'implorer sa clémence (« il n'a qu'à taper dans tous les sens... » et « c'est pour ta protection que l'on t'aime, ô Yabilan... »), car c'est la main qui frappe qui est aussi celle qui guérit : « Il aide ceux qui sont mouillés, il aide ceux qui sont secs, il aide ceux qu'il vient de frapper. »

Après le génie du tonnerre, l'appel s'adresse aux divinités des familles secondaires (117 à 164) et pour finir à la fille du génie du tonnerre, *Fatimata Dongo izé*, dont la devise est proche de celle de son père, dont elle est l'intermédiaire. Enfin le texte se termine par une demande de biens pour le village et pour ses habitants (171 et 172).

TEXTE GÉNÉRAL DES TOROU

Dandou Ourfama.

[1] Ourfama, le grand voyageur.
[2] Traînard, grand brave.
[3] Un seul morceau de bois qui chasse le froid.

[1-3]. Devise de Dandou Ourfama. Aucune interprétation ne m'a été donnée pour ces trois vers.

Zaberi.

[4] *Wandey sibsibo tikay watar nya su.*
[5] La cuisse de *Zaramana.*
[6] La viande rouge de *Zaramana.*
[7] La bosse de *Zaramana.*
[8] *Zaramana*, non, non, jamais.
[9] Il mesure avec le panier, il mesure avec la calebasse.
[10] L'homme ne doit pas monter sur les vagues si les vagues remuent.
[11] Le mortier de la femme de *Za Barou.*

[12] On doit piler ici, on doit le laisser à sa place.
[13] *Foba soma haru mun dyadye.*

Harakoy Dikko.

[14] *Harakoy Dikko* du village de *Kate Kambe.*
[15] *Dikko* a dix mères.
[16] *Dikko* a dix mères, les grands caïlcédrats.
[17] *Baran baran bosi.*
[18] Un vase qui bout, il n'y a pas de feu dessous.
[19] Si un poulet se secoue, il n'enlève pas l'œil de son poussin.
[20] Fille d'*Alahawa,* maîtresse de *Kanda.*
[21] Fille de *Tafani,* chef de *Soura.*

[4]. Début de la devise de Zaberi. Ce vers n'a pu être traduit, on y retrouve cependant le mot *wandey,* à rapprocher de *wandu,* qui est le titre donné ailleurs à Zaberi.

[5]. *Zaramana* : autre nom de Zaberi.

[11]. Le mortier dont il s'agit ici serait un rocher creusé dans une île du « W » du Niger.

[13]. Fin de la devise de Zaberi. Ce vers n'a pu être traduit.

[14]. *Kate Kambe* : village des Holey près de Gambu, dans le « W ». Le nom de ce village signifie « prendre la main ».

[16]. Allusion au fait que Dikko se tenait à Gambu sous dix caïlcédrats.

[17]. Allusion à la vie sous-marine de Harakoy Dikko; les bulles d'air que l'on voit monter à la surface du fleuve sont considérées comme produites par la marmite de Harakoy, qui bout.

[19]. Harakoy Dikko peut se secouer en agitant les eaux du fleuve, elle ne fera aucun mal aux pêcheurs sorko qui sont ses protégés.

[20]. *Alahawa* : mère de Harakoy Dikko.

[21]. *Tafani* serait le nom du père ou de la mère d'Alahawa. Soura : ?

[22] Elle quitte les îles pour aller chez *Zangina*.
Zangina qui a une jolie ceinture de cauris.

Mahama Sourgou.

[23] Il descend au fleuve avec la bouche d'un autre.
[24] Il s'habille avec la vie d'un autre.
[25] Sa pouliche est avec sa mère.
[26] Elle a fait sauter la mère, elle a fait aussi sauter le fils.
[27] On dit : « Qu'est-ce que cela, *Zangina*. »
[28] Il dit qu'il ne sait si la mère vaut plus que le fils.
[29] Il dit que les oreilles de ses petits-enfants valent plus pour lui que son village.

Kyirey.

[30] Le sang coule partout.
[31] La moelle est très dure.
[32] Il croque des scories des forgerons avec ses dents.
[33] Il souffle dans le feu avec son œil malade.
[34] Le crocodile de *Warina*.
[35] Qui a laissé celui qui coupe la paille de bourgou.
[36] Il n'a qu'à aller attraper ceux qui cueillent la gomme sur les arbres.
[37] *Marou Kouro*, le boucher.
[38] Qui laisse l'excrément, mais enroule le maître de l'excrément.

[22]. Formule de transition particulière : c'est Harakoy Dikko elle-même qui quitte les îles pour aller en brousse chez son fils le coquet Zangina.

[23-24]. Zangina est un Targui pillard.

[25-29]. Texte obscur. La « pouliche » est peut-être un danseur de possession.

[30]. Début de la devise de Kyirey.

[33]. Kyirey est borgne, mais il se sert de sa paupière pour souffler sur le feu.

[34]. *Warina* : lieu où Kyirey fit des ravages.

[35]. Kyirey a abandonné les bords du fleuve où pousse le bourgou pour aller en brousse (pour foudroyer ?).

[37-38]. Allusion à la foudre qui découpe les cadavres comme le ferait un boucher qui vide les intestins des matières fécales et recroqueville les victimes.

[39] Il a aiguisé son couteau pour son ennemi.

[40] Il a rencontré son ami, il l'a tué.

[41] On dit : « Mais pourquoi as-tu tué ton ami ? »

[42] Il dit : « L'ami que l'on trouve à côté de son ennemi est pareil à l'ennemi. »

Moussa Gourmantché.

[43] *Dya tama kuru mata.*

[44] Par-devant une bosse, par-derrière une bosse.

[45] En haut un bâton, en bas un serpent *gazama*.

[46] Si tu vas en haut, le bâton te frappe.

[47] Si tu reviens en bas, c'est le serpent *gazama* qui te mord.

[48] L'arc en fer, si le soleil est chaud, on ne peut pas le porter à l'épaule.

[49] Si tu l'as porté à l'épaule, il te cassera la dernière petite côte.

[50] Si tu l'as porté sur la tête, il fera bouillir ton cerveau.

[51] La diarrhée de minuit, qui a fait enlever le chapeau, on ne doit pas demander si le propriétaire a le pantalon.

Haoussakoy.

[52] *Kasar Kasar* est plus brave.

[53] Les ennemis sont repoussés derrière *Manda Kasarana Bisarana.*

[54] Par-derrière *Soṣya*, par-devant *Sosya.*

[55] Si on crie au loin, il va au secours.

[39-42]. Cf. 26, 28, allusion à la clairvoyance de Kyirey.

[43]. Début de la devise de Moussa Gourmantché.

[44-47]. Allusion à la puissance impitoyable de Moussa. Le serpent *gazama* est une espèce de « serpent-minute ».

[48-50]. L'arc de Moussa est réputé causer les feux de brousse.

[51]. Allusion confuse à la peur et à la honte qui s'ensuit. Je ne sais s'il s'agit de la peur de Moussa en face d'un danger, ou de la peur des hommes en face de Moussa.

[52]. *Kasar Kasar* : noms de Haoussakoy dont la devise commence ici.

[53]. *Kasarana Bisarana* : autres noms de Haoussakoy.

[54]. *Sosya* : ?

[55-57]. Allusion à la justice de Haoussakoy et de tous les Torou ; on retrouve des phrases analogues s'adressant à Dandou Ourfama.

[56] Si on a crié du côté de la langue, il vient au secours du côté de la joue.

[57] Celui qui néglige, on le paye en négligence.

[58] Celui qui fait le mal, on le paye en mal.

[59] Le chef de Tombouctou est mort, *Manda* a pris l'héritage.

[60] (Vers non traduit.)

[61] Il a perdu un cauri, aussi il a brûlé Tombouctou.

[62] Il a jeté la cendre au vent, il a brûlé Yaouri.

[63] Il a jeté la cendre au vent, il est parti, il a retrouvé le cauri.

[64] On dit : « Pourquoi as-tu fait cela ? »

[65] Il dit qu'il y a de l'amitié entre lui et sa chose. *Faran Barou Koda*.

[66] *Dakari Dak Ka Ka* un querelleur n'entend pas.

[67] Dakari Boukata, qui a la diarrhée de minuit, n'a pas peur de l'obscurité.

[68-70] (Vers non traduits.)

[71] Le petit clou du sortilège soulève trop de poussière.

[72] Le petit sac qui tire les grands sacs.

[73] Le pied de *Boukari*, la tête de *Boukari*, les gens de *Kanda*.

[74] Elle appelle *Zirimini*.

[75] *Sangay Moyo* toujours.

Dongo.

[76] *Dongo* qui retire du sang frais, *Dongo* qui fait des saignées.

[77] Qu'il tape le fer pour que les gens le soudent.

[78] Il doit frapper avec force, taper, taper avec force.

[59-62]. Puissance de Haoussakoy. On ne peut s'empêcher de rapprocher ce personnage du *Kanta* du Kebbi révolté contre l'autorité songhay (Yaouri, ville du Niger à quelques kilomètres en aval du confluent du Kebbi).

[63]. Haoussakoy est un avare.

[66]. *Dakari Dak Ka Ka*, nom de Faranbarou Koda, dont la devise particulièrement obscure commence ici.

[74]. *Zirimini* est un crocodile, fils du Zin du fleuve *Sangay Moyo*, et qui ravagea le Niger avant que Harakoy ne l'ait transformé en harpon *zogu*.

[75]. *Sangay Moyo*, nom du père de *Zirimini*, qui sert toujours de devise au harpon *zogu* des Sorko.

[76]. Début de la devise de Dongo et de ses frères dont les arbres servent à soigner les foudroyés :

[79] Il faut taper avec force.

[80] *Nda key moy*.

[81] *A zi kara a wanda kara*.

[82] *A sanya a dugunya walanbalandi*.

[83] *A may may koro rasa tobe*.

[84] Au ciel, le nuage est venu ; sur la terre il fait sombre, très sombre.

[85] Il est grand, il est très grand, il est très très grand.

[86] Il est bête.

[87] Il est fort, il est vilain, il fait du mal.

[88] Il tape sur le dos, il tape sur le ventre, l'homme est mort.

[89] L'homme est raide, il est recroquevillé.

[90] *Zirbini* est dangereux, *Zabine Tongo* est dangereux.

[91] *Dongo* aussi, c'est un dangereux.

[92] Il faut craindre Dieu, il faut craindre *Dongo*.

[93] S'il fait chaud, *Dongo* noue son pagne autour de ses reins.

[94] Il a un nom qu'un père Sorko ne connaît pas, à plus forte raison un fils de Sorko.

[95] À plus forte raison un captif de Sorko.

[96] Il n'a qu'à taper, taper très fort.

[97] Il n'a qu'à taper dans tous les sens ; il ne faut pas avoir pitié.

[98] *Fombo*, homme de Médine.

[99] *Fombo*, femme de Médine.

[100] *Ngari Fombo*.

[101] *Diga Fombo*.

[82]. *A sanya* : arbre *kokorbe*, arbre de *Digyal Fombo*.

A dugunya : arbre d'*Almagyiri Fombo* (*dugu* : « encens »).

Walanbalandi : arbre *farey*, arbre de *Diga Fombo*.

L'arbre de Dongo est le *tokay*.

[84]. Arrivée de la tornade.

[85-93]. Tout ce passage est en « langue des génies » traduite par Wadi.

[94-95]. Il y a une progression de la flatterie intraduisible : Dongo est un « captif de Sorko ». Si le Sorko ne sait pas son nom, son captif non plus : Dongo lui-même ne sait pas comment il s'appelle.

[96-97]. Exhortation en « langue des génies ».

[98]. *Fombo* : père de Dongo.

[100]. *Ngari Fombo* : nom de Dongo.

[101-104]. Noms des frères de Dongo (fils de Fombo). Ces frères sont aussi maîtres du tonnerre, c'est la raison pour laquelle, lorsque l'on soigne des foudroyés, il faut mettre plusieurs poudres d'écorce d'arbre dans le *hampi*.

[102] *Digyal Fombo.*
[103] *Almagyiri Fombo.*
[104] *Touro Fombo.*
[105] La famille est complète.
[106] La famille marche.
[107] Dieu a voulu beaucoup de souffrance.
[108] Le bâton en bois de *bani*, qui a coupé en deux les bâtons de fer.
[109] Les gens tortueux qui entendent et ne croient pas.
[110] Il ramasse des termitières et les pierres plates pour les jeter.
[111] Que Dieu nous protège, comme il a protégé les îles, ô *Yabilan*.
[112] C'est pour ta protection que l'on t'aime, ô *Yabilan*.
[113] *Hassane* peut protéger, *Hini* peut protéger.
[114] *A tabatata, na sey bondi biri falanke.*
[115] Il aide ceux qui sont mouillés.
[116] Il aide ceux qui sont secs, il aide ceux qu'il vient de taper.

Nayanga.

[117] La calebasse est plus qu'un bouclier, le fuseau est plus qu'une lance.
[118] La fille aimée de *Ndebi*, qui attache le pagne et qui vaut plus que celle qui attache le pantalon.

[102-104]. Ces trois vers sont en « langue des génies ».

[108]. Le *bani* est un bois dont les baguettes servent aux travaux de vannerie.

[110]. Il s'agit évidemment des projectiles que prend Dongo.

[111]. *Yabilan* : autre nom de Dongo.

[113]. *Hassane* et *Hini* : les jumeaux ancêtres des Songhay et Zerma.

[114]. « Langue des génies ».

[115-116]. Dongo est à la fois celui qui frappe et celui qui guérit : il assiste ceux que la pluie a mouillés, il assiste ceux que la pluie a épargnés (ou ceux qui sont secs parce qu'ils se trouvaient dans une case qui a brûlé), il assiste ceux qu'il vient de frapper.

[117]. Début de la devise de *Nayanga*, qui est une femme ayant joué souvent un rôle plus important qu'un homme.

[118]. *Ndebi* : il s'agit de ce mystérieux démiurge envoyé par Dieu parmi les hommes. Nayanga aurait été sa protégée.

[119] Les hommes enlèvent leurs pieds, qu'elle mette son pied.
[120] Que les femmes enlèvent leurs pieds, qu'elle mette son pied.
[121] La tache noire, la tache blanche.
[122] Nous devons nous mettre du côté blanc.
[123] Que les oreilles entendent, que les yeux ne voient pas.
[124] *Lipti lipti lipto*.
[125] *Gomnango* à jamais.
[126] Celle qui a beaucoup de beurre frais, mais qui fait un mauvais repas.
[127] Hano la captive aimée de *Faranbarou*.
[128] Elle secoue la tête et le repas est prêt.
[129] Patronne de *Doundouroussou*.
[130] Patronne des rapides de *Boubon*.
[131] Patronne de la mouche sur le rocher de *Sinalé*.
[132] La flamme qui fume, la fumée qui devient feu.

[133] Elle tape le gros morceau de bois pour que les petits morceaux de bois se rassemblent.
[134] Celle qui est forte, celle qui est bête.

Nyaberi.

[135-136] (« Langue des génies ».)
[137] La Torou méchante, qui n'aime pas qu'on lui souhaite une bonne chose.

[119-120]. Là où les hommes et les femmes se retirent, Nayanga vient.

[121-122]. Allusion peut-être aux démarches religieuses : le culte des *Zin* et des pierres *toru* — côté noir ; ou le culte des *Holey* — côté blanc.

[123-124]. Nayanga est réputée monter quelquefois dans les nuages avec Dongo et y grogner : *lipti lipti lipto* (bruit des éclairs).

[127]. *Hano*, autre nom de *Nayanga*, qui a été la nourrice de Faranbarou.

[128]. C'est elle qui a la charge de préparer la cuisine de Harakoy.

[129]. *Doundouroussou* : endroit profond du Niger entre Boubon et Nyamey, où se tient Nayanga.

[130]. *Boubon* : village en amont de Nyamey où se trouve une barre rocheuse qui forme un rapide.

[131]. *Sinalé* : rocher du Niger, près de Tillabéry ; « la mouche » est un petit rocher posé sur un plus gros.

[132]. Ceci signifie que la flamme commence par être de la fumée et peu à peu devient une vraie flamme.

[133]. Sens obscur.

[135-142]. Devise de *Nyaberi*, mère des génies Hargey, dont certains sont énumérés.

[138] Elle a enfanté *Sontisigilingi*.
[139] Elle a enfanté *Maryama Dansosi*.

[140] Elle a enfanté « celui qui a une bouche comme une louche ».
[141] Elle a enfanté *Kokayna*.
[142] Elle a enfanté *Sinibanatyaré* et *Fassigata* le cadet.

Serki.

[143] (« Langue des génies ».)
[144] Un poulet blanc à tête noire.
[145] Le feu du ciel qui a éclairé la terre.
[146] *Febana*, grand serpent.
[147] Il dit aux enfants de ne pas s'approcher.
[148] Rien ne doit le toucher jusqu'au moment où il entre dans le trou d'une termitière.

Zoudouba.

[149] (« Langue des génies ».)
[150] Il avale le petit, il regarde bêtement la mère.
[151] Le père de *Goubasiki*, le père de *Hayda* le cadet, le père de *Maliki*.
[152] Le feu de *Farsiba*.

Mossi.

[153] (« Langue des génies ».)
[154] La mère de *Badé*, la mère de *Gandé*, la mère de *Malo*, la mère de *Gyindiri*.
[155] Le morceau de phacochère, le seul morceau de tarentule, le seul morceau de margouillat.
[156] Elle dit qu'elle croit à la religion des infidèles.

[143-148]. Devise de *Serki*, chef des *Gandyi Koare*.

[146]. *Febana*, autre nom de Serki, qui a l'habitude de se changer en serpent.

[147]. Serki est de caractère irascible, c'est un guerrier coléreux qui n'aime pas les enfants.

[149-152]. Devise de *Zoudouba,* ancêtre des Gandyi Bi.

[153-158]. Devise de *Mossi,* mère des Gandyi Bi.

[155]. Allusion aux viandes interdites, que Mossi n'hésite pas à consommer.

[156]. Mossi est une « infidèle comme tous les Mossi ».

[157] Elle dit que, si elle a tué, il ne faut pas manger la viande.
[158] Si elle a parlé, les paroles ne se lèvent plus.

Zatao.

[159] (« Langue des génies ».)
[160] La route du vent qui conduit le vent.
[161] Celui qui pile le mil et qui a avalé le propriétaire du mil.
[162] Il est parti piler le mil, et il a pris le mil, et il est parti.
[163] Il est parti.
[164] Il dit que le repas du soir, il le prend par la force ; que le repas de midi, il le prend par la force.

Fatimata Dongo izé.

[165] Au ciel, il y a des nuages ; sur terre, il fait sombre.
[166] Le nuage est petit, la honte est petite.
[167] La honte de la dune est la honte du ravin.
[168] La faim a fait du mal à celui qui travaille le bois.
[169] Celui qui travaille le bois a fait aussi du mal à la brousse.

[170] Il faut que l'arbre à la tête coupée pousse dans la brousse.
[171] Il faut que la santé revienne au village.
[172] Il faut que le mal s'en aille en brousse[1].

Texte de Wadi Godyé de Simiri, Zermaganda.

[157]. Il ne faut pas manger la viande, car c'est une « infidèle » qui aura égorgé l'animal.

[159-164]. Devise de *Zatao*, le plus important des Gandyi Bi.

[161]. Zatao, qui est un captif, fait des besognes de femme, il pile le mil.

[164]. Zatao n'a jamais rien eu à manger, il est forcé de voler sa nourriture.

[165]. Devise de *Fatimata Dongo izé*, la fille de Dongo. Dans cette devise, l'on retrouve certaines des phrases adressées à Dongo lui-même.

[167]. Sens très obscur, la pluie et la honte paraissent ici confondues : peut-être s'agit-il de la couleur sombre de la terre, qui précède et suit la tornade, qui est considérée comme un signe de honte.

[168]. « Celui qui travaille le bois », c'est le *setye*, le menuisier qui fabrique, en particulier, des pirogues. Il s'agit ici de Dongo, le génie du tonnerre, dont la foudre « travaille », elle aussi, le bois.

[171]. Invocation finale classique.

*

Le texte suivant est très différent; il entre dans la démarche « magique ». Alors que le prêtre des *Torou* adresse un appel dans lequel l'homme est continuellement inférieur à la divinité, le magicien, grâce aux

1. P. 102-109.

paroles qu'il prononce, d'inférieur devient égal, puis supérieur à la divinité : alors il n'adresse plus de prières aux dieux, il leur donne des ordres. Et si un certain nombre de *Torou* sont encore invoqués (*Dongo*, le génie du tonnerre dans le texte cité), ce n'est qu'en introduction, pour parvenir très vite aux invocations de *N'debi* le « prophète », le messager de Dieu parmi les hommes, l'initiateur primordial de l'ancêtre de tous les magiciens *Sohantye*, Sonni Ali, le chef de guerre toujours vainqueur et jamais vaincu, fondateur de l'empire songhay.

Le texte cité est celui que récite le magicien quand il prépare le charme *dyibi* (« obscurité »), qui permet de se rendre invisible. Le magicien est seul (ou avec son client), il s'est préparé longuement, a « attaché la brousse » pour se protéger contre ses ennemis (et ses rivaux). Il mélange des écorces d'arbre réduites en poudre à un simple gâteau de mil (qui servira de véhicule). C'est un homme, mais un homme sûr de son pouvoir et qui par ce texte va accéder à la toute-puissance.

Dans un premier temps (1-4), le magicien est l'allié du génie du tonnerre, *Dongo*, dont les « rivières » suivent ses mouvements.

Dans un deuxième temps (5-17), il lutte d'égal à égal avec le messager de Dieu *N'debi*, dans le but très précis d'acquérir l'invisibilité primaire. *N'debi* l'aide à « sauter » dans la clôture qui le protège contre les « génies » : il est déjà supérieur à ceux-ci grâce à l'appui de *N'debi*, et ses objets (son client), protégés par cette clôture, sont aussi invisibles à ces génies que les objets de *N'debi*, donc à plus forte raison aux autres hommes (les « aveugles »).

Mais cette invisibilité est fragile puisqu'elle dépend d'un caprice de l'allié *N'debi*. Il s'agit, dans un troisième temps (18-37), de se rendre supérieur à *N'debi* (donc à Dieu lui-même). *N'debi* est défendu par une clôture, par sept chiens, par sept captifs. Le magicien les surmonte l'un après l'autre, tue la fille préférée de *N'debi* qui ne dit rien : le magicien a atteint la toute-puissance : « Moi, celui auquel *N'debi* n'a rien pu faire, comment un être créé (par Dieu) pourrait-il me faire quelque chose ? »

Dans un dernier temps (38-40), le magicien maintenant tout-puissant profite de ce pouvoir difficile et éphémère pour atteindre complètement le but poursuivi : l'invisibilité.

Le charme est réalisé. Le magicien se tait : il tremble un peu. Son pouvoir est passé tout entier dans un humble gâteau de mil. Il ferme les yeux, « rend » la puissance, un instant usurpée, à Dieu. Il redevient un homme. Le client s'en va sans rien verser. Ce n'est qu'après s'être assuré de l'efficacité du charme qu'il en effectuera le paiement.

GYINDIZÉ POUR SE RENDRE INVISIBLE

[1] *Bismilay*, je rentre.

[2] Les rivières des Sorko de *Dongo* rentrent.

[3] *Bismilay*, je sors.

[4] Les rivières des Sorko de *Dongo* sortent.

[5] Je fais une clôture avec *N'debi*

[6] Je m'appuie sur *N'debi* pour sauter.

[7] Le *Bale* noir qui n'a qu'une seule corne a fermé la porte de la clôture.

[8] Les génies ne doivent plus me chercher querelle.

[9] Si le devant est difficile, je n'ai qu'à sortir par l'arrière.

[10] Si l'arrière est difficile, je n'ai qu'à sortir par-devant.

[11] J'ai attrapé la branche de l'arbre de *N'debi*.

[12] La pintade de *N'debi* n'a qu'à gratter.

[13] Ils sont perdus, perdus avec leurs affaires.

[14] L'aiguille de *N'debi*.

[15] On lui a enlevé sa peau sur le fleuve.

[16] Les gens d'en haut ne l'ont pas vu.

[17] À plus forte raison, vous, les aveugles qui vous arrêtez…

[18] *N'debi* a fait sa clôture.

[19] *N'debi* a fait sa maison.

[20] Il a fait sa clôture en épineux.

[21] Il a fait sept chiens.

[22] Il a fait sept captifs.

[23] Il leur a dit de garder la porte de sa concession.

[24] Moi aussi, aujourd'hui lundi, je me suis levé.

[25] Je suis venu me prosterner devant la porte de *N'debi*.

[26] J'ai pris la tête des sept chiens.

[27] Ils n'ont rien dit.

[28-29] (Vers non traduits.)

[30] Je suis entré dans la concession de *N'debi*.

[31] J'ai tué la fille préférée de *N'debi*.

[32] Avec sa graisse, j'ai fait un vêtement.

[33] Avec ses intestins, j'ai fait une ceinture.

[34] Je suis venu m'asseoir sur la tête de *N'debi*.

[35] *N'debi* ne m'a rien dit.

[36] Moi, celui auquel *N'debi* n'a rien pu faire,

[37] Comment un être créé pourrait-il me faire quelque chose ?

...

[38] La fourmi rouge a des os courts qui sont tombés dans l'obscurité.

[39] Ceux qui ont des yeux les ont cherchés sans les voir.

[40] Comment les verriez-vous, vous, les aveugles[1] ?

Texte de Baraké, Sohantye de Wanzerbé.
Introduit par l'auteur.

1. P. 270-271.

V

Prières des Mossi

[E. Mangin : *Essai sur les us et coutumes des Mossi*]

Les Mossi, qui occupent la Haute-Volta, ont formé au XIIe siècle un empire fort et important qui a dominé longtemps la région. L'empire était politiquement organisé en trois États indépendants, le royaume Mossi, celui du Yatenga et celui du Gourma, ayant chacun à leur tête un roi résidant dans la capitale. Ces royaumes étaient divisés en provinces et celles-ci en districts.

Agriculteurs, les Mossi, qui cultivent principalement toutes les variétés de sorgho et de maïs, pratiquent aussi l'élevage.

La terre appartient en principe au roi ; son représentant est le chef du village, qui est « chef de la terre », à qui l'on doit demander la permission de défricher. Les terrains de culture sont occupés par une série de petites fermes où vivent la famille conjugale et les apparentés, placés sous l'autorité du père de famille. Les Mossi sont patrilocaux et observent une filiation patrilinéaire. La terre, bien sacré, est l'objet de rites exécutés par les « chefs de la terre » locaux ou leurs délégués.

Les Mossi révèrent un Dieu suprême, Wande, omniprésent, omniscient et omnipotent dont le pouvoir (*wennam*) s'exerce sur l'univers. Il est parfois assimilé au soleil, mais jamais confondu avec lui. Ils s'adressent également à un certain nombre d'« esprits » (les *tise*, ou « esprits des arbres », et les *kikirsi*). L'interdit totémique *tangandé* est généralement un animal. Le culte des totems individuels et familiaux est effectué dans des sanctuaires contenant des autels constitués de pierres sacrées.

Comme la plupart des sociétés qui observent leur religion traditionnelle, rien n'est entrepris ni accompli par les Mossi sans l'aide, le secours, l'assurance du sacrifice préalable — d'une poule, d'une chèvre, d'un mouton, parfois même d'un cheval. Ces immolations sont également perpétrées à tous moments et en tous lieux, dès que le besoin s'en fait sentir, par tous les hommes ayant atteint l'âge de raison. Et il n'est pas rare de rencontrer de jeunes enfants en train d'offrir un sacrifice avec tout le sérieux que cette démarche implique. Seules les femmes ne peuvent sacrifier et doivent avoir recours au ministère des hommes.

Les sacrifices sont offerts à l'animal protecteur, interdit totémique du clan, le *tangandé* ; parfois aussi aux petits êtres surnaturels qui vivent dans la brousse, les *kikirsi*.

Les prières qui suivent sont énoncées par l'officiant au cours du sacrifice type, nommé *mand'zallé* ; elles rythment le déroulement de l'opération et en assurent en même temps l'efficacité. On offre le sacrifice au totem afin de lui demander protection pour un membre du clan en péril, ici un enfant malade.

Le sacrificateur, accompagné de son fils, se rend au sanctuaire.

Il s'assoit, le visage tourné vers l'ouest, prend en main la victime et dit :

Dieu-roi mâle, réponds trois fois !
Dieu-roi femelle, réponds quatre fois !
Si Dieu-roi ne tue pas, on ne meurt pas.

Si Dieu-roi n'enchaîne pas, on n'est pas enchaîné.

Les papillons ont dit ; les génies de l'eau ont dit de prendre un gallinacé, que ce soit un coq blanc, et de l'offrir au *tangandé* pour qu'il le prenne et le mange avec les *kikirsi* du village et leurs femmes.

Ici, le sacrificateur expose ce qu'il désire. Il raconte que son fils est malade et que lui-même a été consulter le devin qui lui a dit d'offrir un coq blanc et de l'eau au *tangandé*, pour que ce dernier rende la santé à l'enfant. Ensuite il verse l'eau derrière lui, par conséquent à l'est, et dit :

Dieu-roi, reçois l'eau de ton lever !

Puis il verse l'eau devant lui, à l'ouest, en disant :

Dieu-roi, reçois l'eau de ton coucher !

Enfin il verse l'eau sur la pierre du sacrifice ou devant ses pieds et dit :

Tangandé, lève-toi, reçois l'eau et bois-la et donne à mon fils la santé !

Il est comme un aveugle, il n'a plus d'yeux.

Le *tangandé*, lui, voit la nuit et le jour et donne la santé à mon enfant.

Si le sacrifice comporte l'offrande de la bière de mil, il en verse sur la pierre du sacrifice en disant :

Dieu-roi ne boit pas de bière, mais sa suite en boit.

Il prend alors le coq de la main gauche, renverse la tête en tirant la crête et lui coupe le cou. Il fait couler le sang sur la pierre, là où il a versé l'eau, tout en disant :

Tangandé, reçois ce coq et mange-le, et donne à mon enfant la santé et la joie !

Il jette alors le coq devant lui en disant :

Le coq est à Dieu, qu'il écarte la maladie.

L'enfant qui l'accompagne saisit la bête en choisissant le moment où elle est sur le dos ; il la traîne à terre par les pattes jusqu'auprès du sacrificateur, qui dit :

Traîne à terre mes ennemis.

Le sacrificateur le prend alors et le met sur ses pattes en tenant la tête droite :

Qu'il donne la santé à mon enfant !

Il retourne le coq, lui met la tête en bas et les pattes en l'air :

Qu'il fasse mordre la poussière à mes ennemis !

De la main gauche, il arrache des plumes du cou, crache dessus, les colle sur la pierre ou par terre avec le sang de la victime et dit :

Que tout ce qu'il y a de mauvais s'en aille avec le vent !
Que ses oreilles entendent (mes imprécations) !
Que son œil ne voie pas !

Brise la jambe de mes ennemis !
Brise la jambe de mes ennemies !

Et il rend la victime à l'enfant qui l'emporte. Ce qui reste de l'eau et de la bière est répandu au lieu même du sacrifice.

Le sacrificateur détache les ongles des pattes, le bec, les ailerons et le foie du coq et les met dans la main gauche de son enfant, qui va les déposer à quelque distance sur le bord du chemin en disant :

Le sacrifice se reçoit de la main gauche, mais de la droite donne-lui la santé.

Il revient au lieu où sont réunis les membres du clan, et la victime est partagée entre tous les assistants. Quand chacun d'eux a consommé la part qui lui revient, tous se groupent devant le sacrificateur et le saluent avant de se disperser :

Que Dieu reçoive ton sacrifice !
Que Dieu l'accepte !

Tel est le schème régulier du sacrifice, *mand'zalle*, et les prières qui l'accompagnent, exception faite des variantes qu'y peuvent introduire les particuliers ou la coutume de telle ou telle région[1].

1. P. 91-92.

VI

Prières des Nuer

[E. Evans-Pritchard, *Nuer Religion*]
Traduit de l'anglais par M. Luciani

Les Nuer, qui occupent les savanes du sud du Soudan, sont des pasteurs semi-nomades. Ils vivent dans des villages pendant la saison des pluies et accompagnent le bétail transhumant pendant la saison sèche. Le groupe résidentiel est constitué généralement d'une seule famille étendue ; les fils vivent chez leur père et tentent généralement de vivre ensemble après sa mort, la terre étant propriété collective du lignage.

S'ils cultivent quelques céréales et légumineuses, l'agriculture reste pour eux une activité secondaire, le bétail constituant la richesse et la raison de vivre des Nuer. Il appartient plus au chef de famille qu'aux individus faisant partie du groupe.

Les familles Nuer sont groupées en tribus, remontant à un ancêtre commun ; il n'y a pas d'autorité politique ni au niveau de la tribu ni au niveau de la population, mais les Nuer sont unis par un sens développé de la solidarité ; les initiés de haut grade jouent un rôle important.

Les Nuer sont monothéistes, leur Dieu, *Kwoth*, est par essence tout à fait différent de tous les autres esprits surnaturels, *kuth*, qui ne jouent qu'un rôle subalterne d'intermédiaires.

Kwoth est invisible et insaisissable, mais partout

présent. Les Nuer le comparent et l'assimilent à l'air, au vent. Il se révèle aux hommes grâce aux phénomènes naturels, sur lesquels il agit en fonction de ses humeurs. Créateur et maître de toute chose, on le nomme *kwoth ghana*, « créateur de l'univers ». Il est en vérité, pour les Nuer, l'explication de tout ce qui est inexplicable. Ce Dieu créateur est aussi protecteur de ses créatures, il donne la vie, la fortifie, la protège ou bien envoie la mort quand il le juge bon. Chez les Nuer, la mort n'est jamais due à des causes naturelles, ou à des forces occultes de sorcellerie, elle est envoyée par Dieu. Serpent, bêtes sauvages, fièvre, maladie, blessure ne sont que des instruments dans la main de *Kwoth*. C'est donc par un sentiment de confiance, plus que de croyance pure, que peut s'expliquer l'attitude des Nuer vis-à-vis de leur Dieu. Ils disent aussi : « Dieu qui va à tes côtés », ou « Dieu est là ».

En face de Dieu, les Nuer sont humbles et soumis ; ils disent : « Chacun de nous, ne sommes que fourmis parce que nous sommes minuscules auprès de Dieu ; nous sommes tous de petites fourmis auprès de Dieu. » En raison de ce monothéisme confiant, les Nuer ont un sens moral très développé : celui qui fait le bien ne craint rien, celui qui fait le mal sera puni par Dieu.

Contrairement aux esprits subalternes, *Kwoth* n'a ni prêtre, ni sanctuaire, ni représentation tangible. On s'adresse à lui par des prières : l'expression *akonienko*, « laissez-nous en paix », traduit une demande à Dieu de rester avec les hommes en termes d'amitié, de bonnes relations ; « éclairez-nous, donnez-nous la sagesse » révèle la soumission ; « montrez-nous le droit chemin, dirigez nos pas », c'est l'obéissance ; « Dieu, vous qui savez veiller sur les âmes, veillez sur les nôtres », c'est l'imploration.

S'il est omniprésent, Dieu est cependant associé au ciel. Des vertus spéciales sont accordées aux choses du ciel parce qu'il est la demeure de Dieu, par opposition aux choses de la terre, domaine des hommes. Les nuages, les oiseaux, les collines, les arbres sont près de Dieu, dans son monde. On dit souvent pour parler de Dieu : « Dieu du ciel » ou « Dieu dans le ciel ».

C'est ainsi que dans le monde des esprits subalternes, ceux du ciel, ou *kuth nhial*, sont les plus puissants et bien supérieurs à ceux de la terre ou *kuth piny*.

Contrairement à la foi en Dieu, la croyance aux esprits est très récente puisqu'elle ne remonte qu'à la deuxième moitié du XIXe siècle. Ceci est assez trouble dans les esprits des Nuer qui pensent que les esprits sont tombés du ciel sur la terre. Ces esprits sont légion, on les dit aussi esprits de l'air : *kuth dwanga*. Ils n'ont aucune existence propre, mais sont autant d'aspects de Dieu, répondent à autant d'humeurs de Dieu, que les hommes ne pourraient saisir sans leur intermédiaire. Ils ne sont pas divinités, mais aspects variés de la seule et unique divinité aux nombreux visages qu'est *Kwoth*. Ils peuvent s'emparer des hommes ou des bêtes temporairement ou définitivement : *gwan kwoth* désigne le « possesseur d'un esprit », terme auquel on ajoute le nom de l'esprit dont on est possédé.

Deng est le principal d'entre eux, son arme est la maladie ; *teny* veille sur les artisans ; *col* envoie la pluie et lance les éclairs ; *diu* est responsable des épidémies du bétail ; *rang* prend les apparences des bêtes sauvages ; *mani* est l'esprit de la guerre ; *buk*, génie des rivières et des torrents, est en même temps mère de *deng*.

La mobilité des esprits de l'air et leur omniprésence sont soulignées par la « réponse » de *deng* — que traduit le texte suivant — à un homme fatigué qui se plaint des exigences de cet esprit :

Un homme qui évite *deng*
Trouvera *deng* devant lui,

Sur sa droite il trouvera *deng*,
Sur sa gauche il trouvera *deng*,
Il trouvera *deng* derrière lui[1].

La prière suivante, l'un des plus anciens hymnes nuer, est chantée soit au cours des cérémonies funéraires, soit avant les pêches collectives, pour invoquer *buk* :

Mère de *deng*, de toi les fourmis obtiennent leurs vies,
Mère de *dengkur*, de toi les fourmis obtiennent leurs vies,
La mère de *dengkur* apporte la vie,
La mère de *dengkur* m'apporte la vie,
La vie est ravivée.
Elle apporte la vie et nos enfants jouent,
Ils s'exclament de joie,
Avec la vie de la mère de *deng*, avec la vie de la mère de *deng*.
Les corneilles donnent la vie et sont comblées[2].
Notre discours est bon, nous et *buk*.
Notre discours est excellent ;
Le pays du peuple est bon.
Nous voyageons sur le sentier des *pake*[3].
Nous sommes ici, nous et *buk deng*.
Buk, mère de *deng*, de toi les fourmis obtiennent leurs vies,
Mère de *dengkur*, de toi les fourmis obtiennent leurs vies,

1. P. 47.
2. La corneille est ici *buk*, « esprit des eaux ».
3. En langue nuer, ce terme désigne les marchands ambulants arabes.

Nous te donnons du sang rouge.
Les fourmis de *deng* sont de simples gens, elles ne comprennent pas ce qui entretient leurs vies.
Laissez tous ceux des parcs à bétail apporter du tabac à la rivière[1].

La prière suivante est un hymne de guerre ; elle est récitée également lors des cérémonies exécutées pour un foudroyé.

Étoiles et lune qui sont dans les cieux,
Le sang de *deng* que vous avez pris,
Ce n'est pas par caprice que vous avez convoqué les fourmis de *deng*.
Sang de *deng* que vous avez pris,
Sur le bord de la rivière, l'aile de la bataille est cerclée de plumes.
Dayim[2], fils de Dieu, jetez les Britanniques à terre,
Brisez le steamer sur le Nil et laissez se noyer les Britanniques,
Tuez les gens sur la montagne,
Tuez-les deux fois[3],
Ne les égorgez pas pour rire.
Mani[4] se rue en avant,
Il continue toujours,
Les fils de *Jagei*[5] sont fiers dans les étables,
Fiers de toujours attaquer les Dinka[6].

1. P. 45-46.
2. *Dayim* : un autre « esprit ».
3. Les populations des collines Nuba.
4. *Mani* : « esprit de la guerre ».
5. Les Jagei sont un petit groupe des tribus nuer : le terme se réfère probablement ici à l'ensemble des Nuer.
6. P. 46-47.

VII

Prières des Ashanti

[R. S. Rattray, *The Ashanti*]
Traduit de l'anglais par R. Gueugniaud
et M. Luciani

Unies par la culture et le langage, les populations akan, dont font partie notamment les Fanti, les Twi et les Ashanti, occupent les forêts du centre et les régions les plus tempérées de la côte du Ghana. Ces peuples présentent une organisation sociale complexe, dans laquelle la propriété terrienne, la succession et l'autorité politique sont déterminées par la reconnaissance de la filiation matrilinéaire. Chacun d'eux est constitué d'un nombre limité de clans matrilinéaires exogames comportant plusieurs lignages, le matrilignage constituant la base de la vie communautaire.

Les Akan sont des agriculteurs ; riverains de la mer, des lacs et des rivières, ils pratiquent assez intensivement la pêche. La culture du cacao et du palmier à huile, relativement récente, et l'exploitation des mines d'or ont modifié considérablement l'économie traditionnelle.

Le pays comporte un certain nombre de divisions territoriales ou États. L'organisation politique des populations akan était sensiblement la même dans chaque ethnie ; les Ashanti qui ont dominé le pays depuis le XVIIIe siècle jusqu'à l'occupation britannique avaient instauré un système remarquablement organisé. Dans chaque capitale siège un chef, choisi dans le lignage royal, entouré de sa cour et assisté d'un Conseil des Anciens ; la reine mère joue partout un rôle important.

Les Akan révèrent un Dieu suprême ou dieu du Ciel, Nyamé, créateur de l'Univers ; ils s'adressent également à un grand nombre de puissances surnaturelles ou « esprits » (*obosom*) qui descendent de lui et sont des intermédiaires entre le Créateur et l'homme. Les plus importants d'entre eux siègent dans les eaux qui recèlent le pouvoir et l'esprit de Nyamé, sources de vie et de force. Ils portent le nom de la mer (*opo*), de rivières (*tano* et *bea*), ou de lacs (*bosomtwe*). Les prêtres ou assistants qui desservent leur culte entrent en transes ; ils sont alors en communication mystique avec l'« esprit » de ces puissances surnaturelles qui les possèdent et parlent par leur bouche. Les sanctuaires recèlent un abondant matériel lithique, des « tabourets » sacrés, « sièges » temporaires de ces « esprits », et des récipients de cuivre sur lesquels sont égorgées les victimes et déposées les offrandes. Le culte des mânes et des ancêtres du lignage matrilinéaire est très développé.

Chez les Ashanti, les prières adressées aux *obosom* accompagnent la plupart des cérémonies religieuses : celles qui sont données ici sont récitées au moment de la consécration d'un autel, pour provoquer les transes des officiants, au cours des offrandes régulières effectuées dans les sanctuaires qui leur sont consacrés. Les hymnes qui suivent sont chantés lors des cérémonies qui rappellent la mémoire des chefs morts.

*

Quelle que soit l'importance de l'« esprit » auquel il est dédié — ici Ta Kwesi —, une cérémonie accompagne toujours la consécration d'un autel. Un homme (ou une femme), possédé de l'esprit auquel l'autel est consacré, danse accompagné de batteries de tambour et de chants. Ces danses sont suivies d'une offrande durant laquelle les assistants et l'officiant récitent cette prière :

Être suprême sur qui les hommes s'appuient pour ne pas tomber. Déesse de la terre, Léopard, et vous, toutes les bêtes et les plantes de la forêt, c'est aujourd'hui un vendredi sacré ; quant à vous, Ta Kwesi, nous vous installons, nous vous plaçons (ici), afin que nous puissions avoir une longue vie ; empêchez-nous d'attraper « Mort » ; ne nous laissez pas devenir impuissants ; que la vie soit sur le chef de ce village ; que la vie soit sur les jeunes gens de ce village, et sur celles qui portent des enfants, et sur les enfants de ce village.

Ô Arbre, nous invoquons Odum Abana[1], nous vous invoquons pour vous dire que vous pouvez venir, unique et multiple, à l'instant même, afin que nous puissions déposer sur cet autel les pensées qui sont dans nos têtes. Si nous vous invoquons dans l'obscurité, si nous vous invoquons à la lumière du jour, en vous disant : « Faites telle ou telle chose pour nous », vous la ferez.

Et voici les règles que nous édictons à votre usage, ô vous qui êtes un de nos dieux : si, en notre temps ou dans le temps de nos enfants et de nos petits-enfants, un roi surgi d'ailleurs vient vers nous en disant qu'il va faire la guerre, et si, quand il nous

1. Nom du dieu, ou « esprit » dont dépend l'arbre en question, soit ici le cotonnier.

l'aura annoncé, vous savez bien qu'en allant au combat il n'emportera pas la victoire, vous devez nous le dire ; mais s'il doit être victorieux et que vous le sachiez, alors proclamez aussi cette vérité.

Et encore : si un homme tombe malade de nuit ou de jour, et si nous vous élevons et nous vous tenons au-dessus de sa tête en vous questionnant comme suit : « Untel va-t-il mourir ? », dites la vraie cause du malheur qui le frappe et non pas des mensonges.

Nous tous, dans cette ville, tous nos anciens comme tous nos enfants, nous nous sommes aujourd'hui consultés et nous nous sommes mis d'accord ; nous nous sommes unis et, tous ensemble, avons décidé, Ta Kwesi, d'installer votre autel à cet endroit, un Vendredi sacré.

Nous avons pris un mouton, une volaille et du vin, et nous allons vous les offrir, afin que vous puissiez habiter cette ville et préserver sa vie. À compter de ce jour, et ainsi de suite tous les jours à venir, vous ne devez ni nous fuir ni nous quitter. À compter de ce jour, et tous les jours à venir, ô vous, feu de Tano, que rien ne soit mensonge de tout ce que vous nous direz. Ne prenez pas d'eau dans votre bouche pour nous parler. Vous devenez, aujourd'hui, un dieu pour notre chef, vous êtes devenu aujourd'hui un dieu pour les esprits de nos ancêtres. Peut-être quelque jour, demain ou après-demain, le roi des Ashanti viendra-t-il vous dire : « Tel de mes enfants (ou bien encore un vieillard) est malade », et vous priera de l'accompagner ; ou peut-être vous enverra-t-il un messager ; dans ce cas vous pourrez le suivre, sans que nous pensions que vous nous fuyez.

Et ces mots sont proférés par notre bouche à tous[1].

Divers sacrifices sont alors effectués, le sang étant toujours versé dans le récipient de cuivre qui fait partie du matériel sacré.

*

L'« esprit » de la puissance surnaturelle, ici Ta Kora, est appelé par la prière suivante à pénétrer l'officiant, qui entrera en transes et s'adressera aux assistants en son nom.

Le prêtre — en l'occurrence un albinos très âgé — officie à l'intérieur du sanctuaire en présence du corps sacerdotal. Il place sur sa tête le tabouret de Ta Kora et récite la prière suivante en observant une parfaite immobilité :

Dieu du Créateur, qui vois, bien qu'il ne soit pas présent,
Nkadomako[2], qui t'empares des hommes forts,
Dieu du roi Amoyao[3],
Dieu du roi des Ashanti,
Tu as fait tant et tant de choses, et tu as tué les « trois vieillards »,
Dieu qui viens de l'intérieur du roc,
Toi qui as tué Adinkira[4],
Roi, que nous baignons avec des œufs blancs,
Toi, dont les carrefours conduisant à la demeure sont des lieux terribles,

1. P. 148-149.
2. Titre honorifique de Ta Kora.
3. Amo Yao était un des premiers rois de Tekiman.
4. Adinkira, roi célèbre de Gyaman (République de Côte d'Ivoire) vaincu et tué par le roi Ashanti Bonsu.

Si quelqu'un te voit dans le but de te détruire, par cette destruction ne sois pas détruit !
Dieu qui es vrai, il y a de la vérité dans ce que tu dis.
Toi dont le gong résonne jusqu'à La Mecque,
Où que tu sois parti, reviens !
Kwampiri[1], que nous invoquons quand les fleuves sont en crue,
Toi qui tires sur les étoiles vers la demeure de l'Être suprême
Tu tisses un fil par les chemins, jusqu'au lointain.
Aujourd'hui est Vendredi sacré et nous voulons contempler ta face.
Aussi, viens et écoute ce que nous avons à te dire[2].

Après cette récitation, l'assistance observe elle aussi une immobilité parfaite jusqu'au moment où le prêtre porteur de l'autel se lève et frappe du fouet qu'il tient dans la main gauche un récipient de cuivre placé près de lui. Ceci est le signe du passage de l'esprit et des pouvoirs de la puissance surnaturelle dans l'objet et de là dans le prêtre. Tous disent : « Grand Sire, bonjour ! » Le prêtre entre alors en transe ; il parlera durant la cérémonie au nom de Ta Kora.

*

Les prières qui suivent accompagnent les cérémonies régulières qui ont lieu le Vendredi sacré, ou *fofie*, consacré à Tano ou Ta Kora, devant la collectivité réunie.

Le prêtre-chef tient dans sa main trois œufs. Il en

1. Autre titre honorifique de Ta Kora.
2. P. 178-179.

brise un, recueille le blanc dans un plat, puis enduit du jaune, qu'il tient dans sa paume, l'autel de Ta Kora en disant :

Roi de l'intérieur du roc, c'est aujourd'hui le Vendredi sacré ; tes jours de retraite sont terminés, et aujourd'hui tu t'es de nouveau avancé[1].
Je tiens un œuf dans ma main et je te le donne.
Vie au chef de Tekiman !
Vie aux gens d'Oboase !
Vie au chef de Nkoranza !
Vie au chef de Nsuta !
Vie au chef de Juaben !
Vie à la nation Ashanti !
Vie à l'homme blanc, puisse-t-il durer aussi longtemps que toi-même, Ta Kora, as duré dans le roc !
Vie à ceux qui marchent avec lui !
Ne permets pas que mes oreilles se ferment, que mes yeux se voilent, que je devienne impuissant.
Toi que seul nous appelons « maître du roc », reçois cet œuf et mange, et, par ce Vendredi sacré, puisses-tu te tenir derrière nous comme il faut[2].

Pendant cette prière, le héraut répète constamment : « Attention, silence !... »

Avec le second œuf, le prêtre procède de même pour l'autel d'Ati Akosua en disant :

Ati Akosua, aujourd'hui est Vendredi sacré, reçois cet œuf et mange,
Vie à ton peuple d'Oboase,

1. Le temple de Ta Kora reste fermé pendant les journées qui sont considérées comme néfastes.
2. P. 183-184.

Vie au chef de Tekiman,
Vie à l'homme blanc et à ceux qui marchent avec lui ;
Puisse-t-il durer aussi longtemps que ton père, Ta Kora, a duré dans la caverne,
Vie pour moi-même (etc.). Fais que celui qui a un fusil trouve du gibier à tuer[1].

Le troisième œuf est offert de la même façon à l'autel de Ta Kwesi.

Une calebasse de vin de palme, que tient le héraut, est ensuite offerte à Ta Kora par l'officiant qui dit :

Seigneur de l'intérieur du roc, Seigneur de l'intérieur du roc, voici du vin. Aujourd'hui est Vendredi sacré — tu étais parti dans ta retraite, mais aujourd'hui tu es sorti. Reçois ce vin et bois. Puisses-tu te tenir derrière moi comme il faut. Vie au chef de Tekiman. Quand tes enfants et petits-enfants iront faire du commerce, puissent-ils rapporter de l'argent à la maison[2].

Chaque membre de la communauté remet ensuite son don personnel au prêtre. Un coq, donné par un des membres de l'assistance, est alors sacrifié. Le prêtre dit :

Roi de l'intérieur du roc, Ta Kora, ton petit-fils, un tel, te tend ce coq de ses mains, parce que c'est aujourd'hui Vendredi sacré. Il te l'apporte pour pouvoir contempler ta face. Il te prie de lui donner vie — une santé qui dure longtemps ; puisses-tu venir,

1. P. 184.
2. P. 185.

prendre et manger, et te tenir derrière lui comme il faut. Et que tout ce qu'il fait soit bien. Vie à toute sa maisonnée !

L'animal vivant est alors posé sur l'autel, tandis que le prêtre observe attentivement son attitude, qui révèle si Tano accepte ou n'accepte pas l'offrande. Puis il prend la victime et la maintient au-dessus du récipient de cuivre en disant :

Si ton petit-fils a fait quelque chose contre toi, il te demande pardon. Viens et accepte ce coq[1].

Il pose à nouveau l'animal un instant sur l'autel, puis lui tranche la tête. Le sacrifice est suivi d'une offrande de vin de palme.

La même opération se répète pour toutes les victimes offertes, à l'exception de celles qui sont refusées par Tano et rendues à leur propriétaire, considéré comme en état de rupture d'interdit. Le reste du vin de palme est consommé par le héraut et par ceux dont l'offrande a été acceptée.

LA CÉRÉMONIE « ADAE » DU MERCREDI

L'*Adae* est une cérémonie officielle et fastueuse, célébrée à la mémoire des âmes des chefs défunts. Le grand *Adae* ou *Adae* du dimanche se renouvelle régulièrement tous les quarante-trois jours ; vingt-quatre jours plus tard, on exécute l'*Adae* du mercredi (ou *wukudae*). Dans les deux cas, le jour où a lieu l'*Adae*,

1. P. 186.

tout travail est interdit pour permettre à la population de participer à la fête.

Le mercredi, après des sacrifices et des offrandes effectués sur les tabourets royaux, siège de certains principes spirituels du roi, en présence des personnalités dans la demeure royale, le roi se retire pour changer de costume avant de se présenter à ses sujets et donner le signal du début des festivités.

Durant cet intermède, le joueur de tambour scande successivement les textes suivants :

Ô divin Joueur de tambour, à peine éveillé, je me suis levé.
Moi, le tambour du chef porc-épic Ashanti,
Je suis à peine éveillé,
Je me suis forcé à me lever,
Je vais faire résonner le tambour.
Si vous êtes parti ailleurs et si je vous appelle,
Venez ;
Le coq a chanté dans le matin,
Le coq s'est éveillé et a chanté,
Très tôt,
Ils m'adressent la parole et je les comprendrai[1].

Alors, il invoque les esprits du cèdre et de l'éléphant, qui entrent pour une part dans les matériaux nécessaires à la fabrication du tambour.

Il y a des marécages, des marécages, des marécages,
Qui peuvent engloutir l'éléphant.
Une rivière dans la vallée peut être petite
Entre de hautes collines.

1. P. 101.

Mais elle coule encore et toujours.
Si vous [esprit de l'éléphant] êtes parti ailleurs et si je vous invoque,
Venez,
Le coq a chanté dans le matin, etc.[1]

Il invoque ensuite l'esprit de l'arbre dont on tire la fibre qui maintient le tympan en peau d'éléphant.

Je repose, mais je n'ai pas eu sommeil,
Je repose, mais je n'ai pas fermé les yeux,
Durant trois veilles de la nuit.
Je pense à mes amis qui m'ont laissé et dorment,
Amoafo, Awuku, le coq, le vieil oiseau dont les os sont devenus robustes.
Bonjour, bonjour, coq,
Le coq a chanté, etc.

Le ciel est vaste, vaste, vaste,
La terre est vaste, vaste, vaste,
On a mis l'un en haut,
On a mis l'autre en bas,
Aux temps anciens, il y a longtemps, longtemps.
Dieu suprême du ciel, sur qui les hommes s'appuient pour ne pas tomber,
Nous vous servons.
Quand le Dieu du ciel vous révèle quelque chose
Puissiez-vous en profiter.
Si nous souhaitons « du blanc », nous l'obtenons,
Si nous souhaitons « du rouge », nous l'obtenons.
Lui sur lequel nous nous appuyons pour ne pas tomber,

1. P. 101-102.

Dieu, bonjour.
Vous que nous célébrons un samedi,
Bonjour.
Le coq chanta, etc. [1]

Puis il discourt sur le héraut, « coiffé d'un bonnet en peau de singe noir » et qui « porte avec lui son propre tabouret ». Il poursuit à la louange de Tano, qui siège dans la rivière du même nom, fils de Nyame, Dieu suprême.

Le ruisseau traverse le sentier,
Le sentier traverse le ruisseau ;
Des deux, lequel est l'aîné ?
N'avons-nous pas défriché un sentier afin d'aller trouver ce ruisseau ?
Le ruisseau a pris sa source il y a longtemps, longtemps,
Le ruisseau a pris sa source dans le Créateur.
Il a créé les choses,
Pur, pur Tano.
Venez ici, Tano ;
Il dévore des béliers,
Ta, le grand, le puissant
Que nous célébrons un lundi.

Il vient, il vient,
Peu à peu, lentement, lentement.
Prenez garde de ne pas trébucher,
Peu à peu, lentement, lentement.
Vous viendrez vous asseoir,
Chef, vous viendrez vous asseoir.

1. *Ibid.*

Kon! Kon! Kon!
Le grand homme, fils d'Osaï, s'est assis,
Le roi s'est assis,
Celui qui détruit les villes s'est assis,
Celui qui jamais ne pardonne,
Il a pris un tabouret et s'est assis.

Le roi va se lever
Le destructeur des villes est près de se lever.
Levez-vous!
Levez-vous!
Levez-vous!
Peu à peu!
Prudemment! Prudemment!
Ayez soin de ne pas trébucher[1].
Roi, laissez-nous vous précéder[2].

La cérémonie d'*apo*, ou fête du renouvellement de l'année, est célébrée à Tekiman, village royal situé au nord du pays ashanti, non loin des sources de la rivière Tano. Elle nécessite la présence de l'ensemble des prêtres, venus des villages voisins, avec les autels ou emblèmes des puissances surnaturelles auxquels ils sont consacrés, accompagnés de toute la population.

Pendant huit jours, les danses, les transes, les offrandes se succèdent sans interruption. Ces journées sont marquées par une grande liberté de langage, un relâchement de la morale et une certaine liberté sexuelle — néanmoins, les abus faits durant cette semaine de licence sont condamnés et punis, l'ordre une fois rétabli.

1. Aux temps anciens, il était considéré comme néfaste pour le roi Ashanti de trébucher. S'il tombait, un esclave était immédiatement sacrifié sur le lieu de la chute.

2. P. 102-103.

Le dernier jour se déroule un rite important au bord de la rivière Tano. Une procession solennelle des prêtres accompagnés de la reine mère et suivis de tous les participants se dirige vers la rivière. Un message a été envoyé au roi, qui n'a pas suivi la procession mais qui est représenté par ses hérauts, lesquels parlent en son nom :

« L'année a tourné, aujourd'hui les cérémonies se terminent et nous voulons aller à la rivière[1]. »

Le roi a répondu :

« Qu'aucun malheur n'atteigne cette nouvelle année qui approche, et qu'une autre année vienne ensuite. »

Après avoir fait déposer les autels en cercle sur la berge, un assistant du prêtre de Tano creuse un petit bassin, prend de l'eau dans la rivière et dit :

Dieu du ciel, sur lequel les hommes s'appuient pour ne pas tomber ; Déesse de la terre ; Créature qui régit le monde souterrain ; Léopard qui possède les forêts ; Déesse Tano, par votre bonté, les bords de l'année se sont rejoints (c'est-à-dire : l'année a terminé son cycle). Et nous avons apporté tous les autels des dieux pour les asperger d'eau. Tenez-vous derrière nous avec une bonne posture. Ne laissez aucune mauvaise chose nous atteindre. Nous mettons nos enfants, nous mettons nos épouses, nous nous mettons nous-mêmes entre vos mains. Ne laissez aucun démon s'emparer de nous[2].

1. P. 165.
2. *Id.*

Différents ingrédients végétaux sont alors mis dans l'eau du bassin. Un autre dignitaire dit, tenant une branche de l'arbre *summe* dans chaque main :

Grand-père, Ta Kese, le cycle de l'année s'est aujourd'hui fermé, nous vous avons apporté à la rivière et nous sommes sur le point de vous asperger d'eau. Créatures, plantes, bêtes, créature qui possède le monde souterrain, Dieu du Ciel, Déesse de la Terre du jeudi et tous les dieux du monde, venez ici, si jamais quelque impureté vous a souillés (l'an passé), nous allons l'asperger d'eau.

Puis il plonge les branches dans l'eau et en asperge les autels, en commençant par celui de Ta Kese, en disant :

Nous te remercions pour la vie ; quand les chasseurs vont dans la forêt, permets-leur de tuer du gibier ; fais que ceux qui peuvent enfanter enfantent. Vie à Yao Kramo (le chef du village) ; vie à tous les chasseurs ; vie à tous les prêtres. Nous avons pris l'Apo de cette année et l'avons mis dans la rivière[1].

Il asperge ensuite les sièges sacrés et les assistants. On tire des coups de fusil en criant : « Bienvenue ! Bienvenue ! »

Les récipients de cuivre sont ensuite nettoyés avec le sable et l'eau du fleuve. L'assistance tout entière retourne alors au village.

L'année nouvelle commence le lendemain. Ce jour-

1. P. 166.

là, une procession composée uniquement d'hommes se rend au temple de Ta Kese où ont été réunis les autels de Ta Kese et des dieux secondaires. L'officiant et les assistants récitent la prière suivante :

Ta Kese d'Aban, le cycle de l'année est clos ; en conséquence, moi et mon peuple, nous te présentons ce mouton, qui vient de nos propres mains, et nous te l'offrons. Puissiez-vous vous tenir derrière nous dans une position propice. Puissiez-vous solliciter tous les esprits des plantes et des bêtes, afin que celles qui portent des enfants puissent être fécondes et que le chasseur qui prend son fusil pour aller dans la forêt puisse tuer du gibier. J'ajoute ceci : je suis allé trouver Krakye Dente, au sujet des escargots, pour qu'ils puissent rester aux alentours de la ville, et pourtant tout se passe comme s'il n'y avait plus d'escargots ; de grâce, faites que les escargots refassent leur apparition. Autre chose encore : étant donné la bienveillance avec laquelle votre main s'est posée sur cette année (passée), je frappe l'*odawaru* (le gong) et je dis que personne ne doit se conduire indécemment pendant les réjouissances de cette année et je taxerai d'une amende de seize livres celui qui se conduira ainsi. Tout cela étant, personne, en vérité, n'a fait le mal.

Vous avez vu qu'un homme blanc s'est tenu en votre présence durant toute la cérémonie d'Apo et qu'aujourd'hui il est assis dans votre chambre ; ce n'est donc pas un mince honneur qui vous est fait là.

Puissiez-vous venir recevoir ce mouton et le manger.

La vie soit sur l'homme blanc ici présent, la vie soit sur tous les hommes blancs anglais, la vie soit sur tous ceux qui marchent avec lui [1], la vie soit sur tout ce peuple et sur moi, Yao Kramo, qui gouverne cette ville ; ne me laissez pas devenir impuissant ; que mes yeux ne soient pas obstrués ; que mes oreilles ne soient pas bouchées ; accordez-moi de pouvoir éviter les querelles avec le Château (le Gouvernement) [2]. »

Le prêtre sacrifie ensuite un mouton dont le sang, recueilli dans une écuelle, est versé sur chacun des autels.

LE LANGAGE DU TAMBOUR

Comme beaucoup de peuples de la côte Ouest d'Afrique, les Ashanti étaient susceptibles d'envoyer des messages à grandes distances en peu de temps au moyen de batteries de tambour, constituant un véritable langage. Ce mode de transmission comporte un matériel sonore fait de séries d'holophrases dont nous ne saurions envisager ici ni l'ensemble — qui dépasse notre objet — ni la technique employée. Les « tambours-parlant » étaient, avant usage, objets de rites propitiatoires.

Les textes tambourinés qui suivent ont été traduits, son rythmé pour syllabe ou mot, en langue ashanti. Ils relatent l'histoire des Manpoon, fraction importante des Ashanti. Avant l'énoncé, les noms des chefs de ce clan, les « esprits » des différents matériaux, qui ont été utilisés pour confectionner le tambour, sont

1. Il s'agit ici de l'auteur, J. Rattray, et de ses compagnons Ashanti venus du Sud, qui assistaient à la cérémonie.

2. P. 168-169.

invoqués afin qu'ils pénètrent dans le tambour. Le tambour devient alors le siège des « esprits de la forêt et du puissant éléphant ». Les divinités de la Terre et du Ciel sont appelées de la même manière.

I

Kok kon kon kon
Kun kun kun kun
(Esprit de) Funtamia Akore,
(Esprit du) Cèdre, Akore,
Du Cèdre Kodia,
De Kodia le Cèdre,
Le batteur divin annonce que,
Fût-il parti ailleurs (dans le sommeil),
À présent le voici,
Décidé à se lever.
(Comme) le coq a chanté à la pointe de l'aube,
(Comme) le coq, pour lancer son chant, s'est dressé,
Très tôt, très tôt, très tôt.
Nous nous adressons à toi
Et tu nous comprendras,
Nous nous adressons à toi,
Et tu nous comprendras[1].

II

(Esprit de la) Terre, la tristesse t'appartient,
(Esprit de la) Terre, le malheur est ton domaine,
Terre avec sa poussière,
(Esprit du) Ciel

1. P. 278.

Qui s'étend jusqu'à Kwawu (une localité de la Côte de l'Or)
Terre, si je suis sur le point de mourir,
C'est à toi que je m'en remets,
Terre, tant que je suis encore en vie,
C'est à toi que je fais confiance.
Terre qui reçois mon corps,
Le divin batteur annonce que,
Fût-il parti ailleurs (dans le sommeil),
À présent le voici,
Décidé à se lever
(Comme) le coq a chanté à la pointe de l'aube,
(Comme) le coq, pour lancer son chant, s'est dressé,
Très tôt, très tôt, très tôt,
Nous nous adressons à toi,
Et tu nous comprendras,
Nous nous adressons à toi,
Et tu nous comprendras[1].

III

(Esprit du) puissant Ankamanefo,
Lui et les batteurs, ensemble se mettront en route.
(Esprit du) puissant Ankamanefo,
Lui et les batteurs, ensemble reviendront.
Toi, Gyaanadu à la masse imposante,
Gyinadu le rouge,
Les marécages t'avalent, éléphant.
Éléphant qui brise la hache
(Esprit de l') éléphant, le batteur divin déclare
Qu'il est sorti du sommeil,
Décidé à se lever.

1. *Id.*

(Comme) le coq a chanté à la pointe de l'aube,
(Comme) le coq, pour lancer son chant, s'est dressé.
Très tôt, très tôt, très tôt.
Nous nous adressons à toi
Et tu nous comprendras,
Nous nous adressons à toi
Et tu nous comprendras[1].

IV

(Esprit de) la fibre, Ampasakyi,
Où es-tu ?
Le divin batteur annonce que,
Fût-il parti ailleurs (dans le sommeil),
À présent le voici,
Décidé à se lever,
Décidé à se lever.
(Comme) le coq s'est dressé à la pointe de l'aube,
(Comme) le coq, pour lancer son chant, s'est dressé.
Très tôt, très tôt, très tôt,
Nous nous adressons à toi
Et tu nous comprendras,
Nous nous adressons à toi
Et tu nous comprendras[2].

V

Ô chevilles (faites avec) la souche de l'arbre Ofema,
(vous dont le nom est) Gyaanadu Asare,
Le batteur divin annonce que,

1. P. 278-279.
2. P. 279.

Fût-il parti ailleurs (dans le sommeil),
À présent le voici,
Décidé à se lever,
Décidé à se lever.
(Comme) le coq a chanté à la pointe de l'aube,
(Comme) le coq, pour lancer son chant, s'est dressé.
Très tôt, très tôt, très tôt.
Nous nous adressons à toi,
Et tu nous comprendras,
Nous nous adressons à toi
Et tu nous comprendras[1].

VI

Oiseau Kokokyinaka
Comment répondre à ton accueil ?
Nous te saluons, « Anyado ».
Nous te saluons, « fils du batteur ».
L'enfant du batteur dort,
Il s'éveille avec l'aube.
Très tôt, très tôt, très tôt,
Nous nous adressons à toi,
Et tu nous comprendras,
Nous nous adressons à toi
Et tu nous comprendras[2].

VII

Ô sorcière, ne me tue pas, Adwo,
Épargne-moi, Adwo,
Le divin batteur déclare que,

1. *Id.*
2. P. 279-280.

Quand il se lèvera à l'aube,
Il fera résonner ses tambours pour toi,
Dans le matin
Très tôt, très tôt, très tôt.
Ô sorcière qui tues les enfants des hommes avant qu'ils soient mûrs,
Ô sorcière qui tues les enfants des hommes avant qu'ils soient mûrs,
Le divin batteur déclare que,
Quand il se lèvera à l'aube,
Il fera résonner ses tambours pour toi,
Dans le matin,
Très tôt, très tôt, très tôt, très tôt.
Nous nous adressons à toi,
Et tu nous comprendras
Nous nous adressons à toi
Et tu nous comprendras [1].

VIII

(Esprit d') Asiama Toku Asare,
Opontenten Asi Akatabaa
(Noms forts)
Asiama (qui vient) du Dieu du ciel
Asiama de l'Être suprême.
Le batteur divin déclare que,
Fût-il parti ailleurs (dans le sommeil),
À présent le voici,
Décidé à se lever,
Décidé à se lever.
(Comme) le coq a chanté à la pointe de l'aube,
(Comme) le coq, pour lancer son chant, s'est dressé,

1. P. 280.

Très tôt, très tôt, très tôt.
Nous nous adressons à toi
Et tu nous comprendras
Nous nous adressons à toi
Et tu nous comprendras[1].

Suivent vingt autres messages tambourinés qui relatent les noms et les attributs des fondateurs du clan, l'histoire des migrations, puis les noms et les attributs des chefs actuels.

IX

Ô, Boafo Anwoma Kwakyi
Kwakyi le grand,
Kwakyi, Adu Asare,
D'où viens-tu ?
Tu viens de Mampon Kontonkyi, où le roc use la hache
Mampon Kotonkyi Aniampan Boafo Anwoma Kwakyi,
Kon
Qui détruit les villes, Firampon
Hélas ! Hélas ! Hélas[2] !

X

Ami du bouclier,
Nous t'avons donné un bouclier,
Ami du bouclier
Nous t'avons donné une épée.

1. *Id.*
2. P. 281.

Le bouclier que nous t'avons donné était si terrible
Qu'il lui fallut juste trois jours
Pour briser les échines.
Ô Obirempon Antiedue,
Fils d'Antiedu Gyedu Asare,
Antiedu le petit,
Kon !
Antiedu, le petit, Firampon
Hélas, hélas, hélas[1]...

1. P. 281.

VIII
Prières des Ashanti

[A. K. Busia, *La position du chef dans le système politique moderne des Ashanti*]
Traduit de l'anglais par M. Luciani

Plus qu'ailleurs encore, l'autorité revêt chez les Ashanti un caractère sacré. Le chef reçoit de sa mère le sang et de son père l'esprit, c'est-à-dire que ce sont des liens de filiation qui l'attachent à sa mère et des liens d'éducation qui l'attachent à son père.

Le lignage est matrilinéaire ; c'est par les femmes que le sang se transmet. Ainsi la succession du chef passe tout d'abord à ses frères, nés de la même mère, ensuite à ses cousins utérins ou enfants d'une tante maternelle, puis à ses neveux utérins ou enfants de ses sœurs. Dans les veines de tous ceux qui sont alliés par les femmes, circule en effet le même sang.

Mais si la chefferie est sacrée chez les Ashanti, c'est avant tout parce que le chef est intermédiaire par nature, intermédiaire absolument indispensable à la vie de son village, intermédiaire entre tous ceux qui dépendent de lui et tous les chefs morts, ses prédécesseurs, sans la protection desquels le village court à sa perte.

La veille de la célébration de la fête de l'*adae*, consacrée, nous l'avons vu, aux mânes des chefs morts[1], les autels, constitués de pierres, sont soigneusement nettoyés et purifiés et les tambours sont battus.

1. Cf. *supra*, p. 97.

Le lendemain, le chef, le porteur de l'autel et deux vieillards qui assistent le chef s'enferment dans une case sacrée où se trouve l'autel. Le chef fait alors sur l'autel des offrandes de boissons et de nourritures et récite la prière suivante :

Aujourd'hui, c'est la fête de l'*adae*,
Venez et recevez ceci et nourrissez-vous.
Que ce village soit prospère,
Que les femmes portent des enfants,
Que tous soient comblés.
Préservez-moi de la mort et accordez à mon peuple la vie longue.

Puis, aux villageois rassemblés par les roulements de tambour, un héraut conte la légende des hauts faits accomplis par tous les chefs décédés jusqu'au plus lointain dont il peut connaître la vie.

L'aîné de chaque famille porte alors ses respects aux chefs, puis, pour clore la fête, ont lieu des danses et des chants collectifs.

Cet aspect du rôle religieux du chef est, aux yeux de son peuple, sa principale fonction. Il doit être avant tout intermédiaire agréé entre morts et vivants. C'est pourquoi, lorsqu'un chef viole un interdit ou commet un acte dangereux ou répréhensible, il est aussitôt chassé. Les conséquences de son acte seraient trop graves pour son peuple : le lien serait rompu entre les esprits des morts et les aspirations des vivants.

D'autre part, les Ashanti révèrent la terre dont le jour sacré est le jeudi, jour de sa création. Le travail de la terre est interdit ce jour-là, pour éviter tout accident possible.

Cette prière récitée par le chef le jour de l'*adae* témoigne de cette vénération :

Terre, condoléances,
Terre, condoléances,
Terre et poussière,
Être suprême,
Je m'appuie sur vous.
Terre, quand je vais mourir
Je m'appuie sur vous.
Terre, quand je suis en vie
Je dépends de vous.
Terre qui recevez les cadavres,
Le tambour du Créateur dit :
Que de tous les endroits d'où il vint,
Il s'est réveillé,
Il s'est réveillé[1].

Des sacrifices et des offrandes sont faits à la terre, en guise de remerciements après une bonne récolte et également au moment où l'on creuse la tombe avant un enterrement, afin qu'elle accueille bien le cadavre. En creusant la terre on récite cette prière :

Terre, dont le jour est jeudi, recevez ce vin et cette boisson,
C'est votre petite-fille qui est morte,
Nous sommes venus vous demander de nous accorder cette place
Afin que nous puissions creuser un trou.
Faites qu'aucun mal ne nous arrive.
Laissez les parents vivre longtemps,
Là où nous la déposons... Que personne d'autre ne la rejoigne[1].

1. P. 40.
2. P. 42.

IX

Prières des Tallensi

[R. S. Rattray, *The Tribes of the Ashanti Hinterland*]
Traduit de l'anglais par R. Gueugniaud

Les cérémonies en l'honneur du chef de Tong sont peut-être les plus célèbres du pays tallensi. Les pèlerins viennent de toutes les régions en empruntant les moyens de locomotion les plus divers, des plus archaïques aux plus modernes.

Le chef tong habite sur les Tong Hills, il est supposé être une émanation du Dieu suprême ; son pouvoir est immense. Tous les ans, à la saison sèche, les pèlerins se rendent sur les Tong Hills en longue procession pour y réciter des prières et y exprimer leurs souhaits. Ce dieu ne possède aucun sanctuaire si ce n'est une large caverne, dans laquelle sont récitées les prières qui suivent, et un autel de pierre placé devant une seconde excavation non loin de la première.

Mon père, j'appelle ton père pour qu'il appelle Takurunab ; qu'ils viennent s'asseoir devant la face de T.-Naba et recevoir l'homme blanc favorablement ; permets-lui de faire le travail qu'il désire. Il dit que s'il voit tout, il te donnera une vache. Que son nom s'élève au-dessus de celui de ses voisins, et qu'il ait commandement sur commandement. Ne laisse pas la fièvre s'emparer de lui. Qu'il aille et revienne, rapide comme l'épervier, pour que nous puissions avoir notre vache. Garde ses enfants qui viendront après lui, pour qu'ils puissent recevoir et donner[1].

Je suis venue d'une rue de Kwawu et j'ai entendu parler de *nana*. Je suis venue m'en remettre à toi, pour que tu puisses me donner vie. J'étais à Kumase, je portais un enfant, et il est mort ; aussi me voilà, je me livre à toi afin que, si quelqu'un est cause de mon malheur, tu le fasses mourir — veille sur moi, fais-moi porter un autre enfant. Alors je te paierai.

Je suis venue de Mampon. J'ai entendu parler de ce Dieu. J'ai mal au ventre : il ne cesse pas de crier, ko ! ko ! Examine mon mal pour qu'il cesse. Si c'est quelqu'un qui me fait cela, attrape-le pour moi, ou tue-le et fais-moi retrouver force et santé !

J'étais dans ma ville quand j'ai entendu parler de la force de ce Dieu ; aussi je suis venu m'en remettre à lui pour qu'il m'aide. Je suis quelqu'un qui boit, j'en suis devenu ivrogne. Aide-moi à m'arrêter de boire. Alors, n'importe quel travail que je ferai sera pour te payer ma dette. Si c'est quelqu'un qui me fait cela, que *nana* l'attrape, ou tue-le pour moi[2].

1. P. 363.
2. P. 364-365.

X

Prières en l'honneur de Fa

[B. Maupoil, *La géomancie à l'ancienne Côte des Esclaves*]

Le culte de Fa n'est pas né en Afrique Noire, il y fit son apparition dans les premières années du XVIIIe siècle, importé dans le royaume d'Abomey par des marchands itinérants venus du pays yoruba, et au-delà même de la Haute-Égypte.

Certains auteurs s'accordent pour placer l'origine de ce culte en Perse, mais une fois qu'il eut pénétré le royaume d'Abomey, on peut dire qu'il devint une sorte d'institution royale, sauvegarde spirituelle de la bonne marche du royaume, et que la chute de la royauté lui fit perdre une grande partie de sa vigueur.

Aux XVIIIe et XIXe siècles, son aire de propagation fut très vaste au Dahomey, au Togo et dans le Nigeria. À cause de la traite, il atteignit même l'Amérique, où l'on en trouve encore des séquelles à Cuba et au Brésil.

Cette géomancie proche-orientale, extrêmement complexe, faisant partie d'un ésotérisme emprunté aux quatre éléments, aux quatre points cardinaux et aux douze signes zodiacaux, se modifia peu à peu au contact de la pensée noire pour atteindre parfois la magie et l'usage des charmes.

Avant l'apparition du culte de Fa, la religion des peuples de l'ancienne Côte des Esclaves se résumait en un panthéon de divinités innombrables, ou *vodû*, toutes différentes quant à leurs attributs et à leurs fonctions, mais semblables quant à leurs caractères. Est *vodû* ce qui est mystérieux, impénétrable, incompréhensible, en un mot ce qui revêt tous les caractères du surnaturel. L'on peut dire que les *vodû* sont des sortes de divinités qu'on entretient par des offrandes et des sacrifices continuels, lesquels sont leurs nourritures et qui s'affaiblissent sans le secours de l'homme. Malgré leur intransigeance, leur cruauté, leur violence, il ne faut surtout pas laisser dépérir les *vodû*, car du même coup on se prive de leur unique sollicitude envers les hommes qui est la satisfaction occasionnelle des prières individuelles ou collectives qui leur sont adressées, et l'on s'expose à entrer en transes, souvent très pénibles, lorsque l'un d'entre eux vous possède.

Les Dahoméens disent de Fa qu'il est le chef des *vodû*, et cela est vrai en ce sens qu'il est le porte-parole, l'ambassadeur des hommes auprès de ces derniers et que ceux-ci l'écoutent et lui obéissent nécessairement. Mais Fa n'a rien de la cruauté et de la violence du *vodû*. Bien au contraire, il apporte « fraîcheur et tranquillité », il rassemble toutes les qualités de gentillesse, de compréhension, de clémence. Fa est l'intermédiaire conciliateur entre les hommes et les puissances surnaturelles. Il satisfait pour chacun le besoin de sécurité. Il est secourable, protecteur, bienfaiteur.

Toutefois, en pénétrant plus avant dans la compréhension de Fa, on s'aperçoit qu'il ne revêt cette apparence mythique de divinité bienveillante que pour le *vulgum*, pour le non-initié.

Au contraire, pour l'initié, pour le prêtre-devin, pour le *bokonô*, pour celui qu'une certaine austérité de pensée n'effraie pas et qui transmet l'héritage traditionnel reçu du Proche-Orient, Fa n'est pas messager mais message du plus haut principe divin, du

Mawu, du Dieu suprême. Il en est la voix, la parole mais aussi la volonté. Bien loin d'être alors cette figure secourable qui rassure l'imagination, il est l'expression d'un fatum inéluctable, il enferme l'homme dans son déterminisme et lui révèle de quel destin est marquée son âme.

Il est intéressant de constater l'évolution, l'altération d'une croyance qui font de l'entité abstraite plutôt redoutable qu'est le Fa, voix du destin, une figure mythique tout à fait rassurante, conciliatrice de l'aspiration humaine et de la bienveillance divine... Et cette évolution est non seulement visible dans le temps, mais aussi actuellement suivant les stades de l'initiation à ce culte.

Tout à fait représentatifs de la personnalité de Fa sont les noms honorifiques par lesquels on le désigne. Le plus couramment employé, que l'on retrouve dans le texte qui va suivre, est *Orûmila* ou *Olômila*, qui veut dire : « Dieu seul sait ce que nous serons demain. »

Les cérémonies en l'honneur de Fa — *fa nuwiwa* — le plus souvent annuelles, sont exécutées par famille ou par village ; afin de resserrer les liens existants entre Fa et les hommes, ce sont des gages de mutuelle entente, des pactes pour l'année à venir. Elles accroissent les forces, demandent les grâces nécessaires ; elles sont parfois exécutées dans un but propitiatoire, afin de se concilier Fa. Elles durent quatre jours et exigent un sacrifice, presque toujours celui d'un cabri, voué d'avance au culte de Fa, et des offrandes diverses.

Les textes qui suivent sont des prières chantées ou psalmodiées le second jour de la cérémonie, au cours du rite dit « lavage de Fa », tandis que l'on verse sur le maïs du devin le liquide où ont macéré les « feuilles de Fa » :

La mort me harcèle, et la maladie me harcèle,
et il va parmi les feuilles !

Aujourd'hui, parmi les feuilles !
Yeke [= Fa] va parmi ces feuilles,
parmi les feuilles !

On dit en vérité...
Les gens de ce pays disent, en vérité,
Et ils disent :
L'autre jour, quand m'arriva ce malheur,
Si je n'avais pas eu mon *kpoli* [1] pour me secourir...
Les gens me considéraient déjà comme perdu.
Si toi, Puissant, tu te tiens derrière moi (prêt à me secourir),
La reconnaissance que l'homme manifeste au *vodû*,
Tu la recevras de moi, Fa, portée au plus haut point.

Olômila ! Toi qui dis le vrai,
Toi qui prédis les bonnes choses dans la vie,
Dans la vie,
C'est à toi que j'en appelle !

Ô *Fa Olômila* ! sauve-moi des sortilèges de mes ennemis ! Fais que je ne meure pas, que je ne sois pas malade, que je ne perde pas mes gains, que je sois à l'abri du mal, que Legba [2] m'ouvre le bon chemin [3] !

Le même jour a lieu l'immolation de la victime ; la prière suivante, qui décharge la responsabilité du sacrificateur, est alors récitée :

1. Le mot *kpoli* désigne de façon abstraite le signe de la forêt où a été instruit l'initié (ou l'âme), de façon concrète, le sachet qui lui a été remis dans la forêt (B. Maupoil, p. 319).
2. Legba est l'un des *vodû* du panthéon dahoméen.
3. P. 341-342.

Ifa Orûmila!
Ate-gbini-mô-se[1]*!*
Me voici, moi, ton enfant,
Je suis venu maintenant;
Voici le quadrupède (cabri) que je t'ai donné.
Ne me laisse pas mourir, ne me laisse pas tomber malade!
Oiseau qui passes dans la nuit
Et parles la langue des hommes,
Nous t'invoquons!
Animaux, sauvages qui passez dans la nuit
Et parlez la langue des hommes,
Nous vous invoquons!
Animaux sauvages qui criez dans la nuit,
Et qui prenez le nombre de ceux qui vont mourir,
Nous vous invoquons!
Oiseau qui passes dans la nuit,
Et parles la langue des hommes,
Et donnes le nombre de ceux qui vont naître,
Nous t'invoquons!
C'est vous qui offrez ce repas à Fa,
Venez prendre ceci pour Fa :
Moi, je n'ai pas d'*ace* (pour tuer la victime)[2].

1. Nom honorifique de Fa.
2. P. 346.

XI

Invocation dahoméenne prononcée pendant la divination

[A. S. Tidjani, *Un procédé de divination au Dahomey : la gourde-pendule*]

La gourde-pendule dahoméenne est, comme l'indique son nom, un instrument divinatoire composé d'une gourde en peau oscillant au bout d'une corde tressée, dont les oscillations sont interprétées comme autant de réponses affirmatives ou négatives aux questions qui lui sont posées.

On la consulte pour choisir une situation, pour entreprendre un voyage, pour connaître ses amis et ses ennemis, pour prendre femme, pour interroger l'avenir, etc. Mais son bon fonctionnement, sa sensibilité dépendent de celui qui la manie, et de son état physique et moral. Si l'on est malade ou préoccupé, les facultés de compréhension et de concentration baissent. L'état requis, pour manier la gourde-pendule avec le meilleur résultat, est l'état passif, réceptif, l'absence de toute pensée, préoccupation, crainte ou désir, afin que l'on ne puisse pas, malgré soi, influer sur la gourde. Il faut, comme disent les Dahoméens, « vouloir la vérité, qu'elle soit bonne ou mauvaise ».

Les conditions atmosphériques ont aussi une grande importance dans le maniement de la gourde-pendule. Il faut éviter de l'interroger par temps d'orage, de grosse chaleur ou de forte pluie, au crépuscule comme à l'aube, qui sont des moments intermédiaires, donc fluctuants.

La gourde elle-même qui est en peau, ainsi que la corde tressée au bout de laquelle elle se balance, et la cire avec laquelle son orifice est fermé, n'ont aucune valeur symbolique. Ce sont simplement des objets utilitaires et considérés comme tels par ceux qui les fabriquent ou qui s'en servent.

Par contre, les ingrédients contenus dans la gourde sont, eux, revêtus d'un symbolisme très riche et complexe. Chacun d'eux est indispensable et contribue pour sa part à la faculté divinatoire de l'objet.

C'est ainsi que la gourde-pendule doit contenir :

— une plume rouge de la queue d'un perroquet, parce que le perroquet est un animal sacré et que le rouge est une couleur de haute valeur symbolique ;

— l'œil gauche d'un chat noir mort, parce que le chat peut trouver sa route même la nuit et que le noir est une couleur qui s'apparente aux esprits malins, donc à la sorcellerie ;

— l'œil d'un poisson de rivière et l'œil d'un poisson de mer, afin de savoir ce qui se passe dans les eaux douces et dans les eaux salées ;

— un peu d'eau de mer afin de se concilier les esprits marins ;

— un peu d'eau de lagune, parce que c'est là que se trouvent les principales déités des eaux douces ;

— un peu d'eau de source afin de se concilier les esprits des bois ;

— enfin des débris de plantes et de feuilles de toutes sortes d'essences, ayant chacune une propriété bien définie.

À tous ces ingrédients, on ajoute, et cela est facilement compréhensible, une parcelle d'une statue des principales puissances surnaturelles ou *vodû* :

— *da*, sorte de serpent-dragon qui se déplace facilement, s'insinue partout et aide ainsi à découvrir la vérité ;

— *lisa*, « esprit » par excellence, qui sait tout, voit tout, entend tout ;

— *legba*, esprit qui connaît toutes les mauvaises influences extérieures ;

— *ayizâ*, esprit des forêts, du commerce, des marchés ; très intelligent, très bon conseiller et bienfaiteur de l'humanité ;

— *hevieso*, esprit juste, qui punit trahison, adultère, inceste, vol ou crime ;

— *avlekete*, divinité des plages et de la mer ;

— *kuto*, esprit des lagunes, très important parce qu'il réunit en lui-même les mondes de la mer et de la terre ;

— *aze*, qui transforme ses victimes en animaux de basse-cour ;

— *tohosu*, qui, en s'incarnant dans un être humain, en fait un monstre ; et d'autres qu'il ne faut pas omettre, car si l'on ne se concilie pas toutes les puissances, la divination risque d'être faussée.

Après avoir posé la question à laquelle il désire que soit donnée une réponse, l'officiant fait osciller la gourde-pendule au-dessus d'un cauri (petit coquillage utilisé comme monnaie, de haute valeur symbolique), en prononçant l'invocation suivante :

Mon Dieu, maître de toutes choses, nous te rendons hommage, écoute nos prières et fais-nous du bien.

Je rends hommage au *lisa* qui use de choses blanches.

Je rends hommage à la terre, à *sakpata*, son maître.

Je rends hommage au ciel et à tous les esprits qui

s'y trouvent, principalement à *hevieso*, esprit du tonnerre et de la pluie.

Je rends hommage à *avlekete* et à la mer, reine des eaux.

Je rends hommage à *ajahuto*, fondateur des dynasties.

Je rends hommage à *legba*, semeur de brouille.

Hommage à toi, ô Gu, esprit de la guerre, du sang, du fer et des carnages.

Hommage à toi, ô feu brûlant, maître de la maladie rouge[1].

Je rends hommage à *kuto*, à celui qui réunit en son sein le salé et le non-salé.

Je rends hommage à *aze*.

Je rends hommage à nouveau à ceux qui mangent la chair humaine crue.

Je rends hommage aux jumeaux et aux singes, rois des jumeaux, esprits capricieux, à *agosu*[2] et à ses frères que je n'oublie pas.

Je rends hommage au *tohosu*, esprit des monstruosités et des eaux douces.

Je rends hommage aux morts et aux esprits des morts qui me voient et que je ne vois pas.

Je rends hommage au *da*, instructeur de l'humanité.

Recevez mes hommages, ô *Ayizâ*, bienveillant seigneur des bois, et vous tous, esprits de l'ombre, tant du vent et de l'eau que de la terre.

Je rends hommage aux esprits de ces lieux.

Je vous rends hommage, ô vous hommes, et à l'Esprit qui accompagne chacun de vous.

1. Il s'agit de la lèpre.
2. Terme désignant l'enfant qui naît les pieds devant.

Je rends hommage à vous tous, je ne soustrais personne, ô vous hommes, moins que rien et la plus terrible des déités.

Vous tous que j'ai invoqués, soutenez-moi et vous, esprits qui habitez cette gourde,

Allez à droite (du cauri de divination, en balançant la gourde vers la droite).

Allez à gauche (*idem* à gauche).

Allez devant (*idem* de l'autre côté du cauri).

Allez derrière (*idem* entre le cauri et le devin).

Tournez tout autour (en faisant tourner la gourde autour du cauri).

Reposez-vous dessus (en posant la gourde sur le cauri).

Le sens et l'ampleur des oscillations de la gourde-pendule donneront ensuite une réponse à la question posée.

XII

Prières des Somba

[P. Mercier (inédit)]

Ces prières ont été recueillies chez les Bétammaribé, l'un des groupes dits « Somba », qui vivent à l'ouest de Natitingou au Dahomey.

PRÉSENTATION DE L'ENFANT AUX ANCÊTRES, IMPOSITION DU NOM

Les prières sont prononcées au cours de la première sortie du nouveau-né. Il est descendu de la chambre de la terrasse dans laquelle il est né, puis il est porté devant l'autel intérieur des ancêtres, placé dans le hall-étable du rez-de-chaussée et devant l'autel extérieur dédié à la fois aux ancêtres lointains et à la terre du lieu d'origine du clan.

La partie centrale de la prière est répétée dans les mêmes termes devant les deux autels.

La sortie a lieu au moment où le soleil commence d'apparaître à l'horizon. L'officiant est le chef de lignage de l'enfant, dans le cas présent son grand-père. C'est lui qui choisit le nom et le prononce alors pour la première fois.

Dans ce cas particulier, la mère de l'enfant a perdu

plusieurs enfants en bas âge, d'où l'insistance auprès des ancêtres pour qu'ils achèvent leur tâche.

En descendant l'escalier portant l'enfant :

Aujourd'hui, je te descends de la terrasse,
Il n'y a jamais eu de maladie sur ma maison,
Il n'y a jamais eu de coup de flèche[1] sur ma maison,
Il n'y a jamais eu la mort dans ma maison.

Devant chacun des autels, intérieur et extérieur :

Je vous montre aujourd'hui votre enfant, il est aussi le mien,
Quand on abat un arbre, on essaie toujours de le faire tomber,
Si on le frappe de la hache et qu'on ne le fait pas tomber, il n'est pas abattu.
Qu'il n'ait pas mal au corps,
Qu'il n'ait pas mal à la tête,
Qu'il n'ait pas mal à la poitrine,
Qu'il n'ait pas mal au ventre,
Que la flèche ne l'atteigne pas,
Vous êtes les maîtres de l'enfant,
Cet enfant nous montre le nouveau chemin et sa mère enfantera encore ;
Je vous donne à boire pour Wenké[2].

En faisant le tour de la maison, en sens inverse des aiguilles d'une montre, parce qu'il s'agit d'un garçon :

1. Épidémie.
2. Le nom est prononcé pour la première fois. Un peu d'eau est versée sur l'autel, un peu de boue est appliquée sur la tête, la poitrine et le ventre de l'enfant.

C'est aujourd'hui la sortie.
Quand une femme est enceinte, c'est caché,
Quand l'enfant est né, ce n'est plus caché,
Il n'y a plus rien à redouter ;
C'est grâce à nos ancêtres que nous possédons toutes les choses ;
Quand on donne quelque chose pour le reprendre,
C'est comme si on n'avait rien donné.

PRÉSENTATION AUX ANCÊTRES DU RAVISSEUR D'UNE FEMME ENLEVÉE

Le *kupotyua* est la forme de mariage qui correspond à l'enlèvement réciproque d'épouses entre clans déterminés ; c'est une forme instituée d'enlèvement, et la garantie des ancêtres du ravisseur est recherchée. Quand la femme, qui est consentante, va entrer pour la première fois dans la maison du chef de lignage de son ravisseur, où elle devra rester un mois avant de rejoindre celui-ci, le chef de lignage la conduit devant l'autel intérieur des ancêtres et la présente en ces termes :

Nous vous présentons cette nouvelle épouse,
C'est vous qui nous l'avez donnée ;
Nous vous rendons grâce de nous l'avoir donnée.
L'eau[1] ne nous a pas apporté le mal,

1. Le mari lésé va déposer un petit canari plein d'eau contre la porte de la maison du ravisseur, de sorte qu'en l'ouvrant l'eau se renversera sur le seuil ; si le ravisseur et les gens de sa famille n'y prennent garde, en la piétinant, c'est leur propre mort qu'ils piétinent.

L'eau ne nous a pas apporté la mort,
L'eau ne lui a pas apporté le mal,
L'eau ne lui a pas apporté la mort.
Les gens de Sangé[1] nous avaient pris une épouse,
Nous leur avons pris cette femme.
Cette femme est devant nous.
Si la flèche[2] la frappe, si la mort la frappe,
Ce n'est pas nous qui aurons la honte.
C'est vous qui aurez la honte.
Cette nouvelle épouse est à vous.

PRÉPARATION D'UNE CHASSE COLLECTIVE

Prière dite par le chef de lignage, avant le sacrifice d'un poulet sur l'autel des ancêtres, en présence de tous les chasseurs, la veille de la chasse collective annuelle.

Le temps des récoltes est passé,
Vous nous avez donné de bonnes récoltes.
Nous allons entrer dans la brousse.
Maintenant, je vous appelle
Pour que le mal ne nous frappe pas,
Pour que nos pieds ne se posent sur rien de mauvais,
Pour que nous ne rencontrions que des choses bonnes,
Pour que rien de mauvais ne touche nos corps,

1. Ancêtre du clan auquel la femme a été enlevée.
2. Épidémie.

Comme vous le faisiez et comme vous l'avez fait pour notre père,
Que les animaux de la brousse viennent à notre rencontre,
Qu'ils viennent dans le cercle que nous fermerons,
Que nos flèches ne les manquent pas,
Que les flèches les tuent,
Que les flèches ne tuent pas les hommes.
Vous qui nous avez donné de bonnes récoltes
Continuez à marcher devant nous
Comme vous le faisiez et comme vous l'avez fait pour notre père.

Introduit par P. Mercier

XIII
Cantiques harristes

[J. Rouch, *Introduction à l'étude de la communauté de Bregbo*]

Vers 1910, dans une prison de Cape Palmas, au Liberia, un *kruman*, William Wade Harris, maître de l'école protestante, âgé de soixante ans, condamné politique, a une vision : l'ange Gabriel entre dans sa prison, lui remet une croix de bambou et lui donne l'ordre d'aller prêcher le Christ à ses frères noirs. Ainsi débute l'un des plus extraordinaires mouvements de conversion africaine.

De 1913 à 1915, Harris parcourt tout le sud de la Côte d'Ivoire, de la frontière du Liberia à celle de la Gold Coast. Brandissant sa croix, accompagné d'un chœur de chanteuses et de joueurs de hochets-calebasses, il va de village en village, annonçant la victoire du Christ sur les fétiches et les sorciers.

Tout le monde est contre lui : les prêtres des religions traditionnelles qu'il attaque ouvertement ; les chefs locaux dont le pouvoir est très solidement soutenu par la croyance populaire ; l'administration française qui redoute les agitateurs dans cette période difficile du début de la guerre de 1914-1918 ; les missionnaires chrétiens, enfin, combattus sur leur propre terrain par un « amateur » peu orthodoxe.

Malgré ces obstacles considérables, Harris triomphe avec des moyens dérisoires ; sans parler les langues locales, il désarme les féticheurs, suscite un enthousiasme considérable, baptise des villages entiers. C'est un véritable raz de marée de christianisme qui déferle d'ouest en est. Sans doute finira-t-il par être expulsé de la Côte d'Ivoire en avril 1915, mais en un peu plus d'un an Harris convertit 100 000 à 120 000 personnes.

L'instruction religieuse donnée par le « prophète » est très simple ; elle se résume en ces quelques thèmes :

— destruction des fétiches ;

— croyance en un Dieu unique, adoré pendant le repos dominical ;

— interdiction de l'adultère, mais autorisation de la polygamie ;

— vie sociale tranquille (tolérance de l'alcool, mais sans ivrognerie, obéissance à l'autorité, respect de la propriété d'autrui...).

Harris n'a pas le temps d'apprendre les prières, il se réfère à la Bible, encourage les convertis à fréquenter les églises existantes (catholiques ou protestantes), sinon à construire des églises de bois où l'on fera alterner les prières improvisées, les chœurs rythmés par les calebasses, les processions dansées...

À partir de ces bases élémentaires, les lagunaires de la Côte d'Ivoire, après l'expulsion de Harris, improvisent (en copiant les modèles existant) une « religion syncrétique », le *harrisme*.

Sans doute, missionnaires catholiques, puis missionnaires protestants, essayent-ils d'intégrer ces « baptisés » égarés. Ils réussissent partiellement : les catholiques en récupèrent 20 000 environ, les protestants 35 000 ; mais 50 000 à 60 000 restent fidèles au vieux prophète libérien et tous gardent la nostalgie de la grande prophétie de 1914.

Avec l'appui de l'administration française, les missions catholiques tentent en vain d'éliminer le harrisme. Ses églises sont détruites, ses prédicateurs arrêtés, mais rien n'y fait : le harrisme se renforce de ces persécutions. Et curieusement, la défaite française de 1940, prédite par Harris en 1929, lui redonne une nouvelle vigueur.

Aujourd'hui, dans la plupart des villages de la lagune, les églises baroques harristes voisinent avec les monotones édifices des églises catholiques et des temples protestants. Chaque dimanche, une cloche aigrelette appelle les fidèles à l'office. Tout le monde est vêtu de blanc et, en procession, dansée et chantée, accompagne le prêtre à l'église. Si personne ne sait lire, qu'importe : le prêtre en tenant simplement la Bible reçoit directement l'inspiration divine, les chœurs, au rythme des calebasses, suivent un soliste qui improvise dans l'extase.

Les « cantiques » qui suivent ont été enregistrés sur magnétophone dans un des principaux villages harristes de Côte d'Ivoire, à Bregbo, communauté d'un guérisseur baptisé par Harris lui-même, Albert Atcho, et considéré par beaucoup comme le « prophète » successeur de William Wade Harris. Ils ont été traduits de la langue *ébrié*, par la méthode des « deux magnétophones », par Louis, commis ébrié de l'IFAN de Côte d'Ivoire, en mission à Bregbo. C'est donc une traduction « libre » que nous donnons ici.

La première suite a trait à un office du jeudi soir (« salut ») ; la seconde suite à une consultation publique du dimanche après-midi. Dans les deux cas, il s'agit de chœurs, de « cantiques » où se mêlent les textes connus de tous et les thèmes improvisés pour la circonstance.

I. OFFICE DU JEUDI SOIR

Chant qui accompagne la procession des fidèles avant et pendant leur entrée dans l'église :

Prophète ! la cloche nous appelle, allons écouter l'évangile du prophète Harris,
Le peuple noir ! allons écouter l'évangile du prophète Harris.
La cloche nous appelle, allons écouter l'évangile du prophète Harris.
Les fidèles ! allons écouter l'évangile du prophète Harris.
Que la cloche nous appelle !
La cloche appelle ses fidèles, allons écouter l'histoire, l'évangile du prophète Harris.
Chef Harris ! vos fidèles arrivent, recevez-nous avec nos tenues blanches.
Recevez-nous dans la joie, que vos fidèles arrivent ! Recevez-les ! (*On entre dans l'église.*)
Vois Dieu ! nous sommes rentrés dans votre église.
La cloche nous appelle, nous sommes réunis, nous sommes réunis devant vous.
Nous vous demandons, pour toujours, la grâce, la foi pour vivre heureux avec vous.
Courons à la rencontre de notre reine, notre mère, la mère du Sauveur.
Courons à la rencontre de notre mère, la reine mère du Christ.
Courez à la rencontre de votre mère, la mère du Christ[1] !...

1. P. 167.

Après une longue prière énoncée par le prêtre harriste, l'assemblée récite à haute voix le *Pater*, puis la prière suivante :

Ô Dieu, nous sommes toujours ici pour vous adorer. Ne nous laissez pas retourner dans les ténèbres, nous voulons toujours vivre dans la propreté. Imitons Harris qui a toujours besoin de la propreté. Laissez-nous toujours croire en Dieu, pour qu'un jour nous entrions dans le royaume de Dieu avec la propreté. Nous, le monde harriste, nous demandons à Dieu de nous guider toujours et de nous donner toujours la foi de vivre dans la propreté, pour qu'un jour nous montions dans le ciel pour y être reçus par notre Père Harris, dans la joie[1]...

Les assistants (hommes et femmes), accompagnés du jeu des hochets et des tambours, chantent en chœur :

Dure est votre main sur nous, la main sur vos enfants qui sont à votre service.
Vous réunissez vos enfants la main sur nous.
Dieu, le Christ, posez la main sur nous, vous qui êtes Dieu,
Vous êtes le Dieu puissant, nous vous chantons.
Posez la main sur nous et ne nous laissez pas succomber.
Posez la main sur vos enfants, n'en laissez pas un.
Vous bénissez tous ceux qui viennent au nom du Seigneur.

1. P. 169.

Bénissez-nous, la main sur nous, nous avons besoin de votre grâce pour vivre mieux.

Rien n'est plus magnifique que Dieu.

Vous êtes beau, venez à nous, nous avons besoin de vous.

Laissez venir les enfants à moi, laissez venir les enfants à moi, qui suis le Pasteur.

Seul, Dieu de Lumière ! Dieu de Lumière ! Dieu ! viens à nous.

Nous sommes dans un bon moment, nous crions à vous dans le désert,

Nous crions, nous chantons ici dans le désert.

Entendez nos voix, ici dans la lumière.

Ici c'est un bon endroit, c'est l'endroit de Jérusalem.

Nous, nous manifestons dans la joie.

Jérusalem est un bon endroit.

Nous venons, nous courons à Jérusalem.

Nous, nous manifestons notre joie.

Nous venons à Bethléem, nous partons pour Bethléem.

Où allez-vous ? nous partons pour Bethléem, Dieu de plaisir.

Nous allons à Bethléem, Dieu de plaisir (*ter*),

Nous montons sur la montagne sur laquelle Dieu verra ses fidèles.

Mon Dieu, envoyez votre Esprit, votre Esprit-Saint, nous venons à vous.

Nous montons sur la montagne, le palais de Dieu (*bis*).

Nous demandons votre Esprit-Saint, et nous venons à vous (*bis*).

Sur la montagne, palais de Dieu, nous demandons votre Esprit-Saint (*bis*).

Donnez-nous votre esprit.

Il nous appelle sur la montagne, nous y marchons.

Nous vous demandons votre grâce pour recevoir votre Esprit-Saint, donnez-nous votre Esprit (*bis*).

Il nous appelle sur la montagne, votre palais, nous y marchons,

Nous demandons l'Esprit-Saint, donnez-nous votre Esprit.

M. Albert Atcho est sur la montagne, il nous appelle, approchons-nous, écoutons-le.

Les deux apôtres John Ahui[1] et Harris Wade font le passage, font le message avec la souffrance,

Vous vous amusez, au nom de Dieu, au moment de l'amusement, il nous appelle pour venir, amusons-nous, par Dieu.

Il nous appelle pour nous amuser, au nom de Dieu, amusons-nous, amusons-nous, il nous appelle.

Nous nous amusons dans l'allégresse au nom du prophète Pita[2] qui est au service de Dieu pour nous sauver.

Amusons-nous dans l'allégresse au nom de Pita, il vous appelle pour l'amusement, il vous appelle pour l'amusement au nom de Dieu.

Nous te remercions, prophète Harris, car tu nous as apporté le bon travail.

Après une nouvelle récitation du *Notre Père*, les assistants sortent de l'église en chantant :

1. John Ahui, deuxième successeur de Harris, actuel « pape » du harrisme.
2. Le prophète Pita Logba, premier successeur de Harris.

Jérusalem est un bon endroit pour visiter tout le monde
Jérusalem est un bon endroit où nous devons tous aller
Si nous avons bien fait ce que Dieu nous a demandé[1].

Ce chant est répété tout au long de la procession qui raccompagne le prêtre chez lui. Le prêtre récite une nouvelle prière pour ceux qui ont assisté à l'office du soir.

Un chœur en langue baoulé (non traduit) termine l'office du jeudi soir.

II. CONSULTATION DONNÉE À UN MALADE

Pendant les consultations données publiquement aux malades nouvellement arrivés, alternent les chants, les prières ou exhortations du prophète et les commentaires de ses adjoints. Les textes qui suivent ont été enregistrés au cours d'une consultation (le dimanche 22 mars 1962) donnée par Albert Atcho à un malade. Dès que le prophète s'est assis à sa table, les musiciens chantent :

Dieu a donné cette religion au prophète Harris.
Dieu lui a donné la liberté de monter au ciel.
Il est le seul à qui Dieu a confié cette religion.
À la fin de sa mission, Dieu lui demandera de faire son compte rendu au ciel.
À ce moment, il aura son nom au ciel, et, après lui, Dieu enverra un autre messager.

1. P. 169-170.

Le prophète s'appelle prophète Aouré (Harris).
En chemin, Dieu lui a donné un autre travail :
C'est celui de faire la publication du nom de Dieu,
Et de détruire les mauvaises choses et combattre les actes très méchants.
Il a commencé sa mission à Bingerville[1].
Il a réuni tous les croyants pour les baptiser.
Et en ce moment les hommes s'étonnaient de voir une personne de son genre qui baptisait les croyants avec de l'eau ;
Et les gens disaient :
« Est-ce un messager de Dieu ? » À cela, il a répondu : « Je suis venu par ordre de Dieu, et non pas par ma puissance personnelle. »
Alors il disait : « Que tous les Noirs viennent entendre les nouvelles que Dieu a envoyées. »
Et il leur faisait savoir qu'il était envoyé de Dieu.
C'est une bonne nouvelle année, parce que Dieu vient d'envoyer un messager !
Venez donc l'écouter !
Parce que personne n'a fait de lettre pour l'appeler, il est venu de lui-même pour nous sauver[2] !

Après le prêche du prophète, le chant suivant est entonné par les musiciens :

Le travail que nous faisons, c'est Dieu lui-même qui nous l'a donné. Pressons-nous, chantons, au nom de Dieu, pour avoir sa grâce divine. Ouvrons notre cœur pour le recevoir, car nous sommes des pécheurs. Le

1. Ancienne capitale de la Côte d'Ivoire, à vingt kilomètres à l'est d'Abidjan.
2. P. 190-191.

travail que nous faisons sera récompensé un jour au ciel. Dieu nous demandera, par conséquent, le résultat de notre travail. Le bon travailleur sera récompensé éternellement, et le mauvais travailleur sera condamné pour toujours. Il y a un grand tribunal au ciel, par lequel nous serons jugé devant l'éternel. Levons la tête à chaque instant, parce que la terre n'est pas faite pour que nous y restions toujours, notre fin n'est pas loin, mes frères. Dieu verra le bien et le mal, c'est lui le grand juge du monde ; il veille nuit et jour, il a les yeux sur nous (*bis*)[1].

Alternant avec d'autres interventions du prophète Albert Atcho qui, poursuivant son prêche, exalte le pouvoir et la bonté de Dieu et l'œuvre de Harris, le chœur chante les « cantiques » suivants :

Dieu a envoyé ses ordres par le prophète, écoutons-les. Celui qui suivra ces ordres divins, il sera l'ami de Dieu ; il l'invitera à sa table. Lorsque le prophète a été envoyé par Dieu, il a accompli tout ce que Dieu lui ordonnait, et de temps à autre, il retournait vers Dieu, pour lui donner des renseignements sur la terre : « J'ai converti mes frères sur la terre, jusqu'au bout du monde, je leur ai enseigné la vérité, la bonne nouvelle que vous m'avez donnée, dont je suis responsable. » Cette religion ne finira pas jusqu'à la fin du monde. Il y a des prédicateurs auxquels j'ai donné le nom d'*apôtres*, ils continueront la même mission dans tous les coins du monde. La Mission de Harris ne finit pas sur la terre... écoutez les chants d'allégresse, et les prières ! Oh ! mon Dieu !

1. P. 192.

Oh ! notre père Harris ! nous sommes dans une nouvelle année ! demandez à Dieu la bénédiction qui va, toute l'année, jaillir sur nous ! Amusons-nous, mes frères de Dieu, en invoquant son nom[1] !

Vraiment Dieu, beaucoup ne croyaient pas en vous... (*bis*).

Beaucoup ne croyaient pas en vous... Votre fils est venu sur la terre, on a nié, à plus forte raison, on ne croit pas une simple parole. Mais votre cœur nous aime ; c'est pour cela que vous êtes venu, doucement, pour nous sauver hors de la main du tentateur. Le prophète Harris, c'est dans la région de Liberia qu'il a commencé son travail de prophétie, et Dieu lui a montré le chemin pour descendre dans la région de Côte d'Ivoire, c'est-à-dire ici, chez nous, pour compléter sa mission chez les Noirs. Le monde connaît son pays d'origine (*bis*), c'est le Liberia, c'est le Liberia !

Et Harris veille toujours sur les hommes malheureux qui ont souffert dans la main du démon. Ils sont devenus les hommes de la lumière ; veillez sur nous, veillez sur nous, sinon nous nous noyons dans le péché. Pardonnez-nous, Seigneur, nous ne rejetterons plus la religion. Harris, nous promettons de dire oui, oui, nous sommes engagés dans le siècle des siècles...

Ce n'est pas pour rien que Dieu a laissé la clé au prophète, c'est parce qu'il est le premier messager sur la terre, il est le responsable de nous. Les paroles du prophète sont soumises à Dieu, et Dieu en fait les

1. *Id.*

corrections. Alors Dieu dit au prophète : « Je t'ai permis d'aller agir sur la terre, et tu as bien agi, je te félicite, je te confie cette clé de voûte pour ceux qui ont bien travaillé sur la terre ; alors on leur ouvrira lorsqu'ils taperont à la porte[1]. »

Le prophète s'adresse ensuite personnellement au malade, qui souffre et qui gémit, pour l'encourager. Puis les assistants chantent :

Venez chanter les louanges de Dieu dans l'allégresse, et le triomphe de notre mère, dont nous évoquons le nom.

Les Noirs ! prêtez vos oreilles, écoutez comment cette religion a été fondée. Pendant trois ans, les hommes ont refusé cette religion par tentation du diable : nous succombions dans le péché.

Harris est retourné au ciel pour faire déclarer à Dieu notre négligence ; et Dieu nous a punis.

Fortifions-nous à prier !

Si nous, les Noirs, avions été instruits, nous pourrions faire un livre.

Bientôt les Blancs viendront au milieu des Noirs pour écouter, et voir le travail d'Atcho.

Il n'est pas venu seulement au nom des Noirs, mais aussi au nom des Blancs[2].

Après d'autres prières et interventions du prophète et de ses adjoints, les chanteurs reprennent en chœur les textes suivants qui rappellent le rôle de Harris et de son « messager », Albert Atcho.

1. P. 193.
2. P. 194.

Autrefois nous avons mené une vie malheureuse, mais Dieu aime ses enfants, il a envoyé le prophète Harris pour nous sauver et gagner le ciel. Il nous attend au ciel pour nous juger au tribunal céleste[1].

De notre temps nous ne connaissions pas comment on prie, c'est le prophète Harris qui nous a appris la connaissance de Dieu, et il nous a enseigné la vérité. Ensuite il nous a promis des messagers qui vont venir. L'un de ces messagers, c'est M. Albert Atcho, un des candidats proposés. Il est élu dans son travail[2].

Le malade se retire, soutenu par ses proches, et l'on passe à la consultation du malade suivant.

Introduit par J. Rouch

1. P. 195.
2. P. 197.

XIV

Discours rituels yakö

[D. Forde (inédit)]
Traduit de l'anglais par M. Luciani

Les Yakö habitent cinq grands villages à l'est de la Middle Cross River, dans l'est du Nigeria ; ils y sont établis depuis plus de cent ans. Grands cultivateurs d'ignames, ils faisaient du commerce avec les populations des forêts de l'est et de la Cross River, se procurant ainsi des barres de cuivre, des tissus et autres marchandises. Le plus grand village, Umor, comprend un certain nombre de clans patrilinéaires exogames groupés en quartiers. Pour chaque quartier et pour le village tout entier, l'autorité est exercée par des associations cultuelles. Il y a, pour chaque agglomération, un conseil des prêtres des cultes de fertilité qui détiennent l'autorité suprême, rituelle et morale. Ces cultes sont associés à des groupes matrilinéaires qui se transmettent les biens matériels. Pour les délits ordinaires, le prêtre le plus important et son conseil ne prennent pas eux-mêmes les mesures punitives ; ce sont des associations cultuelles indépendantes qui s'en chargent : elles défendent les intérêts des personnes lésées, décident des dédommagements et des amendes. Mais les rites, dont nous donnons ici un extrait, et les exhortations morales des prêtres du village sont en général suffisants pour faire respecter la loi et maintenir l'ordre[1].

OFFRANDES À LA TERRE (RITES « LISETOMI »)

Ces rites sont célébrés en janvier, avant le défrichage des terres. Au jour fixé par le premier prêtre du village, tous les prêtres *Ase* des clans matrilinéaires se réunissent devant le sanctuaire de l'esprit Odjokobi. Le premier prêtre recouvre la poitrine de chaque homme d'une pâte faite de craie et d'eau, et s'adresse à l'esprit comme suit :

Odjokobi, nous défricherons les terres.
Un homme d'Umor quand il va défricher sa terre, empêchez-le de se couper lui-même.
Puissent les accidents se tenir éloignés.
Laissez sa fraîcheur au village. Permettez à toutes les personnes de vivre.

Plus tard, un groupe de prêtres et leurs assistants se rendent près d'un lopin de terre choisi le long d'un des sentiers du village et défrichent une petite superficie de broussailles (5 pieds sur 3). Quatre jours plus tard, accompagnés de deux prêtresses, ils retournent à l'endroit défriché, brûlent les broussailles, mettent en tas les ignames et plantent des morceaux d'ignames récoltées l'année précédente dans le champ rituel. Les prêtresses préparent un repas rituel, et, tandis que les prêtres s'asseyent pour manger, le chef du village fait le discours suivant :

1. Cf. D. Forde, *Yakö Studies*.

Puissent les choses être fraîches, fraîches.
Puissent les accidents se tenir éloignés.
Puissent les gens faire en paix le défrichage.
Ne laissez aucun feu nous brûler.

RITE DU SENTIER (« EBLOTI KETOMI »)

C'est un rite collectif célébré par tous ceux qui défrichent des terres dépendant d'un même sentier, au début de l'année agricole, en janvier, peu après *Lisetomi*. Le jour de la cérémonie, tous les hommes et les femmes de l'*ebloti* (sentier de la ferme) se rassemblent près des granges à ignames. Les hommes se rendent alors dans la brousse des alentours, afin de chasser le gibier, et reviennent au bout d'une heure. Chacun apporte une igname de sa propre réserve ; ces ignames sont données avec le produit de la chasse aux femmes, qui préparent un repas. Les jeunes gens tirent du vin de palme des palmiers du voisinage et, lorsque tout le monde est réuni, un prêtre fait « l'offrande du sentier » au sanctuaire local d'Edjodet, « esprit » de l'igname, en récitant le discours suivant :

Nos ignames, que nous allons planter dans la terre cette année, puissent-elles être bonnes.

Laissez naître les enfants. Laissez-nous manger. Laissez-nous vivre.

Si quelqu'un jette des sorts à quelqu'un d'autre, faites-le mourir.

Laissez la paix régner entre nous tous.

Un chœur répond : « Oui ! Oui ! »

CÉRÉMONIE DES PRÉMICES

Discours d'Okpebri (le héraut du village) au nom des prêtres du village, au sanctuaire d'Odjokobi, au moment des cérémonies des prémices, durant une série de rites nommés *Liboku*, qui se tiennent en juillet, avant que les toutes premières ignames puissent être déterrées et mangées.

Ah ! Ah ! Ah ! Ah !

Tous les Yakö, arrêtez-vous et écoutez ! (*répété quatre fois*).

Prêtre d'Obolene ! Prêtre de Yaseni ! Prêtre d'Okarefon !

Chef des Devins !

Toutes les accoucheuses de petits enfants ! Toutes les devineresses !

Toutes celles qui dirigent les femmes !

Obot (chef du village), je montre mes mains (c'est-à-dire : « je demande la parole ») (*quatre fois*).

En s'adressant à l'esprit Odjokobi :

Obot dit que chaque Yakö se sent affamé.

Il dit qu'il mangera de nouvelles ignames ; s'il mange de nouvelles ignames, empêchez-le d'être malade.

Obot dit ; il dit que les gens devraient être nés dans l'abondance et vivre longtemps.

Il dit que sa ville devrait être bonne. Si un étranger aux Yakö disait qu'il veut faire injure au peuple d'Umor,

Faites se lever la main droite du peuple d'Umor; faites la sienne s'abaisser vers le sol.

Nous disons que les Yakö sont un seul peuple.

RITES DES RÉCOLTES

Discours d'Okpebri au sanctuaire d'Odjokobi, premier « esprit » du clan matriarcal et du village, durant les rites des récoltes, en octobre, et au moment de la récolte principale :

Ah ! Ah ! Ah ! Ah !

Vous tous les Yakö, arrêtez-vous et écoutez ! (*quatre fois*).

Vous tous les conducteurs (prêtres), arrêtez-vous !

Vous tous les circonciseurs, arrêtez-vous ! Vous toutes les prêtresses, arrêtez-vous !

Chef du village, je montre mes mains (c'est-à-dire : « je demande la parole » (*quatre fois*).

Ina Uket ! (prêtre d'Obolene). Réponse : « Appelez tous les Yakö ! »

Esukpa ! (prêtre d'Esukpa). Réponse : « Appelez-les ! »

Okarefon ! (prêtre d'Okarefon). Réponse : « Il répond ! »

Atewa ! (prêtre d'Atewa). Réponse : « Je suis ici ! »

C'était le temps du défrichage ; nous commençâmes à défricher des terres.

Nous prîmes les terres, nous les brûlâmes, nous fîmes des houes, nous les avons données aux femmes.

Nous leur avons dit d'aller fouiller dans les meules d'ignames.

Nous avons pris les ignames, nous les avons coupées et mises sous les tertres.

Une fois les ignames disposées, nous en avons fait sécher quelques-unes.

Nous les avons placées sur les pierres rituelles des Yakö.

Nous avons mis en ordre les ignames, nous avons désherbé.

Nous avons confié de nouvelles ignames à la terre rituelle, nous les avons apportées à l'esprit d'Odjokobi, nous les avons placées à l'extérieur du sanctuaire.

Nous disons que nous mangerons des ignames nouvelles.

Nous disons que personne n'aura mal au ventre.

Dans le village puisse toute chose être fraîche pour nous.

Puisse le feu dans le village ne pas nous brûler.

Quand un homme dort avec une femme et qu'ils s'unissent,

Puisse-t-elle être enceinte et donner un enfant qui vive une longue vie.

Puisse l'homme d'Umor penser de bonnes choses et les apporter à Umor.

L'étranger parmi les gens d'Umor, s'il arrache la couverture et veut faire de la magie contre le peuple d'Umor, qu'il lui arrive malheur.

(Réponse en chœur : « Oui ! Oui ! »)

L'étranger à Umor, s'il dit des mensonges contre le peuple d'Umor, que se lève la main droite d'Umor (c'est-à-dire : « qu'il tombe »).

(Réponse en chœur : « Oui ! Oui ! »)

L'étranger parmi les gens d'Umor, s'il reste en paix avec le peuple d'Umor, que son corps soit frais (c'est-à-dire : « qu'il vive en paix et en bonne santé »).

Nous sommes allés trouver d'autres Ase : Obolene, Esukpa (*ces noms sont répétés*).

Nous leur avons sacrifié. Ils ne nous ont pas refusés. Vous ne devez pas nous refuser.

Ce discours est répété les jours suivants devant chacun des autres sanctuaires matriclaniques.

Introduit par D. Forde

XV

Prières des habitants d'Abuja

[Hassan et Shuaibu, *A Chronicle of Abuja*]
Traduit de l'anglais par M. Luciani

Une chronique d'Abuja est un petit livre mi-historique, mi-légendaire, qui nous conte l'épopée du minuscule émirat d'Abuja, fondé en 1828 par le premier Émir qui lui donna son nom, et situé au centre géographique du Nigeria.

De 1828 à 1902, cette minuscule enclave sut résister aux invasions et aux assauts réitérés et furieux des Fulani qui propageaient la guerre sainte depuis le nord, et si les habitants d'Abuja ont ainsi résisté, c'est à cause de leur hérédité guerrière légendaire qui faisait d'eux les chasseurs et les pourvoyeurs d'esclaves de tous les pays alentour.

Florissant et étendu au début du XIXe siècle, Abuja est sans doute maintenant le plus petit émirat d'Afrique.

Très fiers de leurs traditions conservées jusqu'ici, les habitants sont convertis à l'islamisme. Mais avant tout ils respectent et vénèrent leur Émir auquel toutes sortes d'attributs variés confèrent un caractère sacré.

Les attributs de l'émirat sont :

— une épée, apportée par le premier Émir et, depuis lors, jamais dégainée ;

— le *kumbu*, ou copie intégrale du Coran, mais qu'il ne faut jamais ni lire ni regarder ;

— les trois tambours sacrés qui ne sont battus qu'à de rares occasions pendant sept jours lors de l'intronisation d'un nouvel Émir, toutes les nuits pendant la fête du Ramadan, le jour de « la plus grande » et de « la moindre » fête. Ces tambours sont conservés dans une habitation close qui renferme également les crânes de trois chevaux de guerre ;

— un casque-couronne que l'Émir porte durant sept jours sur la tête lors de son intronisation ;

— cinq lances, cinq fusils de guerre et une ombrelle.

Pour les habitants d'Abuja, l'année est divisée en périodes de fêtes plus ou moins longues qui donnent lieu à des cérémonies spéciales et rituelles d'où sont extraites les prières qui se trouvent ici.

La prière « Ô puissant Chef » est extraite du rituel de la fête dite du « mois des ventres pleins ». Cette fête, qui a lieu le dixième jour du mois, commémore le déluge. Ce jour-là, dans chaque famille, on prépare un repas cinq fois plus copieux que d'habitude qu'il est d'usage de consommer intégralement. Après cette orgie, les jeunes gens et les jeunes filles descendent à la rivière afin d'y puiser de l'eau et de s'y baigner, car, cette nuit-là, l'eau terrestre a les vertus spéciales de l'eau du paradis : elle accroît la santé et la richesse.

Et c'est en descendant à la rivière que jeunes gens et jeunes filles chantent en chœur ce chant sacré :

Ô puissant Chef,
Dévore les Païens !
L'Émir demain chevauche vers la guerre ;
Dévore les Païens !
Dieu, accorde-lui la victoire ;
Dévore les Païens !
Dieu, accorde-lui deux cents esclaves ;
Dévore les Païens !
Dieu, accorde-lui mille esclaves ;

Dévore les Païens !
Ses concubines se réjouissent ;
Dévore les Païens !
Ses valets se réjouissent ;
Dévore les Païens[1] !

La seconde prière est extraite de la fête du mois dit « de la moindre fête ». Au moment de la nouvelle lune, l'Émir rassemble tous ses chefs dans la brousse ; chaque arrivant s'adresse à l'Émir et lui dit : « Que Dieu vous accorde santé, paix et bonheur. » Après des salutations générales, des sonneries de trompettes et des battements de tambours, l'Émir prononce cette prière :

Je rends grâces à Dieu, et à Mahomet, le messager de Dieu. Je remercie les Madawaki. Je remercie les Galadima, les Wambaï et les Dallatu. Je vous remercie tous, hommes de Zazzau. Que Dieu nous accorde paix et prospérité. Je souhaite que vous ayez toujours en mémoire les liens du sang et le devoir d'obéissance. Que Dieu nous accorde cette année qui vient, afin que nous puissions atteindre en sûreté le prochain jour de fête[2].

Après la prière récitée par l'Émir, tous les chefs présents répondent en chœur :

Quoi que l'Émir nous dise de faire, nous le ferons de jour ou de nuit, dans la tempête ou sous l'éclat du soleil.

1. P. 65.
2. P. 70-71.

XVI

Prières des Yoruba

[J. D. Clarke, *Trois cérémonies de fertilité yoruba*]
Traduit de l'anglais par M. Luciani

Dans la province d'Ilorin, dans le nord du Nigeria, une légende relate que, dans un lointain passé, trois frères quittèrent leur maison pour aller fonder trois nouvelles cités. Les trois frères étaient Orugbo, Are et Orogbo, qui fondèrent respectivement Omu, Iloffa et Awtun.

À Iloffa, entre autres, la mémoire d'Are est commémorée au cours d'une cérémonie de fertilité et de prospérité qui a lieu chaque année et dure plusieurs jours.

La fête commence par des dons réciproques, d'homme à homme, de noix de cola et de vin de palme. Trois jours après ces dons et contre-dons, l'Oba ou chef du village d'Iloffa et les hommes du village se rendent à la tombe d'Are, qui se trouve en dehors du village. Là ils rencontrent Agunloye, chef du petit village proche d'Igbirra et ses hommes, et tous font l'offrande de noix de cola et de vin de palme, puis ils chantent cette prière rituelle :

... L'Oba Iloffa fait ceci,
La bière est comme le miel.
L'Oba Iloffa fait ceci,

Le vin est comme le miel.
Iloffa et Igbirra font ceci.
Les frères de sang ne se trahissent pas.

L'arbre qui vit longtemps se couvre de fruits.
Qu'il en soit ainsi pour Oba Iloffa !
Longue vie à Oba Iloffa.
L'arbre qui vit longtemps se couvre de fruits.
Qu'Agunloye soit prospère comme l'homme blanc !
L'arbre qui vit longtemps se couvre de fruits.

Ensuite les hommes des deux villages se congratulent et s'en retournent chez eux.

À Iloffa, hommes et femmes se rassemblent alors sur la place du village, allument un grand feu d'herbes sèches puis dansent autour du feu en chantant :

... Les tisons vacillants sont venus.
Nous nous servirons de pots cassés pour manger l'*ewo*.
Les maudits Offa [1] sont venus,
Les gens d'Ife sont venus.
Personne derrière eux !
Les Offa se sont dressés, les parents doivent prévenir leurs enfants.
Que restent ceux qui portent bonheur à nos gens.
J'ai de la chance, j'ai de la chance.

Tous se séparent ensuite pour la nuit.

Le quatrième jour, un sacrifice est offert au dieu du fer et de la guerre Ogun, par l'Oba et les membres de l'*egbe ologun*, ou Conseil de guerre. Le cinquième jour,

1. Offa est le nom d'une peuplade ennemie venue du Sud.

l'Oba offre une grande fête à tout le village ; c'est alors qu'apparaît Ajangbite, le maître des masques, qui exécute une danse symbolique. Le sixième jour, un festin est offert aux hommes porteurs de masques. Le septième jour, après un festin offert aux notoriétés du village et aux chefs des agglomérations avoisinantes, les jeunes filles d'Iloffa dansent en chantant :

... Il y a du bruit au marché.
Faites du bruit autour de moi, camarades.
Rassemblons-nous,
Même si nous, les enfants d'Iloffa, restons seuls,
Nous sommes assez qui jouons pour notre Ogun [1].

La place est alors envahie par les jeunes gens du village, conduits par Ajangbite, et tout se termine en une liesse générale.

1. P. 93-94.

XVII

Prière des Yoruba d'Ilobu

[H. U. Beier, *Festival of Images*]
Traduit de l'anglais par M. Luciani

La religion du peuple yoruba trouve son expression la plus spectaculaire dans les grandes fêtes annuelles qui ont lieu dans chaque agglomération et voient la sortie de tous les masques, statuettes, images, etc., représentant les Orisha vénérés dans la ville même ou la région.

Les Orisha ne sont pas des dieux proprement dits, mais des êtres surnaturels médiateurs entre les hommes et Dieu créateur et tout-puissant auquel il n'est pas rendu de culte, et qui n'a ni prêtre, ni sanctuaire, ni représentation palpable.

Ces Orisha sont donc des puissances surnaturelles personnifiant des traits du caractère divin. Ainsi Shango est la personnification de la vitalité et de la force de Dieu, Obatala de sa pureté et de sa compassion, Ifa de son omniscience, Esu de son intelligence, etc. Chaque Yoruba vénère un ou plusieurs Orisha, jamais tous.

On appelle *Oba* le prêtre d'un Orisha, spécialement chargé de perpétuer son culte, et *oriki*, le rythme de tambour particulier d'un Orisha, sorte de langage tambouriné, d'épopée psalmodiée racontant la vie et les exploits de l'Orisha en question, et souvent compris du seul *Oba*.

Ici est rapporté l'*oriki* d'Érinle le chasseur, spécialement vénéré à Ilobu. Dans un étrange langage, l'*Oba* vante la force, l'esprit guerrier, raconte la vie rude dans la forêt et les talents de sorcellerie et de guérison qui caractérisent Érinle.

Il est ferme et fort comme le roc ancien.
Il est clair comme l'œil de Dieu qui ne fait pousser aucune herbe.
Comme la terre il ne changera jamais.
Du fond de la rivière il nous appelle à la guerre.
Dans la brousse et au plus profond de la forêt il trouve sa nourriture.
Il foule des sentiers dangereux mais son pied n'hésite pas.
Il peut détruire, comme les vers dans l'estomac.
Il guérit la tête confuse.
Il mêle les têtes des autres oiseaux avec celles des vautours.
L'antilope ne peut pas bouger.
La vache de brousse reste fascinée.
Il n'est pas en bons termes avec le léopard sauf s'il s'agit de son oreille tachetée[1].

1. P. 532.

XVIII

Prières des Kotoko

[A. et J.-P. Lebeuf (inédit)]

Les Kotoko sont établis au sud du lac Tchad, dans le delta du Chari, et sur le cours inférieur de ce fleuve et du Logone (République fédérale du Cameroun et République du Tchad). Descendants de groupes ethniques divers appelés collectivement Sao, ils vivent dans des villes anciennement fortifiées qui s'élèvent sur les buttes mêmes où vécurent leurs ancêtres. Agriculteurs, ils pratiquent la pêche et la chasse, l'une des dernières activités prévalant suivant la région.

À l'intérieur d'une division fondamentale de l'espace en deux zones opposées et complémentaires, le nord, ou *halaka* et le sud ou *alague*, le pays kotoko est réparti entre des principautés d'inégale importance. Chacune d'entre elles est gouvernée par un souverain qui est intronisé au cours de cérémonies au rituel d'autant plus complexe que la ville joue un rôle plus important.

Les formules reproduites ici ont été recueillies au cours d'une de ces manifestations à Goulfeil, cité vassale de Makari, capitale traditionnelle du Nord, et l'on retrouve les mêmes, avec des variantes, dans l'ensemble du pays kotoko.

*

Au moment où le souverain sort de la retraite de sept jours qui précède son intronisation, le chef des armées (ou le dignitaire qui est chargé de transmettre les ordres du roi) prononce la formule qui suit :

« Dieu, pendant tout le cours de ta retraite, t'a maintenu en bonne santé et nous nous réjouissons de te voir apparaître à nous dans cet heureux état. »

Après que les armes faisant partie des *regalia* et les vêtements cérémoniels ont été remis au nouveau chef, le premier ministre, après avoir frappé un unique coup sur un tambour, lui dit trois fois en frappant trois coups sur le même instrument :

En qualité de premier ministre (*il récite alors sa généalogie*), j'ai, suivant la tradition, imposé la tunique de cérémonie et le couteau de jet des chasseurs à notre nouveau roi (*le premier ministre récite la liste des souverains précédents*). Et je lui remets la hache que portaient ses ancêtres.

Le roi, ainsi paré, sort de son palais pendant que la foule assemblée répète la formule habituelle :

Ô roi, marche doucement, prends bien garde à tes pas.

Lorsque l'impétrant s'est assis sur le trône, fait de matériaux légers, placé devant le palais, le dignitaire qui sert d'intermédiaire entre lui et la population lui dit :

Ô toi, notre nouveau roi, qui es fils de roi, tu es nommé roi des Goulfeilliens.

Un troisième dignitaire, chargé généralement de la remise des sportules aux vassaux, entoure le visage du roi d'une mousseline en disant :

Tu es roi par la volonté de Dieu. C'est Lui qui t'a nommé et maintenant tu parais, avec la dignité royale, au milieu de tes frères.

Le même tambour utilisé depuis le début des cérémonies résonne alors trois fois, les grandes trompes de bois sonnent aussi trois fois ; chaque roulement et chaque sonnerie sont accompagnés des paroles suivantes :

Maintenant, tu es roi comme le furent ton père et tes grands-pères.

Puis, après que le sultan assis sur le trône a été transporté jusqu'au trou du varan protecteur de la ville, il descend de ce pavois, et le desservant du reptile, faisant allusion aux liens qui l'unissent aux hommes, prononce la formule rituelle que voici :

Ô Garé, toi qui es une fille de souverain, nous te présentons notre nouveau chef, qui est lui-même de descendance royale ; ce sont Dieu et les citadins qui te l'ont donné.

La même cérémonie se renouvelle devant la tanière du varan Gara, sœur de la précédente, tandis que son desservant dit :

Ô Gara, fille de souverain, le fils de (*ici le nom du chef défunt*) est venu te saluer ; il serait heureux que tu sortes (de ta tanière) pour lui manifester ta satisfaction de sa nomination.

Introduit par A. et J.-P. Lebeuf

XIX

Prières des Fân

[R. P. H. Trilles, *Le totémisme chez les Fân*]

Les Fân représentent l'ethnie la plus importante du Congo et du Cameroun. Ils sont en même temps la branche la plus occidentale de la race bantoue, qui peuple toute l'Afrique équatoriale et l'Afrique du Sud.

Le peuple fân est divisé en groupes ou tribus, ayant chacune son chef, son territoire délimité, son autonomie. Chaque tribu est elle-même subdivisée en clans, puis en familles ; la famille étant le noyau, la cellule primordiale.

La vie religieuse des Fân comporte un totémisme très complexe, ayant une extrême importance sociologique et même démographique puisqu'il conditionne leur implantation territoriale. En effet, le sens réel de leur totémisme est une correspondance permanente, un lien perpétuel entre les totems et les hommes, et ceci à tous les niveaux : au niveau de la tribu, du clan, de la famille, et même au niveau de l'individu. Le totem du Fân, c'est son emblème, sa raison vitale, le signe conventionnel de son appartenance à une cellule sociale, à une unité territoriale.

Le totémisme suppose la structure clanique, il suppose aussi l'exogamie au niveau du clan, le mariage entre ressortissants du même totem n'étant pas admis puisqu'il existe un lien de parenté incontesté entre le totem et les individus du clan dont il est l'emblème.

Ce totémisme très élaboré n'est pas d'importation récente chez les Fân, il n'est pas davantage un phénomène d'infiltration depuis les tribus voisines, mais remonte certainement à l'origine du peuple fân. Son ancienneté a, en effet, été reconnue par l'examen des généalogies des clans qui mentionnent l'appartenance à tel ou tel totem, des traditions orales et des légendes qui y font toujours allusion, par la survivance des rites totémiques très anciens, par les vestiges archéologiques qui en témoignent : objets, dessins, gravures représentant des totems.

Le totem est un être réel et tutélaire. Il est défini sous le nom d'*etotore* : protecteur-gardien, nom extrêmement général ; mais chaque totem spécifique a son nom particulier. Contrairement aux totems tribaux et claniques qui sont des attributs héréditaires et ethniques inaltérables, le totem individuel est transitoire et révocable. Choisi pour chaque individu par le chef de famille d'après les circonstances fortuites qui entourent la naissance et la petite enfance de chacun, le totem individuel est dépendant de la volonté de son possesseur, qui peut en changer ou simplement l'abandonner si bon lui semble.

Chaque totem est matérialisé sous une forme tangible et effective et représenté par un signe conventionnel par lequel on le reconnaît. Les animaux sauvages, les plantes à qualité médicinale, les phénomènes naturels (tonnerre, pluie, soleil), les minéraux rares sont le plus souvent pris comme totems. Le crocodile et l'éléphant sont les totems nationaux du peuple fân. Leurs représentations matérielles sont variées, quelquefois très expressives, souvent schématiques.

Aux différents totems correspondent des rites particuliers ou des cérémonies religieuses : la circoncision et l'initiation, les rites d'établissement d'un village, de consécration d'un chef clanique, les rites totémiques de la guerre, des grandes chasses et des grandes pêches, les fêtes d'alliance entre clans différents, également la naissance ou l'adoption, le mariage, la mort, les rites pour le commerce et les cultures, etc.

Les prières que nous présentons ici sont extraites des rituels de quelques-unes de ces diverses cérémonies.

CHANT DE L'« ÉKIMA »

Le chant de l'*ékima* est une prière psalmodiée par un chanteur attitré et reprise en chœur par les enfants du village. Il est très ancien et connu de tous les Fân. Il évoque la puissance de l'*ékima,* sifflet appartenant au chef du village, lequel le porte constamment sur lui mais ne s'en sert que dans les cas graves, le plus souvent en temps de guerre — c'est pourquoi on le nomme également « sifflet de guerre ».

Le son de l'*ékima* s'adresse au totem protecteur du clan ou *mwamayôn,* dans le corps duquel réside l'esprit des anciens chefs du clan, lesquels sont des auxiliaires utiles pour vaincre l'adversaire. Lorsque le chef siffle à l'aide de *l'ékima,* il appelle à l'aide ces anciens chefs.

Le chanteur :

Le sifflet de guerre retentit,
Appel de l'éléphant,
L'effroi de la fuite,
Fuite de l'effroi,
Merci à l'éléphant.

Le sifflet de guerre retentit,
L'éléphant vient,
Arrivée des mânes,
Les mânes protecteurs,
Merci à l'éléphant.

Le sifflet de guerre retentit,
L'éléphant vient,
Festin des hommes,
Réapparition de l'aube,
Merci à l'éléphant.

Le sifflet de guerre retentit,
L'appel de l'éléphant
... (nom d'un grand fétiche de guerre)
... (*litt.* : dépeçage de l'éléphant),
Merci à l'éléphant.

Le chanteur :

Le sifflet retentit.

Le chœur :

Le sifflet retentit, oui, oui.

Le chanteur :

L'éléphant vient.

Le chœur :

L'éléphant vient, oui, oui.

Le chanteur :

La frayeur disparaît, merci à l'éléphant, oh !

Le chœur :

La frayeur disparaît, merci à l'éléphant, oh !

Le chanteur :

L'ennemi s'enfuit, merci à l'éléphant, oh !

Le chœur :

L'ennemi s'enfuit, merci à l'éléphant, oh[1] !

CHANT DU CROCODILE

Lorsque les guerriers d'un village partent en guerre, ils vont d'abord en brousse, édifient, dans une clairière consacrée, un grand crocodile en terre, puis exécutent un sacrifice humain (le plus souvent celui d'un enfant ou d'un prisonnier) et prononcent cette prière tout en faisant couler le sang de la victime sur le crocodile. Ceci a pour effet de s'attirer la protection du crocodile, qui est le totem national des Fân et est, à leurs yeux, doué d'un pouvoir considérable. En même temps que le sacrifice, les guerriers exécutent des danses rituelles nombreuses. S'ils ont vaincu, ils retournent ensuite sur le même lieu et reprennent la même cérémonie sans toutefois sacrifier à nouveau une victime.

L'éléphant a glissé, a glissé avec un refus,
Cet arbre penche :
Relevez-le en haut,
Il penche encore ici,
Poussez-le à gauche,

1. P. 220-221.

Il penche encore là,
Poussez-le à droite.
Que ta force ne demeure point silencieuse.
Tournons ici, tournons à reculons.
Cette terre est dure.
Protecteur de nos pères, ne ferme pas tes oreilles.
Sois le protecteur de tes enfants.
Tournons ici et tournons là,
Le piège est fini d'apprêter.
Nous t'avons préparé des aliments,
La pierre du foyer est repoussée.
Ne fais pas attendre ton secours, ô père crocodile,
Je veux rester au bord du rivage.
Nos ancêtres ont eu la victoire.
Les fêtes d'initiation ont eu lieu pour les successeurs[1].

CHANT DES DERNIERS MOMENTS

Ce chant est extrait de la légende de la création chez les Fân. Il relate la mort du premier ancêtre qui connote en même temps l'apparition de la mort sur la terre. Dieu, Nzamé, maître de la vie et de la mort, se saisit de Ndum, le vieux chef, et le ravit aux siens. Cette prière est récitée à la mort de tous les chefs de famille.

Ô père, hélas, hélas, pourquoi, ô père, abandonnes-tu ton foyer ?
Un homme t'a tué, ô père !
Vous chercherez la vengeance de sa mort...

1. P. 238.

Ton ombre va passer sur la rive opposée.
Ô père, pourquoi abandonnes-tu ton foyer, ô père !
Le ciel s'est éclairé, les yeux se sont obscurcis.
L'eau (la vie) est tombée de l'arbre goutte à goutte, le rat est sorti de son trou.
Voyez, c'est la maison du père.
Cueillez les herbes funéraires.
(Aspergez) du côté droit, (aspergez) du côté gauche...
Un homme voit maintenant les choses invisibles [1].

INVOCATION À L'ESPRIT PROTECTEUR

Cette prière est prononcée au cours de l'initiation par le jeune postulant. Celui-ci est d'abord soumis à une réclusion sévère, puis assiste à la cérémonie publique de l'initiation, à la sortie de masques ; il est ensuite mis en présence des crânes de ses ancêtres, étalés devant lui et auxquels il s'adresse en récitant ce texte. À la prière succèdent ensuite des danses et des chants rituels exécutés par tous les postulants à l'initiation.

Toi, père, qui ne meurs pas,
Qui ne connais jamais la mort,
Et dont la vie est toujours vivante,
Sans jamais voir le froid du sommeil,
Tes enfants sont venus tous ici.
Ils sont rassemblés autour de toi ;
Enveloppe-les de ta force, ô père,

1. P. 275.

Que ton ombre pénètre en eux,
Toi, père qui ne meurs pas,
Toi père de notre race[1].

HYMNE AU SOLEIL ET CHANT DU FUSIL

Ces deux prières font partie de la consécration des armes que l'on remet au jeune guerrier, qui a subi l'initiation et la circoncision et entre ainsi dans la vie des adultes de son village.

La consécration des armes fait, en effet, partie intégrante de l'initiation au pays fân, elle vient après l'enseignement religieux et des épreuves physiques extrêmement dures.

L'arme est consacrée au soleil et au totem clanique.

Soleil, toi qui vois toutes choses,
Toi dont la radieuse splendeur
Transperce les nuages obscurs,
Soleil, à toi cet hommage !

À toi, soleil, roi du ciel, divin chasseur,
Soleil, à toi cet hommage.

Devant ton regard étincelant,
Et les traits rapides de ton carquois de feu,
Dans les sombres profondeurs,
La nuit craintive s'enfonce éperdue,
Sous tes coups étincelants de lumière.
Tu déchires son manteau,

1. P. 372.

Manteau noir vêtu de feu,
Parsemé d'étoiles brillantes,
Tu déchires son noir manteau.

Soleil, toi qui vois toutes choses,
Toi, dont la radieuse splendeur
Transperce le nuage obscur,
Soleil, à toi cet hommage[1] !

CHANT DU FUSIL

Invitatoire :

Oh ! vous tous, écoutez, écoutez le chant du fusil.

Chœur :

Oh ! nous tous, écoutons, écoutons le chant, le chant du fusil.

Chant :

Pour toi seul, ô fusil, pour toi seul,
Au loin dans les bois,
Loin, loin, j'ai longtemps marché dans la forêt,
Sans plus entendre les chiens criards,
Sans plus les entendre,
Non plus que les coqs amoureux du bruit,
Non plus que les coqs.
M'éloignant des mégères,
M'éloignant de leurs cases sombres.
Oui, pour toi seul, ô mon fusil,
Pour toi seul dans les bois,

1. P. 533.

Dans les bois je suis allé,
Oh ! mon fusil, pour toi seul.

Invitatoire :

Vous tous, venez, écoutez tous le chant du fusil,
Chant aimé du fusil.

Chœur :

Nous tous, venons, écoutons tous le chant du fusil,
Chant aimé de l'esprit.

Invitatoire :

Venez, venez tous, écoutez bien, et sans bruit écoutez !

Chœur :

Et sans bruit écoutons attentifs.

Chant :

Pour toi seul, ô fusil, pour toi seul,
Avant dans les bois,
M'éloignant toujours du village,
J'ai pris le grand couteau des hommes,
Sans que nul ne me vît,
Couteau pendu au crochet du pilier.
J'ai pris le couteau,
L'attachant à mon côté,
Le pendant au baudrier.
Sans que nul ne me vît.
Dans les bois je suis allé,
Oh ! mon fusil, pour toi seul.

Invitatoire :

Vous tous, venez, écoutez tous le chant du fétiche,
Chant aimé du fusil.

Chœur :

Nous tous venons, écoutons tous,
Il a pris le couteau,
Sans que nul ne le vît.

Chant :

Pour toi seul, ô fusil, pour toi seul,
Aux chemins de chasse,
J'ai blessé mon pied dans le chemin,
J'ai franchi les monts, les collines,
J'ai passé les ruisseaux,
Peinant tout un jour, tout un jour entier,
J'ai cherché l'*eson*,
L'*eson*, l'*evin* et le *vyo* ;
Puis, mettant leur chair à nu,
Ravi leur vêtement,
Leur habit au sang rouge,
Là vit l'esprit des forêts.

Invitatoire :

Vous tous venez, mêlons l'*eson*, l'*evin* et le *vyo*,
Enchantons le fusil.

Chœur :

Nous tous venons, mêlons l'*eson*, l'*evin*, et le *vyo*,
Enchantons le fusil,
Dépouillant leur chair à nu,
Pilons leur vêtement,
Leur habit au sang rouge,
Pour en vêtir cette arme,
Enchantons le fusil[1].

1. P. 533-534.

CHANT DE CONSÉCRATION D'UN CHEF

La consécration d'un nouveau chef est une cérémonie extrêmement longue et importante dans la vie rituelle des Fân. Elle donne lieu à toutes sortes de chants et de danses qui ont lieu devant les crânes des anciens chefs alignés, du premier et plus ancien dont on ait les ossements, jusqu'au dernier en date qui vient juste de mourir.

Cette prière est prononcée par le nouveau chef devant le crâne de son prédécesseur et devant les totems associés du clan, du nouveau et de l'ancien chef.

En toi le dernier revient au premier,
Le premier revient au dernier.
Et dans un accord commun,
Ton souffle qui ne meurt pas les réunit tous,
Ton souffle les réunit sans jamais se lasser.
Il en compose un tout qui ne cesse pas,
Et les enfants qui viendront, fils de notre race,
Seront aussi tes enfants, ô père,
Comme aujourd'hui je suis ton enfant.

L'*éfirfira* grandit, grandit toujours.
Sur son tronc noueux les branches naissent,
Elles naissent les unes après les autres,
Elles grandissent, mais demeurent toujours l'*éfirfira*.

En toi le dernier revient au premier,
Le premier revient au dernier[1].

1. P. 538.

XX

Prières des Baluba

[R. P. R. Van Canaeghem,
La notion de Dieu chez les Baluba du Kasai]

Les Baluba du Kasai habitent la région du Congo belge située entre la rivière du Kasai et son affluent, le Lubilashi. Ces tribus Luba forment la branche nord-ouest du puissant royaume des Baluba, qui, depuis le XVIe siècle jusqu'au XIXe, dominait tout le sud du Congo. Ils y sont aujourd'hui prépondérants par leur nombre et leur influence culturelle.

Le culte de Dieu ne connaît pas chez les Baluba de manifestations collectives ni de splendeurs liturgiques. Il se limite à des dévotions particulières, le père de famille exerce les fonctions d'intercesseur religieux pour la partie du clan qui forme sa parentèle.

En général, les actes du culte ne se font pas en fonction d'eux-mêmes, mais sont liés comme partie intégrante à d'autres activités et occupations de la vie quotidienne. Mais le sentiment de dépendance envers Dieu, d'accord intime avec ce principe suprême de toute force de vie, est constant et général.

Les prières sont des formules fixées, traditionnelles, inhérentes à l'héritage de la littérature du clan, tel qu'il est transmis de génération en génération. Elles ne sont pas le fruit de l'inspiration individuelle ou de l'improvisation. Dieu est conçu par les Baluba comme une force immatérielle possédant la plénitude de la vie, continuant sans cesse à féconder, à vivifier et à protéger ses créatures. Dieu a une influence directe sur le cours des événements, c'est pourquoi il convient de l'invoquer à l'exclusion des ancêtres ou des sortilèges parce qu'une intervention spéciale de sa part peut se produire dans des circonstances extraordinaires. Par contre, ce sont les ancêtres qui sont implorés dans les circonstances ordinaires, heureuses ou malheureuses, de la vie courante.

Le culte des ancêtres, le culte des sortilèges et le culte de Dieu ne sont pas des cultes juxtaposés, indépendants l'un de l'autre, mais des cultes complémentaires s'alimentant mutuellement par un fond idéologique commun.

Les textes qui suivent sont ceux des oraisons et invocations adressées à Dieu.

PRIÈRE D'INVOCATION À DIEU ÉNONCÉE DANS DES CIRCONSTANCES DIVERSES

Le père de famille « propriétaire de la cour » la récite debout, en se tenant près de l'autel protecteur ou de l'arbre sacré dit « arbre de séjour », soit à la tombée de la nuit, soit de bon matin, pour être à l'abri de tout regard indiscret.

Dieu des cieux, Seigneur,
Donne-moi force de vie, que je sois fort ;
Donne-moi du bien-être,
Que j'épouse, que j'engendre,
Que j'élève des chèvres, des poules,
(Que j'obtienne) de l'argent, toutes sortes de biens,

Que je sois florissant de santé et de vie,
Mes filles, ce sont des filles venant de Dieu,
Mes fils sont ses enfants;
Tout ce que j'ai est sien;
Il en est le Maître.
Dieu, Être suprême,
Dieu, Maître de la terre,
Vous qui avez créé toutes choses;
Moi ici présent, ce pourquoi je suis venu,
C'est pour obtenir force de vie.
Qu'aucun animal sauvage ne me rencontre,
Que la foudre ne me trouve,
Que le sorcier ne me voie,
Que l'homme aux intentions mauvaises ne me regarde[1].

PRIÈRE EN CAS DE DÉTRESSE DE MALADIE OU DE MORT

Cette prière est le dernier recours à Dieu lui-même en cas de malheur lorsque toutes celles qui ont été adressées aux ancêtres ou aux sortilèges sont restées sans effet. Elle se récite également dans la cour, au même endroit et aux mêmes heures que la prière précédente.

Dieu, Être suprême,
Me voici tout malheureux,
Tous mes biens se dispersent à l'aventure.
Ma famille et ma cour sont sens dessus dessous,
Moi qui n'ai jamais commis un vol,

1. P. 85.

Moi qui n'ai jamais ensorcelé personne,
Mes possessions ici,
Elles sont propriété de toute ma famille ;
Ce sont des biens hérités de mes aïeux.
Tous les hommes possédant des biens
Vivent par eux en paix ;
Mais ma maison est comme consumée par le feu.
Mon Dieu,
Vous qui arrangez toutes les affaires des hommes ;
Tous les usages et les tabous, je les ai observés ;
J'ai offert des poules,
J'ai invoqué les ancêtres,
Tout est inutile.
Maintenant à Vous Dieu,
L'homme qui en veut à ma cour,
Pourquoi ne pas l'abattre ?
Mon bien et mes proches,
Nous tous, nous Vous appartenons ;
Vous, soleil qu'on ne peut regarder fixement,
Vous, force de vie,
Glorifiée par nos chefs de clan,
Ma misère me dépasse,
Moi,
Qui jamais n'attentai à la femme d'autrui,
Qui n'ai jamais pris de force le bien d'autrui,
Qui n'ai aucun sortilège pour nuire au prochain,
Qui n'envie personne.
Tous les autres possèdent des biens qui prospèrent,
Le mien se dissout de tous côtés,
S'en va toujours à sa perte.
Dieu, Être suprême,
Soleil qu'on ne peut regarder fixement,
Je cours à la ruine avec tout ce que j'ai,

Même le sommeil me fuit dans ma maison.
L'homme qui en veut à ma cour,
Qu'il ait lui-même un malheur !
Que celui qui s'enhardit à crier :
Je ne veux pas de cet homme,
J'ai fabriqué contre lui un puissant sortilège,
Qu'on le hue en public [1].

PRIÈRE ADRESSÉE À DIEU PAR UN GUÉRISSEUR EN SE RENDANT CHEZ UN MALADE

Dieu,
Je suis en route pour guérir un homme
De sa maladie ;
Veuillez entrer dans le médicament
Afin que pour cet homme sa maladie soit finie,
Qu'il ne doive plus être couché par terre ;
Le sortilège Ntambwe monta au ciel [2],
Ntambwe, lorsqu'il fut monté là-haut,
Exposa à Dieu ses griefs :
Comment se fait-il que Vous ayez créé
Les uns féconds,
Les autres stériles ?
Il m'a donné un enfant d'en haut,
J'ai obtenu ce que je désirais [3].

1. P. 94.
2. Ntambwe est le nom d'un sortilège qui, d'après une légende, est monté au ciel pour demander à Dieu la force de procurer la fécondité.
3. P. 108.

Prière d'offrande énoncée devant le pot rituel contenant « l'argile blanche de Dieu » qui, pour les Baluba, symbolise force et assistance.

Dieu, Être suprême,
Notre Seigneur, Tshitebwa Mukana ;
Moi et mes enfants,
Faites que nous puissions devenir extrêmement forts
Comme la fourmi *musuasua* et le marteau de forgeron,
Comme le fer de la forge.
Que l'homme envieux
N'étende pas la main contre nous.
Que le sorcier meure de sa propre mort,
Que le même retourne chez lui.
Vous, eau qui donnez le sel à la terre,
Soleil qu'on ne peut regarder fixement,
Celui qui le regarde est foudroyé par ses éclats,
Voici de la bouillie de manioc.
Faites que mon enfant devienne fort à l'extrême.
Même si Vous arriviez à la fin de la terre,
Encore tout y appartiendrait à Ilunga Mbidi.
Dieu,
Seigneur Tshitebwa Mukana,
Vous, Kasongo du côté du soleil,
Allez en avant,
La terre entière est à vous[1].

1. P. 108-109.

XXI

Prières des chasseurs nyanga

[D. Biebuyck, *De hond bij de Nyanga*]

Les Nyanga sont un peuple de grands chasseurs vivant en pleine forêt équatoriale, sur le territoire de Walikale, au nord-ouest de la province de Kivu, dans la République du Congo.

Les prières de chasseurs ou *mubekerero*, que nous étudions ici, doivent avant tout être mises en rapport avec le rituel de chasse complet et le culte du panthéon des esprits nyanga, qui sont étroitement associés. Ces esprits, qui habitent les cratères des volcans situés en marge du pays nyanga, jouent un rôle prépondérant dans la vie religieuse et socio-politique de ce peuple. C'est à eux surtout que s'adressent les prières, bien que soient également toujours inclus dans les invocations des éléments du culte ancestral.

Afin de comprendre plus aisément la signification mythique des prières que nous reproduisons ici, il faut noter les éléments suivants :

1° La chasse domine les activités des éléments mâles de la population et occupe leur pensée. L'idée d'une chasse fructueuse est une réelle obsession pour eux. Le succès de la chasse dépend de l'accomplissement des rites appropriés et d'un état d'esprit rituellement pur chez le chasseur et chez le chien.

2° Les chiens de chasse occupent une place privilégiée dans la culture nyanga. Ils sont considérés comme des héros mythologiques voleurs et porteurs de feu, et toutes sortes de qualités humaines leur sont attribuées. Ils sont aussi considérés comme les compagnons par excellence des hommes et des esprits et servent de lien entre les deux antagonistes. C'est pourquoi on les entoure d'un complexe de rites très élaborés qui doivent les prémunir, les protéger, augmenter leur adresse et leur efficacité. Citons entre autres : des prescriptions, des interdits, des cérémonials d'ablutions, de bénédictions, des traitements magiques, etc. Pour les Nyanga, les chiens sont les vrais chasseurs ; ils influencent, par leur état rituel, le déroulement de la chasse. Tous les chasseurs chassant avec le même chien doivent être liés entre eux, soit par une parenté agnatique, soit par un pacte du sang. Le propriétaire du chien s'appelle *nyerékurwàbô*, le guide ou maître de la chasse, *muhôngocà*, les autres chasseurs, *rushù* ou *kahi*.

3° Ces chiens de chasse sont consacrés et étroitement liés à certains esprits du panthéon nyanga et ceci pour essayer d'éloigner d'eux les forces destructrices qui les guettent telles que l'ensorcellement, la malveillance des esprits, la malédiction des hommes à titre de vengeance, la rivalité ou le courroux des esprits des volcans. Pour dépister ces forces destructrices, des oracles sont consultés, pour les apaiser des offrandes leur sont faites. Le culte de ces esprits implique nécessairement la possession de chiens de chasse.

4° Tout individu mâle a, chez les Nyanga, au moins un esprit tutélaire dont il assure le culte par des offrandes, des invocations, la possession de certains insignes, la consécration de certains animaux, voire même la consécration d'une fille. Bon nombre d'individus mâles de la société nyanga sont également rituellement mariés à une femme-esprit qu'ils considèrent comme leur première femme et pour qui ils construisent une case dans laquelle ils gardent leur équipement de chasse. On devient adepte du culte de tel ou tel esprit tutélaire soit par héritage d'un parent (*ntungo* ou « maintien du patrimoine »), soit parce que l'on est consacré en bas âge, soit parce que l'esprit se révèle à vous par les rêves (*ntsuri* ou « réponse aux rêves ») ou par les divinations (*makara* ou « obéissance aux divinations »), soit parce que l'esprit vous possède.

Il est fréquent de voir un seul individu s'adonner au culte de divers esprits.

Nous allons retrouver tous ces éléments de croyances mythiques et superstitieuses dans les prières du chasseur nyanga.

I. AVANT LA CHASSE

1. Le chasseur, prenant sa sagaie, dit :

Toi Hangi[1]
Voici ta sagaie.
Je la prends avec moi aux terres de chasse.
Qu'elle ne revienne pas de la forêt sans succès,
Sans se lancer contre le gibier et le tuer !

2. Le chasseur dépose quelques petites tomates dans son aumônière et dit :

Toi Kahombo[2]
Voici ton aumônière
Que j'emporte pour aller aux terres de chasse.

1. Nom d'un esprit des volcans auquel les chiens sont consacrés.
2. *Id.*

Qu'elle ne revienne pas de là sans rien,
Sans qu'il y ait de la viande dedans !

3. Il prend sa faucille et dit :

Toi Muhima Wito[1]
Aide-moi sur les terrains de chasse.
Que j'y tue du gibier,
Que je l'écorche avec ta faucille.
Tu vois comment je saisis ce couteau.
Donne-nous ta bénédiction,
Que nous arrivions aux terres de chasse,
Y rencontrions du gibier qui meure.
Vous esprits
Donnez-moi votre bénédiction,
Que je chasse, que je chasse
Pour mon père et pour ma mère,
Pour les grands de mon lignage,
Car lorsque je tue du gibier,
Certes je leur porterai la partie de la grandeur,
Et maintenant que je vais chasser,
Vous mon père et vous mon frère aîné,
S'ils portent quelque rancune contre moi,
Que cette rancune ne se tourne pas contre mes chiens.
Qu'ils chassent,
Qu'ils ne chassent que pour eux.
Toi Muriro[2] mon ami
À qui j'ai fait des offrandes,
Aide-moi,
Que je puisse tuer du gibier

1. *Id.*
2. *Id.*

Là-bas sur les terres de chasse
Où je veux aller,
Car toi mon ami,
Je ne t'ai pas encore oublié.
Je pense beaucoup à toi.
Et toi Musoka[1]
À qui fut sacrifié par mon parent Masokora[2],
Toi aussi aide-moi
Pour que je puisse tuer du gibier
Là-bas sur les terres de chasse.
Et vous ma mère Nyabasi[3]
Et tous les esprits de mes oncles maternels les Baasi[4],
Bénissez-moi sur les terrains de chasse.
Que j'y puisse tuer du gibier,
Car vous m'avez donné les premiers grelots !

4. Le chasseur, secouant les grelots du chien, dit :

Toi Nkhango[5]
Bénis ces grelots de toi.
Ceci est un patrimoine.
Toi Nkhango
J'ai voulu voler là-haut comme le perroquet.
Toi Nkhango
Tu me l'as défendu,
Et tu m'as dit que
Le corps de l'homme est lourd pour voler.
Ah ! si les grands ne fussent pas morts,

1. Nom de personnage nyanga.
2. *Id.*
3. *Id.*
4. *Id.*
5. Nom d'un esprit des volcans auquel les chiens sont consacrés.

Car les petits resteront.
Ils pleurent et pleurent comme les poussins !

5. En quittant son village, le chasseur dit :

Toi Hangi du Tambour,
Et vous Nyamurairi et Kibira et Nkhuba[1]
Et Mseshemutwa et Muhima et Kahombo,
Précédez-moi là-bas où je vais chasser.
Aidez-moi,
Que je tue beaucoup de gibier.
Vous esprits
Donnez-moi votre bénédiction qui dure
Pour que je revienne de la chasse avec du gibier.
Vous mes pères,
Aidez ces chiens.
Qu'ils tuent beaucoup de gibier
Là-bas sur les terres de chasse,
Que je ne doive revenir ici sans gibier.
Vous mes pères,
Aidez-nous
Là-bas sur les terres de chasse,
Que les chasseurs ne soient blessés
Par les épines et les ronces.
Que la sagaie ne regarde pas le chien
Mais seulement le gibier.
Vous mes pères,
Aidez-nous, vos chasseurs,
Que nous soyons légers
En pourchassant le gibier.
En forêt pendant la chasse,
Que nous ne nous blessions aux racines,

1. *Id.*

Que les serpents fuient loin,
Qu'ils ne réussissent à blesser chiens ou chasseurs.
Vous esprits
Veillez sur nous
Là-bas en forêt sur les terres de chasse.
Que nous rencontrions du gibier
Qui a les yeux clos en forêt.
Que ce gibier ne blesse ni chiens ni chasseurs !

II. PENDANT LA CHASSE

Lorsque le chien, ayant dépisté un animal, le pourchasse, le chasseur formule une nouvelle prière :

Toi chien
Tu es le chien du Pygmée,
Tu es le chien du Feu,
Tu es le chien du Tambour,
Tu es le chien du Léopard,
Tu es le chien de l'Éclair.
Que l'animal que tu chasses ne s'enfuie pas d'ici.
Vous esprits, mettez ces animaux ensemble,
Mettez-les ensemble.
Qu'ils ne réussissent à s'enfuir,
Qu'ils soient couchés ensemble.
Et toi Kahombo[1], fille du Tambour,
Donne la bénédiction à ces chiens à toi,
Car toi tu es leur maîtresse.
Qu'ils réussissent à tuer beaucoup d'animaux,
Que ces animaux parviennent dans ta case.

1. *Id.*

Et toi Muisa[1]
Bénis ces chiens,
Qu'ils tuent du gibier lorsqu'ils chassent.
Toi père Nyankhuba,
Et toi Buhini[2],
Aidez-moi, que les animaux chassés meurent,
Car lorsque l'homme chasse,
Il chasse pour les chefs et ses parents,
Pour les nobles, les aînés et ses neveux et amis.
Aidez-nous,
Que ce gibier meure en un tour de pied.
Qu'il ne meure pas après deux ou trois attaques,
Puisses-tu vraiment mourir
Toi l'animal,
Mourir de honte devant ce chien.
Ne regarde pas ce chien en disant
Que tu le chasseras en mordant.
Que le chien se défende et se défende
Là où tu es et te morde !

III. APRÈS LA CHASSE

1. Lorsqu'il a réussi à tuer un animal, le chasseur prie :

Merci, grand merci
À toi mon père qui es mort.
Vraiment tu as prêté l'oreille à mes implorations.
Je suis très heureux pour cette part de viande que tu m'as donnée.

1. *Id.*
2. *Id.*

Lorsque je trouverai trois ou quatre parts,
Je saurai leur donner de la pâte de bananes.
Vous mes pères et mes grands-pères qui êtes morts
Vous m'avez aidé.
Je suis heureux, heureux.
De mon côté je chercherai une chèvre et de la bière.
Que je les sacrifie aux esprits de mes pères qu'ils ont rêvés.
Kahombo, Muhimakiri, Kibira,
Nyamurairi, Nkhango, Nkhuba,
Muisa, Musoka, Muriro.
Ces esprits m'ont fait du bien
En me donnant cet animal-ci, le mien.
Je suis de plus en plus heureux,
Car mes chasseurs ensemble avec nos chiens
Sont revenus indemnes de la forêt
Sans qu'un chasseur ne se casse quelque chose
Ou sans qu'un chien ne soit mordu.
J'ai dit un grand merci,
Car les chefs mangeront de ce gibier,
Et mes amis et mes parents et d'autres,
Car je suis allé chasser
Et j'ai chassé pour eux.

2. Puis, après avoir dépecé et distribué le gibier, le chasseur dépose le foie dans la case de sa femme-esprit Kahombo en priant :

Toi ma femme Kahombo,
Ma femme aînée,
J'étais en joie
Pour l'animal que tu m'as donné là-bas.
Et toi prends maintenant ta part de la viande.

Que tu sois contente de celle-ci,
Car voici l'animal que tu as acquis pour nous en forêt.
Et toi Muhima,
Tu ne manges pas la viande.
Eh bien, prends cette calebasse de bière
Car j'étais fortement heureux.
Voici ta faucille.
Je t'ai remercié
Car tu nous as fait retourner indemnes de la forêt.
Donne-nous beaucoup de gibier en forêt
Là-bas où nous irons chasser à l'avenir.
Et toi Muhima,
Nous ne t'avons pas oublié.
Nous achèterons un mouton pour toi.
Et toi aussi Hangi,
Donne ta bénédiction.
Voici ta sagaie
Et j'achèterai ta peau.
Ne pense pas que je t'ai oublié.
Je ne t'ai absolument pas oublié.
Et toi Nyamurairi,
Voici ton sceptre.
Puisses-tu nous aider sur les terres de chasse
Pour que nous tuions beaucoup de gibier.
Car toi tu nous soutiendras sur les terrains de chasse.
Que nous rencontrions du gibier
Que tu gardes avec ce sceptre.
Que nous rencontrions les animaux couchés ensemble.
Et toi Nkhuba,
C'est à cause de toi que je vais chasser en forêt.

Tu es l'esprit dont mes pères et grands-pères ont rêvé.
Puisses-tu m'aider
Là-bas sur les terres de chasse.
Que j'y trouve beaucoup de gibier,
Que j'en revienne indemne avec mes chiens.
Je ne t'oublie plus
Car ceci est ton anneau de cuivre.
Donne-moi aussi maintenant ta bénédiction,
Donne-moi la force et aussi à ces chiens à moi.
Et toi mon ami Muriro,
Et maintenant vous tous esprits,
Puissiez-vous venir manger
De cet animal que tuaient tes chiens.
Et toi Ihuyu,
Aide, toi aussi.
Que nous puissions tuer beaucoup de gibier en forêt.
Que tu viennes ici et en manges ici.
Et vous tous chefs qui êtes morts,
Donnez-nous votre bénédiction.
Puissiez-vous précéder mes chiens pendant la chasse.
Qu'ils tuent beaucoup d'animaux
Et que ces animaux aillent à la chefferie comme tribut.
Et vous pouvez en manger là-bas à la chefferie,
Car lorsque les chiens tuent des animaux
Vous ne pouvez manquer votre part du tribut.
Et maintenant vous tous esprits,
Grâce à vous ces chiens tuent du gibier,
Aidez-les ; qu'ils soient pleins de vie,
Qu'ils chassent pour vous les esprits
Pour le chef et pour les amis,

Et pour les neveux et pour les parents,
Car la viande de chasse
Ne peut rester indivisée entre beaucoup d'hommes.
Car si la viande des chiens n'est pas distribuée,
Les chiens se chargent de courroux,
Ils ne peuvent plus tuer d'animaux[1] !

Introduit et traduit par D. Biebuyck

1. P. 130-135.

XXII

Message tambouriné bantou

[J. Jacobs, *Le message tambouriné, genre de littérature orale bantoue*]

Pour communiquer des messages à longue distance, les peuples d'Afrique centrale utilisent fréquemment des tambours à deux ou trois tons, instruments à percussion dont l'audition est particulièrement claire.

La pensée à exprimer est traduite par une série d'expressions stéréotypées, connues de tous et qui sont d'une grande richesse d'imagination. Chaque expression est composée de la succession plus ou moins rapide et de l'alternance plus ou moins compliquée des différents tons et correspond à une mélodie rythmique qui lui est particulière.

Les Tetela du Congo ont un langage tambouriné particulièrement riche et élaboré. On a déjà relevé chez eux huit cents expressions stéréotypées à l'aide desquelles ils correspondent entre eux.

L'idée de chef, par exemple, s'exprime chez eux par : « L'homme qui montre les dents et semble rire. » L'idée de ciel est traduite par un symbolisme du nombre très complexe, que l'on retrouve dans toute l'Afrique Noire : « Le ciel aux six portes avec les neuf traverses. »

Le message tambouriné transcrit ici fut transmis

en novembre 1953 par l'*odimba* (tambourineur) Ona Wato, lors du décès de Lokangaka, frère de Wemambolo, chef du village Kokolomami.

Par la nature de leur forme rythmique et leur contenu poétique et imagé, les messages tambourinés peuvent à juste titre être considérés comme un genre particulier de la littérature orale bantoue.

LA DANSE DU DEUIL

Oh ! Quelle tristesse, quelle souffrance. Quelle tristesse, quelle souffrance, ma mère, quelle tristesse. La tristesse me tue. Quelle tristesse, quelle souffrance, quelle tristesse, quelle souffrance[1] !

CONDOLÉANCES

... Allons nous asseoir avec l'héritier de notre père, notre parent, pendant cette chaleur ardente du ciel, qui nous accable aujourd'hui. Allons nous asseoir avec lui sur les cendres où le chien se replie[2], allons nous asseoir au deuil du nombril du ventre de son père[3], son proche...

... Allons au deuil de notre chef, Lokangaka[4], qui a envahi une partie de la forêt, fils de Yemema[5], qui

1. P. 93.
2. C'est-à-dire : mettons-nous en deuil avec lui.
3. Périphrase pour désigner son père.
4. Lokangaka, « herbe tranchante », est le nom du défunt.
5. Yemema, « au teint clair », est le nom du père du défunt.

échappe aux lances, fils d'Ekombekombe[1]. Il est tombé mort d'un bruit sec à Jenge de Lombe et Janga[2]. Voilà pourquoi je suis venu disant : moi qui ai un mari défunt[3], que j'aille pleurer mon mari. Voilà pourquoi je suis assis sur la tombe fraîche où l'on n'ose mettre les pieds, le tombeau de mon chef.

Toi, Wemambolo[4], laisse d'être triste, ce n'est pas ton affaire seulement, les desseins de Dieu sont ainsi, ce n'est pas pour toi seulement.

Lokangaka, qui a envahi une partie de la forêt, est parti comme était parti Yemema, qui échappe aux lances, fils d'Ekombekombe. Il est parti comme étaient partis ses amis. C'est Dieu seul qui est le maître de ses affaires...

... Osembe Londola[5], ne pleure pas, le léopard ne pleure jamais, le léopard ne pleure jamais[6].

Dieu n'a aucun défaut, mais il a donné à chacun de nous des défauts, beaucoup de défauts à nous tous, les hommes...

... Quand le soleil se couche on dit : un homme est mort. Quand le soleil se lève, on redit : un homme est tombé lourdement.

1. Ekombekombe, « grand tambour », est le surnom qui désigne tous les chefs du territoire Jenge, parce que la chefferie est symbolisée par le tonnerre.

2. La chefferie Jenge comprend deux territoires : Lombe et Janga.

3. Les tambourineurs appellent tous les hommes des « maris ».

4. Wemambolo est le nom du chef du village Kokolomami, frère du défunt Lokangaka.

5. Osembe Londola est le nom de l'actuel chef du territoire Jenge.

6. Le chef, ou léopard, ne peut extérioriser sa douleur comme les autres hommes, cela amènerait la détresse et la mort dans le village.

Chef Kokolomami, ce n'est pas pour ton deuil seulement, ce n'est pas pour toi seulement, c'est une affaire pour tous les hommes.

J'ai entendu dire un homme qui venait en chancelant de douleur : les choses ne vont pas bien à Jenge, Lombe et Janga. Osembe Londola a eu un malheur, le léopard a la queue coupée[1].

Lokangaka, celui qui a envahi une partie de la forêt, frère de Wemambolo, fut assis comme un malade frissonnant pendant six saisons[2], pendant des centaines de saisons[3]. Les guérisseurs qui secouent les *nyembo*[4] ont donné en vain les médicaments de poudre rouge, puis ils ont jeté les médicaments de poudre rouge dans le Lomami. Et ainsi il est tombé d'un coup sec. Quelle douleur[5] !

1. Le léopard perd sa force quand il a la queue coupée, de même que le chef du village lorsqu'il est en deuil.

2. Six saisons : deux ou trois mois.

3. Des centaines de saisons : plusieurs mois.

4. Le *nyembo* est un objet de divination que les guérisseurs conservent dans une calebasse.

5. P. 95-97.

XXIII
Prières des Bantou

[G. Wagner, *The Bantu of North Kavirondo*]
Traduit de l'anglais par M. Luciani

Le Kavirondo est un district de l'actuel Kenya, au nord du lac Victoria et à l'est immédiat de l'Ouganda, où vit une population composée en parties égales de Bantou et de Nilotiques. Les Nilotiques se trouvent dans le Centre et le Sud, et sont représentés par les Masai, les Bantou se trouvant plutôt dans le Nord.

Ils vivent dans un pays élevé, fertile et bien irrigué, sur de hauts plateaux recouverts par les savanes où se pratique un élevage extensif. Mais l'on trouve aussi de place en place des emblavures cultivées en palmiers à bananes, maïs et sorgho. L'exploitation de l'or a contribué à sa mise en valeur économique.

La base sociale et économique de cette population est la famille. Non pas la famille indivise, que l'on retrouve d'un bout à l'autre du continent africain, mais, au sens strict du mot, composée des deux parents et de leurs enfants en bas âge. Socialement, la famille est tout entière soumise à l'autorité toute-puissante du *paterfamilias*. Sa femme est sa libre propriété, il l'a échangée au moment du mariage contre des dons en nature à ses beaux-parents, elle lui doit obéissance et soumission, ne possède rien par elle-même, n'a aucune autorité sur ses enfants.

La famille, qui se caractérise par une ségrégation

sexuelle extrême, est, au contraire, en parfaite union et coopération économique, car sur ce plan elle doit se suffire à elle-même dans la vie courante.

Coiffant la famille se trouve le clan patrilinéaire exogamique, tous les individus mâles du clan se réclamant d'un ancêtre commun. Ces clans exogamiques ou chefferies, plus ou moins importants suivant le nombre des participants, forment de petites unités territoriales dans l'aire géographique de la tribu, mais non forcément statiques : la fondation de nouveaux clans par partition, conquête, la fonte de deux clans en un seul par proximité, diminution de nombre, etc., sont des phénomènes courants. Le chef de clan en est à la fois le juge suprême, le grand prêtre et le chef guerrier ; il est choisi parmi les anciens pour sa valeur, la fonction n'étant pas héréditaire.

La magie et la religion, qui sont intimement liées et inséparables, ont créé dans cette population un tissu de croyances et de pratiques impressionnantes.

On peut diviser en trois catégories les agents et les forces censés exercer une influence surnaturelle sur le comportement humain.

Au bas de l'échelle se trouvent les « esprits » de toutes sortes : êtres humains doués de vision et possédés par des forces bonnes ou mauvaises, êtres humains en rupture d'interdit, donc en état d'impureté et pour cela possédés par une force dangereuse ; sorciers et voyants de toutes sortes ; le faiseur de pluie, qui a un statut très spécial et jouit d'une grande autorité. Puis viennent les « esprits ancestraux » ou esprits des morts, ombres des décédés qui errent parmi les hommes, hantent les endroits où ils ont vécu et sont toujours et par essence animés d'une force malfaisante parce qu'ils sont insatisfaits. Enfin Dieu, l'être suprême, nommé Nyasaï ou Wele, promoteur et distributeur de vie et de force, bénéfique par opposition aux esprits des morts.

Les mesures de protection ou de prévention contre

toutes les forces occultes auxquelles l'homme est exposé sont légion. Elles visent toutes soit à maintenir, soit à rétablir le *statu quo*. Ce sont les charmes et les amulettes que l'on porte sur soi ou que l'on garde dans un coin de sa case, les médecines que l'on prend à tout propos, les interdits qu'il faut respecter, les rites de purification à accomplir lorsqu'on les a violés, les exorcismes qui vous libèrent d'un « esprit »...

Pour se concilier les esprits des morts, les rites sacrificiels sont très nombreux, ils ont lieu sur les tombes des défunts ou sur les autels qui leur sont consacrés.

La naissance, tout particulièrement dans ce pays où la stérilité est considérée comme le pire des châtiments, donne lieu à nombre d'observances. Tout est réglé d'avance dans les moindres détails depuis le jour de la fécondation ou presque et jusqu'à celui de l'entrée officielle du nouveau-né dans le monde. La naissance gémellaire est considérée comme un événement particulièrement heureux. La famille où elle se produit est considérée comme élue ; elle bénéficie de bénédictions spéciales du monde des ancêtres. Mais comme tout événement qui sort de l'ordinaire, la naissance gémellaire entraîne un climat d'incertitude, une sorte de danger auquel il faut remédier par le strict accomplissement d'une cérémonie rituelle.

La prière qui suit est précisément extraite de cette cérémonie. Lorsque la double naissance a eu lieu, parents et enfants jumeaux sont enfermés dans leur demeure et dissimulés aux regards des curieux. Les deux familles des parents se réunissent alors et offrent aux ancêtres le sang de nombreux animaux en guise de remerciements. Puis tous les gens du village se rassemblent sur la place afin de danser la « danse des jumeaux », danse érotique mais tout à fait rituelle, mimant les gestes de l'accouplement. Une vieille femme se tient au milieu des danseurs et récite cette prière avant d'aller ouvrir la porte de l'habitation :

CHANT POUR LA NAISSANCE DES JUMEAUX

Celui qui danse,
Qu'il danse comme le poisson.
Dansons la danse des épaules tremblées,
Comme fit Fuamba, fils de Wasula,
Ils ne jouent que dehors,
À la maison nous nous battons à plate couture.
Lui, Mugonambi, peut voir les ampoules.
La queue de la mère est l'enfant.
La queue suit, derrière Muyavi,
Celui qui a des enfants, la queue le suit,
Vous voici portant la grosse vieille jambe,
Mais où peut-on voir ton amant ?
Te voici, secouant la jambe.
Mais où vois-tu celui qui dort avec toi ?
Le vagin des femmes est comme une pierre de meule
Qui n'entend pas si on frappe dessus [1].

CHANT POUR UN ENFANT FAIBLE OU MALADE

Lorsqu'un petit enfant est faible ou malade et inspire de l'inquiétude à ses parents, on appelle sa grand-mère paternelle qui lui perce l'oreille à l'aide d'une

1. P. 327.

épine, puis agrandit le trou jusqu'à pouvoir y insérer un petit disque de fer qui constitue une amulette protectrice. Toutes les vieilles femmes du village se réunissent alors pour consommer un repas rituel et récitent ensuite la prière des enfants faibles ou malades :

Le chef :

Je peux tisonner, je peux attiser,
Je peux voir si le feu flambe haut.
L'oie de Guinée est une viande.

Les autres :

Je peux tisonner, je peux attiser,
Je peux voir si le feu flambe haut.

Le chef :

La grenouille est couverte de plaies.

Les autres :

Je peux tisonner, je peux attiser,
Je peux voir si le feu flambe haut.

Le chef :

Le poisson est une viande.

Les autres :

Je peux tisonner, je peux attiser,
Je peux voir si le feu flambe haut.

Le chef :

Un petit enfant est une bonne chose.
L'école est une bonne chose.
Les sorciers sont venimeux.

L'union des gens est une bonne chose.
L'aide est une bonne chose.

Les autres :

Je peux tisonner, je peux attiser,
Je peux voir si le feu flambe haut.

Le chef :

Vieilles, nous pouvons soigner avec amour.

Les autres :

Je peux tisonner, je peux attiser,
Je peux voir si le feu flambe haut[1].

1. P. 333.

XXIV

Prières des Tutshiokwe

[R. P. P. Borgonjon (inédit)]

Chez les Tutshiokwe du Katanga, le patriarche du clan ou l'aîné d'un groupe familial invoque, dans certaines circonstances particulières, les ancêtres ou les *mahamba* (sing. *hamba*) pour implorer assistance et protection soit pour la communauté, soit pour l'un de ses membres. Ces invocations sont prononcées devant les *myombo* ou les *mathumbo*, c'est-à-dire des autels faits de pieux fixés dans le sol (parfois grossièrement sculptés) ou de huttes en terre battue.

Un individu peut aussi invoquer ses propres *mahamba*. À côté de sa case est placé un récipient contenant deux figurines en bois, le tout étant abrité par un petit toit en paille. Parfois aussi on trouve des figurines modelées en argile ou un simple petit monticule de terre. C'est là que le Tutshiokwe invoque ses esprits tutélaires. Il les considère seulement comme des esprits, sans les rattacher, semble-t-il, à sa propre lignée. En général, il les invoque dans des cas déterminés : stérilité, chasse infructueuse par exemple.

Après avoir invoqué les *mahamba*, on s'adresse également à l'Être suprême, Zambi.

Vous, NN, nos ancêtres,
Vous étiez dans la région,
Ainsi nous y sommes également et aujourd'hui nous disons :
Ceci est notre pays et nous y construisons.
Hier nous habitions chez NN,
NN est mort et nous sommes partis.
Nous sommes allés chez NN et lui aussi est mort.
Aujourd'hui nous avons veillé ici toute la nuit.
Écoutez-nous !
Nous partirons en brousse pour tirer une antilope, mâle ou femelle,
Afin que nous sachions si notre ancêtre nous entend.
Nous vous donnerons du sang,
Nous construirons et nous vivrons en prospérité.
Des enfants seront nés et ils passeront par les rites de la circoncision.
La survie de l'homme réside dans la fécondité de la femme.
Que son sein conçoive,
Que l'enceinte enfante,
Que les nouveau-nés grandissent.
Et toi, Dieu Seigneur, tu as enjoint aux hommes :
Allez construire des villages, procréez des enfants, éduquez-les.
Nos ancêtres ont fait comme tu leur avais montré.
Ainsi, nous aussi, nous ferons.
Aujourd'hui nous disons : établissons-nous ici.
Vulie ! Vulie ! Notre grand ancêtre Zambi,
Aide-nous, nous tes enfants.
Que ce village prospère et devienne fort.
Nous engendrerons des enfants et qu'eux aussi engendrent des enfants.

Variante :

Nous, hommes d'aujourd'hui, nous n'avons pas commencé ces choses,
Ceci date d'antan.
Tu as commandé tout cela à nos ancêtres, disant :
Allez construire des villages et multipliez-vous-y.
Ainsi il nous a été transmis depuis Samutu et Namutu,
Et ainsi nous faisons jusqu'aujourd'hui.
Pour cela, Père, regarde-nous, nous tes enfants qui construisons ici,
Afin que nous y engendrions des enfants, que ces enfants y grandissent,
Qu'ils soient forts.
Où que nous allions, nous penserons à toi en disant :
Notre Dieu nous regarde !
Protège aussi les femmes que nous avons épousées.
Toi, notre père, notre créateur,
La terre t'appartient, nous la cultiverons afin qu'elle nous donne de la nourriture,
Afin que nous soyons forts.

À L'OCCASION D'UN ACCOUCHEMENT DIFFICILE

Vous, NN (on nomme l'ancêtre qu'on suppose responsable des difficultés),
Soutenez NN dans son travail d'enfantement.

Nous vous apportons ce poulet et cette farine,
Nous vous supplions ! Nos lèvres sont sèches comme des feuilles mortes.
Aidez-nous afin qu'elle soit délivrée.
On dit : Où il y a des hommes, il y a des haches,
Où il y a des hommes ils multiplient.
Ceux qui naissent et ceux qui restent après nous,
Resteront pour vous honorer.
Mais si vous agissez ainsi en restera-t-il pour vous honorer ?
Aidez-nous maintenant afin qu'elle accouche bien,
De sorte que son sein soit purifié.
Acceptez ce poulet et cette farine.
Et toi, Dieu d'en haut, nous te supplions :
Aie pitié de nous,
Regarde comme nos lèvres sont desséchées dans nos faces.
Nous te prions, Seigneur, aide-nous,
Afin que ton homme soit sauvé,
De sorte que notre cœur soit tranquille.
Aie pitié de cet enfant, ce tout petit enfant
Qui veut multiplier sur la terre.
Dans la situation où il se trouve actuellement, quel sens y a-t-il ?
Nous te prions, Ancêtre (Seigneur).

APRÈS PLUSIEURS FAUSSES COUCHES

Les fausses couches sont attribuées à plusieurs *mahamba* dont on ne connaît pas l'origine et dont voici les noms : Jinga, Yisola, Thupukulu, Yivumina, Asalujinga.

Vous, Jinga...
Vous m'empêchez d'avoir un enfant,
Maintenant je me souviens de vous.
Cela m'arrive peut-être parce que je ne me suis pas souvenue de vous.
Mais aujourd'hui je vous apporte cette farine,
Afin que vous m'aidiez, de sorte que je puisse porter un enfant sur mon bras.
On dit : un petit oiseau se couvre de plus en plus de petites plumes,
Mais moi, pourquoi dois-je me promener les bras et les seins comme une stérile ?
Je vous prie, je vous prie, écoutez-moi !
Cependant, Père, si ceci m'arrive par la volonté de Dieu,
Puisqu'il est miséricordieux,
Qu'il me regarde, qu'il ait pitié,
Afin que je puisse avoir un enfant.
Tu m'as quand même créée,
Donne-moi alors un enfant que j'établisse ma descendance sur terre.

Les parents de la femme disent alors :

Et toi, Seigneur, notre créateur, regarde NN là où elle est assise.
Veuille lui envoyer un enfant.
Tu nous l'as envoyée,
Comment se fait-il que tu ne lui envoies pas d'enfant,
De sorte qu'elle puisse laisser une descendance ici sur la terre ?

Si, finalement, un enfant est né, la prière suivante est récitée :

Vous, grands-parents, oncles, pères et mères, voici votre farine.
Aujourd'hui je me réjouis à cause de cet enfant que j'ai reçu.
Prenez-en garde, qu'il reste bien portant dans son corps.
Des jours et des jours durant j'ai pleuré :
Jamais je n'aurai de la joie ici-bas avec les autres !
Maintenant je me jette par terre à cause de ce don, mon enfant.
Regardez-moi !
Et toi, Seigneur d'en haut, écoute-moi !
Comme il m'entendait quand j'étais en chagrin et en détresse,
Aujourd'hui il m'a donné cet enfant.
Je remercie (en frappant les mains) et remercierai encore.
Que je ne me fatigue pas de remercier.
Veuille me garder mon enfant.

À L'ENTRÉE DES RITES DE PASSAGE

Le frère, le père ou l'oncle maternel prononcent ces invocations près des *miyombo* ou des *mathumbo* :

Vous, NN, regardez-nous, vos enfants que vous avez laissés sur la terre.
Celui-ci, votre petit-enfant (ou neveu, etc.) est devenu grand maintenant et entre dans les rites.

Regardez-le et faites qu'il reste fort dans ses faits et gestes,

Qu'il ne se brûle pas au feu,

Que tous ceux qui lui en veulent et lui souhaitent du mal restent loin de lui.

Ce que vous nous avez laissé date d'antan, point d'aujourd'hui,

Qu'il sorte des rites avec des cris de joie : *Olo ! Olo !*

Nous le frottons de ce kaolin afin qu'il reste bien portant.

Dans le village où les rites ont lieu, le *nganga-mukanda* — maître des rites — prononce aussi des invocations, s'il est originaire du village ; sinon le chef du village prend la parole à sa place. Il s'adresse aux fondateurs de rites :

Vous, NN, qui avez commencé les rites, écoutez-nous aujourd'hui,

Nous allons commencer les rites pour les enfants de nos familles.

Il sied qu'on danse convenablement à l'occasion des rites.

Que les gens ne se brûlent pas au feu,

Que celui qui est mal intentionné ne s'approche point de la piste de danse.

Demain un tel et un tel que voici circonciront les candidats,

Que leur main ne tremble pas, n'hésite point, qu'ils fassent travail prestement,

Que des cris de joie et des coups de fusil retentissent,

Que les enfants se remettent rapidement

Et que tout malheur reste loin de ce lieu de circoncision
Afin que nous puissions en sortir sans inconvénient.

À ce moment on trace une ligne de kaolin sur le front des enfants :

Et toi-même, Dieu notre Seigneur qui nous as créés,
Toi-même, tu nous as enseigné les rites de la circoncision.
Si aujourd'hui nous laissons circoncire nos enfants,
Prends soin qu'ils en sortent prestement,
Qu'ils marchent rapidement de leur propre force,
Que tout malheur passe loin d'ici,
Qu'ils retournent chez leurs mères et leurs pères avec de grands cris de joie.
Vous êtes le grand Seigneur.
Personne ne peut nous secourir dans les choses que tu nous as données, sauf toi-même.

À LA SORTIE DES RITES DE CIRCONCISION

Ewa ! Ainsi c'est bien !
Cet enfant allait aux rites et il en retourne.
C'est bien comme vous l'avez gardé.
Vraiment, vous, grands-parents, oncles, mères, vous tous vous nous avez entendu et vous avez gardé cet enfant.

Nous vous remercions infiniment.
Mais continuez à garder l'enfant.
Que les méchants, ici sur la terre, ne lui causent pas de malheur,
Disant faussement : il est sorti avec cela des rites de la circoncision.
Mais qu'il sorte des rites frotté de kaolin !
Kisu kisu pu ! Voici votre kaolin !

POUR UN MALADE

On consulte le devin qui, en général, désigne le défunt responsable de la maladie.

Toi, NN, tu as saisi NN et tu méprises la farine, la viande et l'offrande qu'on t'a faite.
Nous nous souvenons de toi.
Regarde la farine et le poulet que nous t'apportons.
Nous avons fait cette butte pour toi.
Si c'est vraiment toi qui as saisi NN,
Aha ! aide-le maintenant afin qu'il dorme tranquillement.
Le long de la rivière, là où le *waterbuck* se promène tranquillement,
Le *bushbuck* ne va que plein de suspicion.
Aide-nous tous, aussi NN et NN qui sont loin d'ici,
Afin qu'ils soient sains et saufs là-bas,
Afin qu'ils fassent bien leur travail, qu'ils puissent vaquer à leur occupation.
Et si c'est toi, Dieu Père, qui nous fais cela,
Alors, ne sommes-nous plus tes parents,

Aide cet enfant afin qu'il guérisse.
L'eau que nous buvons appartient à Dieu,
Tout ce que nous voyons est à lui.

Variante :

Et si cette maladie vient de Dieu, lui seul le sait.
Je suis ton enfant, aie pitié. Que je sois guéri demain.

Variante :

Mais toi-même, Créateur, est-ce possible que tu n'aies pas pitié ?
Je n'ai pas de grand-père, pas d'oncle.
Puis-je dire alors : la maladie vient de lui ?
Toi-même tu sais que je suis un grain solitaire,
Je n'ai ni frère ni sœur.
Père, je t'en prie, aie pitié de moi, laisse-moi me lever,
Aide-moi à mon travail !
Je suis quand même ton enfant, tu m'as donné des bras et des jambes, pourrais-je t'oublier ?

Variante :

Shee ! Serait-ce toi, Kalunga ?
Je ne veux pas dire de choses inconvenantes,
Mais serait-ce possible que tu n'aies pas pitié ?
Pense à cette maladie, où elle a commencé, comment elle continue jusqu'aujourd'hui.
Qu'ai-je fait alors ?
Ne veux-tu pas avoir pitié de moi ?
Vuli ! Maître, toute la terre t'appartient,

Moi aussi, je t'appartiens,
Je vous en prie, Seigneur, ayez pitié de moi.

AVANT LA PÊCHE

Les principaux esprits invoqués par les pêcheurs sont : Salujinga, Kwasa, Mutshima-talala, Kamwali, Mandjangu.

Toi, *hamba* NN, je t'honore !
Depuis que j'ai mis mon cœur à la pêche, je ne retirais que des nasses vides et ruisselantes.
Je consultais le devin qui disait que c'est toi qui fermes les nasses.
Aha ! Aide-moi aujourd'hui, que la pêche soit fructueuse.
La pêche contient des richesses mais tu m'empêches,
Comment pourrais-je obtenir quelque chose ?
Voici ta farine afin que je retire quelque chose de mes nasses
Et que je puisse te procurer une offrande.

Car si le pêcheur prend du poisson, il offrira un petit poisson blanc à l'esprit :

Et toi, père Kalunga, notre créateur,
Jette un regard bienveillant sur moi pendant la pêche,
Dirige les poissons vers moi que je les prenne.
Quand je commençais à pêcher dans la rivière, en même temps que chasser sur la terre,

Je ne retirais que des nasses vides.
Comment cela arrive-t-il, père ?
Maintenant je vais faire la « chasse » aux poissons.
Dans la rivière se trouve notre richesse à nous, tes créatures.

Retirant les nasses, le pêcheur prend un petit poisson ; il l'approche de sa bouche et crache légèrement dessus en disant : « Voici ton poisson, que j'en prenne d'autres. » Et il le remet dans l'eau.

AVANT LA CHASSE

Toi, NN, chasseur de notre clan, quand je pars dans la plaine pour y chasser,
Aucun animal ne vient à ma rencontre.
Si c'est toi, père, qui tiens fermé mon fusil,
Parce que je t'avais oublié depuis des jours, aha !
Voici alors ta farine.
Demain je vais chasser en brousse,
Que le gibier vienne à moi, à portée de mon arme
Afin qu'à mon retour je puisse t'offrir du sang à consommer.
Quelle autre offrande désires-tu ? N'est-ce pas celle-là ?

Il s'adresse alors aux autres esprits de la chasse :

Voici de la farine pour toi (Thambwe, Muhala, Kamwali...).
Fusses-tu mécontent de moi, aujourd'hui aide-moi, que je tue du gibier.

Et toi, Dieu, écoute-nous, nous allons à la chasse,
Garde-nous de tout malheur.
Pense à tous les autres qui tirent du gibier.
Moi seul, je ne tirais rien. Pourquoi alors ?
Dirige le gibier vers mon fusil afin que je touche du butin.

APRÈS LA CHASSE

Après une chasse fructueuse, une partie du foie et des poumons est déposée aux *miyombo* qu'on frotte de sang.

Kisu kisu pu ! (le chasseur crache par terre, reconnaissant ainsi que les ancêtres lui ont été bienveillants).
Donc c'était bien toi qui tenais fermé mon fusil.
Regarde, je t'honorais et je tirais un animal,
Aha ! désormais je ne t'oublierai plus.
Accepte cette viande afin que tu puisses manger.
N'étais-tu pas mécontent parce que tu ne recevais pas d'offrande ?
Voici donc aujourd'hui ton offrande (et il frappe des mains).
Vraiment, et toi, Dieu d'en haut, tu m'as écouté.
Tu m'as donné un animal sans hésiter,
Maintenant je sais que je suis ton homme.
Aide-moi ainsi chaque fois, et moi aussi je te reconnaîtrai.

AVANT LE VOYAGE

On prononce cette invocation devant les *miyombo* où l'on place la calebasse avec le kaolin sacré des ancêtres :

Toi ancêtre, grand-père (oncle, mère...),
Je prends aujourd'hui ton kaolin.
Je vais en voyage, un long, un très long voyage.
Assiste-moi sur la route que je vais prendre,
Afin que je marche sans encombre durant tout le voyage.
Un homme va d'un cœur joyeux vers ses prochains.
Que le méchant reste avec sa méchanceté.
Que tout malheur passe à côté de moi afin que je revienne sain et sauf.
Et toi, notre Dieu, père, veuille me garder sur la route que je suivrai,
Laisse-moi marcher sans encombre,
Que tout malheur créé par toi se dirige d'un autre côté.
Sois bienveillant pour moi afin qu'à mon retour
Les cris de joie : *Olo ! Olo !* retentissent.

Les parents qui restent à la maison ajoutent :

Et toi, Dieu père, qui nous as appris à voyager,
Veuille regarder cet enfant qui part à NN.
Garde-le pendant le voyage qu'il entreprend.
Que le jour de son retour retentissent les cris de joie : *Olo ! Olo !*

AU RETOUR DU VOYAGE

Toi, ancêtre, grand-père (oncle, mère...) NN,
Regarde, j'allais en voyage, aha !
Je n'ai vu aucun malheur, j'allais sans encombre.
Vraiment, tu m'as exaucé, je t'honorerai.
Moi, ou j'allais, j'en revenais avec des biens.
Toi, maintenant, prends-en ta part,
Je te remercie, je te remercie infiniment.

Il abandonne près des *miyombo* un peu des produits qu'il a rapportés.

Dieu, vraiment, tu m'as exaucé.
Regarde, je suis revenu sans avoir eu de malheur.
Désormais, sois toujours aussi bienveillant envers moi.

AVANT LA FONTE DU MINERAI

La prière est adressée aux fondateurs du clan :

Voici votre farine, Saluseke Lungunga, Sanama Kabasa, Mwene wa Mthunga, Tshinguli tshia Konda, Nakabamba Musopa Nama,
Vous, nos grands, nos ancêtres, qui avez commencé la fonte du minerai,
Vous avez laissé le four à vos enfants et petits-enfants,
Ainsi il est passé à nous jusqu'aujourd'hui.
Aujourd'hui nous voulons aussi fondre du minerai.

Aidez-nous afin que le minerai fonde et se solidifie en lingots.
Que tout malheur reste loin !
Que le méchant reste avec sa méchanceté !
Que les petits et les grands, que les femmes que nous avons ici soient bien portants,
Afin que nous puissions retourner au village sains et saufs avec notre richesse.

Le fondeur s'adresse ensuite à ses ancêtres immédiats :

Voici ta farine, toi, ancêtre NN, toi qui nous laisses ce four.
Fais-nous obtenir beaucoup de fonte aujourd'hui
Afin que notre travail ne soit pas en vain.
Nous sommes venus à cet endroit du minerai pour retirer de la richesse du fer.
Ne nous fais pas retourner les mains vides.
Et toi, Dieu, regarde-nous, ceci est notre four.
Toi-même tu as donné la fonte à nos ancêtres,
Ceux-là la laissèrent à nos grands-parents et à nos parents.
Ainsi elle venait à nous et ainsi elle passera à ceux qui viendront après nous.
Maintenant, comme nous voulons fondre du minerai,
Aujourd'hui, regarde-nous avec bienveillance,
Donne-nous beaucoup de lingots,
C'est la grande richesse que nous avons reçue de toi, notre créateur,
Assiste-nous ici !
Que tous les hommes qui sont ici puissent retourner sains et saufs, sans exception.
Montre-nous ta bienveillance, toi notre Dieu.

APRÈS LA FONTE

La fonte est déposée devant les *miyombo*, le fondeur dit :

Vraiment, tu es notre *hamba*,
Nous t'avons prié disant : fais-nous obtenir de la richesse.
Maintenant nous sommes remplis de joie.
Nous avons obtenu beaucoup de fer,
Tout ce fer que voici, c'est par toi que nous avons pu l'extraire,
C'est pour cela que nous frappons des mains, pour remercier.
Vraiment, Dieu notre créateur nous a exaucés.
En signe de bienveillance, il a craché sur la terre pour nous,
Aujourd'hui nous avons obtenu beaucoup de fer.
Aide-nous toujours à obtenir du fer.
Que la fonte soit pure, afin que nous puissions forger des houes et des haches.

AVANT LA BATAILLE

Toi, NN, ancêtre de notre clan (mère, oncle, etc.),
Aujourd'hui nous voulons partir en guerre et chercher des esclaves.
Aide-nous afin que nous nous battions avec courage,

Que tous mes hommes qui partent maintenant reviennent sains et saufs.
La bataille n'est pas gagnée d'un coup,
Il faut brûler les malsains et maîtriser les esclaves.
Que les guerriers soient courageux sans défaillance.

À ce moment, les guerriers se rassemblent autour de l'arbre des ancêtres au milieu du village, ils y déposent les armes et le chef s'adresse au fondateur du village :

Toi, chef du village, écoute-nous.
Sur le chemin que nous allons, restons ensemble avec nos hommes,
Regarde avec bienveillance tous ceux qui nous accompagnent,
Afin qu'ils reviennent tous indemnes,
Qu'ils amènent les esclaves qu'ils cherchent.
Et toi, Dieu notre Seigneur qui nous as créés,
Aide-nous dans cette expédition contre nos ennemis,
Fais que leurs bras soient sans force.
Que notre premier coup fasse tomber leur chef.
Protège-nous et ramène-nous indemnes.

APRÈS LA BATAILLE

Tous les guerriers ainsi que les esclaves qu'on a pris se rendent aux *miyombo* et le chef prend la parole :

Vous, ancêtres, mères, oncles,
Kisu kisu pu !

Vraiment vous nous avez écoutés !
Regardez tous ceux qui partirent en guerre,
Nous sommes tous de retour indemnes.
Voici les esclaves que nous avons pris.
Nous vous remercions, vous nous avez assistés dans la bataille.
Vraiment, toi Dieu qui nous as créés, tu nous écoutes.
Voici tous tes hommes de retour de l'endroit où ils se rendirent.
Aide-nous toujours de nouveau, garde les esclaves qu'ils ont amenés,
Qu'ils soient nos serviteurs.

POUR UN PARENT RETROUVÉ

Les Tutshiokwe déménagent facilement. Ainsi il peut arriver que des parents qui ne se connaissent plus se retrouvent. Dans ce cas, on se rend devant les *miyombo* où le « retrouvé » dépose le kaolin du clan et récite les généalogies de la famille pour établir sa descendance :

Vous, NN, notre ancêtre, aîné de la famille,
Tu es suivi de NN, celui-là est suivi de NN.
Le cadet, celui qui nettoyait le sein, était NN.
Yepu ! Nous tous venions après eux.
Plus tard chez nous, notre ancêtre NN disait : je m'en vais,
Je vais à Lunda, Lumbeji, Samba, Kasayi ou Lulua.
Son frère : je retourne au pays des Tutshiokwe.

Son neveu : je vais à NN.

NN qui restait encore s'en allait à Lwembe ou Tshibumbwe.

Là-bas les hommes de NN procréèrent NN mes ancêtres, ma mère était NN.

Maintenant on dit : manger la viande d'autrui crée du désordre, tu mangeras la tienne.

Je viens dans mon pays, ce n'est pas un pays d'étrangers.

NN c'est moi-même, je n'ai pas emprunté ce nom.

Si je m'en suis allé, je reviens sous mon propre nom.

Si vous avez écouté, vous devez avouer que seulement la langue et les dents restent.

Les habitants du village s'inclinent et admettent que l'individu est membre de leur clan :

Vraiment c'est ainsi, ne rampons pas loin comme les sarments du *landa*,

Serrons plutôt les coudes.

C'est la généalogie de la famille, notre parent l'a montré clairement.

La première génération était NN.

À NN succéda un tel, un tel était suivi de NN.

Finalement NN arriva qui nettoyait le sein.

Il est le fils de l'ancêtre NN, nous sommes enfants de l'ancêtre NN.

Il n'y reste ni bâton ni pierre.

On fonde un village pour y vivre en paix.

Nous nous dispersions.

Nos frères disaient : ce pays-ci est bon, nous y construisons.

Nous disions : nous allons construire là-bas.

Les années passèrent sans que nous nous voyions.
Aujourd'hui Dieu nous a réunis, la nuée de mouches suit l'odeur de la viande.
Aujourd'hui il revenait vers son pays d'origine.
Qu'il mange et qu'il boive en abondance, qu'il soit sain et sauf.
Vous les ancêtres, vous avez occupé le pays,
Voici votre farine.
Rendez-le fort et bien portant.
Ce kaolin lui appartient en vérité,
Il n'appartient pas à un étranger.
Et toi, Dieu d'en haut, aide-nous !
Aide-le, rends-le fort et bien portant.
Comme tu l'as fait venir sain et sauf, ainsi laisse-le repartir.

Le parent retrouvé et les habitants du village se marquent réciproquement de kaolin, ils frappent des mains et poussent des cris de joie.

Introduit et traduit du tutshiokwe
par le R. P. P. Borgonjon ofm

XXV

Prières des Kikuyu

[J. Kenyatta, *Facing Mount Kenya :*
The Tribal Life of the Kikuyu
Traduit de l'anglais par M. Luciani

Les Kikuyu, qui vivent au centre du Kenya, sont des fermiers et des agriculteurs ; ils possèdent, en outre, de grands troupeaux de chèvres et de moutons.

Chaque individu est lié dès sa naissance à trois complexes sociaux : sa famille indivise, son clan totémique et son groupe d'âge. Tout ceci étant régi par des règles de conduite très strictes et toujours respectées.

À sa famille indivise le lie un système patrilinéaire total. À son clan totémique la propriété foncière : la terre, mère de la tribu, car les ancêtres y sont tous enterrés, est propriété du clan. À son groupe d'âge le lie la division du travail. Les liens de la classe d'âge sont très importants, les hommes de la même classe sont dits frères de sang et s'entraident toujours.

Le bétail est source de prestige et joue un rôle primordial dans la vie économique, religieuse et sociale d'un homme. Il est en effet monnaie d'échange pour obtenir une femme, dot d'une jeune fille et objet sacrificiel. La polygamie, comme le bétail, est une marque de richesse et de postérité ; elle est non seulement autorisée, mais encouragée.

Un homme digne de ce nom, en pays kikuyu, doit être circoncis, avoir suivi les cours d'initiation guerrière et être marié.

La religion comporte un culte collectif aux ancêtres. Pour ses problèmes personnels, chacun s'adresse de préférence à ses propres ancêtres et leur offre des sacrifices, des offrandes. Mais les prières vont toujours au Dieu créateur Ngai.

Ngai siège au sommet du mont Kenya ; c'est pourquoi les invocations lui sont toujours adressées la face tournée vers ce mont. Outre cette demeure principale située dans le nord du pays kikuyu, Ngai a d'autres demeures secondaires, telle que le *Kea Njahe* ou « montagne de la pluie » dans l'est, le *Kea Nyandarwa* ou « montagne du repos » dans l'ouest et le *Kea Mbiroiro* ou « montagne du ciel » dans le sud. Tous ces lieux respectés sont des éminences vierges.

Ngai se manifeste aux hommes par l'intermédiaire des phénomènes naturels ; c'est alors qu'il montre sa colère ou son amour. Des prières, toujours collectives, lui sont adressées, au cours des cérémonies rituelles :

Priez que les anciens aient la sagesse et qu'ils parlent avec une seule voix.

Ngai soit loué. Que la paix soit avec nous.

Priez que le pays reste en paix et que le peuple se multiplie.

Ngai soit loué. Que la paix soit avec nous.

Priez que le peuple et le troupeau prospèrent et qu'ils soient épargnés de maladie.

Ngai soit loué. Que la paix soit avec nous.

Priez que les champs portent leurs fruits et que la terre reste fertile.

Ngai soit loué[1].

Une prière collective adressée à Ngai pour demander la pluie est récitée auprès de l'arbre sacré où se

1. P. 196.

réunissent tous les habitants d'un village après une procession. Cette cérémonie, l'une des plus courantes en pays kikuyu, a lieu plusieurs fois par an.

Le prêtre dit :

Très honoré Ancien (Dieu) qui vis sur le Kere Nyaga. Toi qui fais trembler les montagnes et s'écouler les fleuves. Nous t'offrons ce sacrifice afin que tu nous envoies la pluie. Les adultes et les enfants pleurent ; les moutons, les chèvres et le bétail se lamentent. Mwene-Nyaga, par le sang et la graisse de cet agneau que nous t'offrons en sacrifice, nous t'implorons. Nous t'avons apporté du miel fin et du lait. Nous te prions comme l'ont fait nos ancêtres ; sous le même arbre, tu les as entendus et tu as apporté la pluie. Nous t'implorons d'accepter notre sacrifice, et de nous apporter la pluie féconde.

Le chœur répond :

Que la paix, nous t'en supplions, ô Ngai, que la paix soit avec nous [1].

Lorsqu'il a plu, les hommes implorent Ngai pour la fertilité des champs :

Mwene-Nyaga, toi qui as apporté la pluie de la saison, nous allons maintenant placer les semences dans la terre ; bénis-les et fais-leur porter autant de fruits que celle du *gekonyi*.

La prière suivante fut inventée par les Kikuyu après l'arrivée des missionnaires qui voulaient les convertir au christianisme et imposer le culte des saints à la

1. P. 202.

place de celui des ancêtres qu'ils avaient coutume de vénérer :

Seigneur, ton pouvoir est plus fort que tous les pouvoirs.

Sous ta protection nous ne craignons rien.

C'est toi qui nous as accordé le don de prophétie et nous as permis de prévoir et d'interpréter toute chose.

Nous ne connaissons d'autre maître que toi.

Nous te supplions de nous protéger dans les tourments et l'adversité.

Nous savons que tu es avec nous comme tu as été avec nos ancêtres.

Sous ta protection, il n'est pas d'obstacle que nous ne puissions surmonter.

La paix, louange à toi, Ngai ; la paix, la paix, la paix, la paix soit avec nous[1].

1. P. 217.

XXVI

Prières des Masai

[A. C. Hollis, *The Masai : Their Language and Folklore*]
Traduit de l'anglais par M. Luciani

Bien qu'ils se mêlent de plus en plus aux Bantou et perdent ainsi leur caractère ethnico-religieux d'origine, les Masai sont encore très différents des races voisines par leur aspect physique, leur langue, leurs coutumes. Venus probablement du Nord, de la région du lac Rodolphe, du Nil et même des confins de l'Abyssinie, ils sont beaucoup plus près des Nilotiques et des Hamitiques du type galla.

Il existe chez eux un conflit permanent entre les sédentaires agriculteurs, qui forment quelques tribus tout à fait méprisées par les autres, et les nomades éleveurs qui sont la majorité.

Jusqu'à l'arrivée des Européens, les nomades l'emportèrent sur les autres et assujettirent toute l'Afrique du centre-est par de constantes razzias, invasions guerrières et par les tributs qu'ils se faisaient payer. Le marché des esclaves de la côte est-africaine était entre leurs mains. Mais des épidémies décimèrent leur bétail et les diminuèrent ethniquement, ce qui entraîna leur décadence. Ils furent aussi repoussés vers le sud où on les trouve encore actuellement.

Tel qu'il a été observé, leur système social est typiquement pastoral.

Les hommes passent par trois stades : jusqu'à la circoncision, qui a lieu entre quatorze et dix-huit ans, ce sont de petits garçons ; de la circoncision au mariage, ce sont des guerriers. Ils vont alors nus, se nourrissent uniquement de viande crue, de sang et de lait, ne fument pas et ne boivent pas d'alcool, vivent seuls et consacrent leur temps à la guerre et aux exploits physiques. Vers trente ans, ils se marient, s'établissent et prennent alors le titre d'aînés ; ils ne font alors plus rien jusqu'à leur mort, ce sont les femmes qui travaillent pour eux.

Les femmes ont une position subalterne et sont considérées comme les inférieures et les esclaves des hommes. Contrairement à ces derniers, elles portent de nombreux vêtements, des parures de toutes sortes et enserrent leurs bras et leurs jambes de lourds cercles de fer et de cuivre.

Les Masai ne font rien d'autre que guerroyer ou garder leur bétail et croiraient déchoir s'ils se livraient à l'agriculture ou à l'artisanat. Il existe une tribu de Masai forgerons, que l'on appelle les *Il kunono*, qui fabriquent les armes, les instruments et ustensiles. Mais ils sont considérés comme absolument inférieurs, et entre eux et les éleveurs n'existent ni mariage ni même promiscuité.

Les habitations faites de boue et de bouse de vache séchée, l'organisation guerrière, l'interdit d'agriculture et d'artisanat, la nudité totale des hommes, les têtes rasées des femmes, les coutumes d'extraire les incisives, de se reposer debout sur une jambe en tenant l'autre repliée sous le corps sont autant de traits qui rattachent les Masai aux populations nilotiques.

La seule véritable autorité respectée chez les Masai est celle du sorcier-guérisseur. Cette fonction est héréditaire de père en fils aîné depuis les temps mythiques, c'est-à-dire depuis le premier sorcier-guérisseur *Ol-le-Mweiya*, que les Masai trouvèrent au sommet du mont Ngong où il était tombé du ciel. Son influence vient de son pouvoir de prophétie et de divination. Il entre en transe après avoir bu de l'hydromel.

Chez les Masai, l'idée de Dieu semble vague, presque inexistante. On note cependant dans leurs chants rituels ou prières la présence d'un dieu « noir » bon, d'un dieu « rouge » méchant, de *Naiteru-kop*, sorte d'ordonnateur de l'univers, de *Le-eyo*, premier patriarche bienfaisant.

Les femmes s'adressent volontiers à toutes ces puissances surnaturelles communément désignées par le terme *Eng-aï*, mais les hommes ne prient qu'en des circonstances extraordinaires, en temps de sécheresse par exemple ou lorsqu'une épidémie décime le bétail.

La mort et la maladie ne sont pas considérées comme châtiments d'une faute ou d'une rupture d'interdit, mais comme purement fortuites. On ne note chez eux ni sépulture, ni culte des morts, ni croyance en la survie. Les dépouilles des défunts sont jetées en pâture aux hyènes. Seuls les sorciers-guérisseurs sont enterrés et se transforment, dit-on, en serpents, lesquels sont respectés.

*

Lorsqu'une femme masai enfante, les autres se réunissent, apportent du lait à la parturiente, tuent un mouton appelé le « purificateur », en font une consommation rituelle et, une fois le repas fini, se lèvent et chantent une prière adressée à Dieu :

Solo : Le Dieu ! Le Dieu que je prie !
Dieu, donne-moi des enfants !
Le Dieu qui tonne pour faire pleuvoir,

Chœur : C'est le seul jour où je te prie.
Solo : Étoiles du matin qui vous levez ici.
Chœur : C'est le seul jour où je te prie.
Solo : Celui à qui j'offre ma prière est comme le sage.
Chœur : C'est le seul jour où je te prie.
Solo : Il entend, celui vers qui vont les prières.
Chœur : C'est le seul jour où je prie.
Solo : Ô amies de celle qui est bien vêtue.
Chœur : Habille-nous bien, ma mère.
Solo : Ô le jour où ton enfant est né, ô ma joie[1].

Seules les femmes accomplissent ce rite, dont les hommes sont exclus.

*

En temps de sécheresse, les femmes se réunissent d'abord, attachent de l'herbe à leurs vêtements et chantent la prière suivante :

Solo : Nos herbes sur le dos de la terre.
Chœur : Hie ! Wae ! Tout-puissant !
Solo : Le père de mon *Nasira*[2] a conquis, a conquis,
Chœur : Les montagnes et aussi les plaines.
De notre grand pays qui appartient à Dieu.
Solo : Que ceci soit notre année à nous.
Chœur : Ô messager du fils de *Mbatian*.

1. P. 346-347.
2. *Nasira* et, plus bas, *Mbatian* sont les noms de deux sorciers-guérisseurs.

Si la sécheresse persiste, les vieillards se réunissent alors, allument un feu de bois dans lequel ils jettent une médecine préparée par le sorcier et appelée *olokora*, puis entourent le feu et chantent :

Solo : Le Dieu noir ! ho !
Chœur : Dieu, arrose-nous ! ô le Dieu des confins de la terre.
Solo : Le Dieu noir ! ho !
Chœur : Dieu, envoie-nous la pluie[1] !

De leur côté, les enfants chantent :

Solo : Tombe, pluie !
Chœur : Que la dépouille ne m'étouffe pas,
La vieille peau qui enlève les cendres[2].

*

Comme la sécheresse, la guerre donne lieu à de nombreux chants rituels. Avant de partir se battre, les guerriers vont voir le sorcier qui leur donne un charme. Puis les aînés versent du lait et de l'hydromel par terre en signe d'offrande, et les femmes aspergent les guerriers de lait. Ces derniers partent ensuite se battre en chantant :

Solo : Je prie, mon année, celui que je prie est Dieu.
Chœur : Je prie, mon année, celui que je prie est *Lenana*[3].

1. P. 348.
2. P. 349.
3. *Lenana* est le nom du sorcier-guérisseur.

Solo : Notre sorcier, notre sorcier,
Nous t'indiquons les Kraals dans lesquels sont les bœufs[1].

Pendant l'absence des guerriers, les femmes se réunissent au lever de l'étoile du matin et remplissent leur gourde de lait pour leur donner à boire dès leur retour. Elles attachent des herbes à leurs vêtements et prononcent les prières suivantes :

I

Solo : Le Dieu que je prie et qui m'entend.
Chœur : Le Dieu que je prie pour être mère.
Solo : Je prie les corps célestes qui se sont levés.
Chœur : Le Dieu que je prie pour être mère.
Solo : Ramène nos enfants, ramène nos enfants.
Chœur : Ramène nos enfants, ramène nos enfants.

II

Solo : Dieu, Dieu, arrache
Chœur : Les flétrissures du peuple.
Solo : Arrache, arrache
Chœur : Les flétrissures du peuple.

III

Solo : Jeunes filles ne restez pas silencieuses.
Chœur : C'est le moment de prier Dieu.
Solo : Arrache, arrache
Chœur : Les flétrissures du peuple.

1. P. 350.

IV

Solo : Vénus qui se lève
Chœur : Et l'étoile du soir.
Solo : Arrache, arrache
Chœur : Les flétrissures du peuple.

V

Solo : Nuages des montagnes couvertes de neige, arrachez
Chœur : Les flétrissures du peuple.
Solo : Lui qui attend que les cieux soient rouges. Arrache
Chœur : Les flétrissures du peuple[1].

Lorsque la bataille est finie et qu'ils sont vainqueurs, les guerriers entonnent des chants rituels après avoir peint le côté droit de leur corps en rouge et le côté gauche en blanc.

I

Solo : *Ol-le-langoi*, le guerrier qui a rougi le sol avec le sang des gens de ce pays où nous n'étions pas allés en reconnaissance ;
Chœur : Qui courait en avant, et qui est revenu, le soir, en première ligne.
Solo : Je te dis qu'il a tué.
Chœur : Combien de fois ?
Solo : Trois fois dans le mois.

1. P. 351-352.

Chœur : Les vaches aux cornes courbées, qui furent montrées à Ainsworth[1], étaient dans le parc. Nous les avons prises parce qu'il était monté à Kimara[2] prendre la place de ceux qui sont partis.

II

Solo : Les gens de Marangu et de Moshi[3] sont dans la terreur.
Chœur : Mets le fils de Parmet en tête du combat
Solo : Quand tu n'as tué personne.
Chœur : Nous avons quitté notre hutte, rouge sang est notre signe.

III

Solo : On dit que le fils de Tema a une coiffure de plumes d'autruche qui n'a pas été portée.
Chœur : Je ne refuse pas de croire que tu as tué le berger.
Solo : Ils te cherchent un berger plus fort.
Chœur : Tu en as tué un autre près du palmier doum quand nous sommes entrés dans le pays[4].

1. Ainsworth : gouverneur anglais.
2. Kimara : district des Kikuyu vaincus.
3. Marangu et Moshi : États chagga.
4. P. 354-356.

XXVII

Prières des Chagga

[B. Gutmann, *Die Stammeslehren der Dschagga*]
Traduit de l'édition anglaise
par R. Gueugniaud

Les Chagga, les Meru qui leur sont apparentés et la petite tribu des Kahe occupent les pentes du Kilimandjaro et les régions montagneuses situées au sud du mont.

Agriculteurs d'origine, actuellement les Chagga cultivent surtout les bananes et l'éleusine : les plantations de bananiers sont en général placées autour des habitations, elles-mêmes dispersées sur le territoire. Le café est cultivé pour l'exportation. Une place importante est réservée à l'élevage, mais le bétail est consigné dans les étables où l'on apporte le fourrage de l'extérieur.

Les Chagga observent une filiation patrilinéaire et sont patrilocaux ; le fils aîné et le plus jeune héritent de la terre et des biens familiaux, les autres vont s'installer sur d'autres terrains concédés par des chefs, qui dorénavant les contrôlent. Car le pays est divisé en districts placés chacun sous l'autorité d'un chef souverain, politiquement indépendant, assisté d'un Conseil des Anciens, et qui reçoit un tribut en bétail et céréales de chacun des lignages établis sur son territoire.

L'initiation des garçons détermine des classes d'âge qui jouent un rôle important dans la vie communautaire.

Un certain nombre de rites, extrêmement élaborés, accompagnent la construction de chaque demeure familiale. Le futur propriétaire est aidé par des parents et voisins qui apportent les montants, les traverses, les lianes, et l'assistent dans les cérémonies. Tous les habitants du district aident à la construction, mais sans prendre part aux rites. Après la préparation des matériaux (végétaux exclusivement), la délimitation de l'emplacement, le maître des cérémonies, le *mngari*, qui officiera pendant toute la construction, plante au centre de la future demeure un tronc de bananier. Une libation de bière, faite pour les ancêtres, est alors suivie d'une beuverie à laquelle participent tous ceux qui ont aidé le propriétaire.

Les cérémonies les plus importantes se situent au moment où, la bordure de la maison étant posée, on exécute sa décoration intérieure. Il s'agit de quatre colonnes de bois de l'arbre *mndidi* qui propitieront la maison ; placées en carré, elles ont la hauteur de la maison et serviront de support à toute son armature. Elles sont dites *mbedia*, « colonnes de l'attente », car on s'y appuiera en toutes occasions, en travaillant, en revenant du parc ou des champs, en passant devant la maison.

Lorsque l'on pose la première colonne ou « colonne de l'époux », le *mngari*, l'officiant, dit, au nom de ce dernier :

Cette colonne de l'attente est la mienne, la colonne de l'époux.

Je la dresse et je m'y appuierai pour voir rapidement qui vient du dehors et pour faire face à toute menace contre cette ferme. Et toi, ma femme, si tu t'appuyais à cette colonne pour allaiter ton enfant, tu me ferais tort. Toi, ma femme, si tu t'appuyais à cette colonne quand tu prépares le bois de chauffage, tu me ferais du mal. Tu devrais me payer une amende. Ta colonne de l'attente, à toi, est celle de l'endroit séparé. Tu peux y prendre appui et t'y soutenir comme sur un bâton de *ngoro*. Mais celle-ci est ma colonne : moi seul je m'y appuie quand je me chauffe près du foyer. C'est ma colonne, la colonne de l'époux ; à cet endroit je conçois mes enfants. Puissent les enfants engendrés là pousser droit comme la colonne de l'attente de l'ancêtre et celle du grand-père, laquelle était tout aussi solidement plantée. Que mon enfant se tienne droit comme la colonne de l'attente du grand-oncle. Lui aussi, il avait une colonne de l'attente qui se tenait solidement comme celle-ci, et ne faisait pas de tort au grand-père ni à la grand-mère. Je suis leur petit-fils et je plante cette colonne.

Et toi, soleil, si tu me permets de devenir père, fais que mon enfant, si elle a le visage de la mère, trouve l'amour du peuple ; mais s'il a le visage du père, qu'il trouve l'amour du chef et des hommes. Et quand mon fils aura grandi, qu'il devienne l'objet du désir féminin. Que mes enfants s'aiment, qu'ils ne se fassent pas de tort. Ils grandiront ensemble, ensemble ils atteindront l'âge adulte. Puissent-ils, comme moi, mettre au monde des enfants, des enfants qui dresseront la colonne de l'attente. C'est moi le maître de cette demeure, je suis le premier à sortir, dès l'aube. Je m'appuie à cette colonne quand je veux me chauffer au foyer. Sans même manger, je sors, je vais dans la futaie choisir le bois qui convient. Et, tout d'abord, je te parlerai — mont Kibo — et je lèverai les yeux vers toi, et je cracherai dans ta direction, et je m'adresserai à toi en ces termes : « Je te salue, Kibo, toi qui vis avec le Chef (Dieu ou Soleil).

« Puissé-je me dresser comme toi, et avoir ta bénédiction quand je coupe le fourrage du bétail. Puisse mon bétail ne jamais avoir de mal, mais se dresser comme toi et s'accroître comme la feuille de raphia.

« Ô chef, je t'en conjure : que le fourrage coupé pour mes chèvres leur porte bonheur afin qu'elles ne perdent pas un chevreau, mais, au contraire, qu'elles poussent en bonne forme vers le ciel, comme le mont Kibo.

« Kibo, je te nomme, car tu donnes l'eau douce, l'eau expiatoire : dans tes fissures vivent les blaireaux des rochers mâle et femelle. Puisse tout mon bétail être aussi doux[1] ! »

Il termine son incantation par une malédiction contre tout visiteur qui oserait dissimuler dans cette colonne un sort de discorde et de maladie, un sort qui empêcherait le mari d'engendrer ou un sort qui rendrait l'enfant infirme ou idiot. La malédiction finale est dirigée contre la femme, au cas où elle enfouirait là un sort de querelle qui lui donnerait un prétexte pour divorcer[2].

Puis on pose la « colonne de la femme », celle où elle s'appuie chaque jour en faisant les travaux ménagers :

Colonne de l'attente, voici ta place. Tu es faite en bois de *mndidi*. Puisses-tu être pour la femme un soutien doux et sûr lorsqu'elle s'appuie sur toi. Cette colonne appartient à la femme pour qu'elle puisse y prendre appui comme sur le bâton de *ngoro*. Et toi, maître de la demeure, qu'il ne te vienne jamais à

1. P. 255-256.
2. P. 256.

l'idée de maudire cette colonne ou de t'y appuyer quand tu coupes le bois de chauffage : ta femme devrait aller chez son frère et ne pourrait revenir tant que tu n'aurais pas racheté cette faute. Et toi, maîtresse de la demeure, quand tu es en colère contre ton mari, ne t'emporte pas jusqu'à frapper cette colonne de ta main : car il faudrait que ton mari exige réparation et tu devrais demander à ton frère une chèvre en expiation. Quand tu travailles à cet endroit ou quand tu le nettoies, ne couvre pas cette colonne de cendres qui la saliraient : car ce serait faire tort à ton mari que de t'appuyer contre une colonne poussiéreuse.

Et toi, femme, porte l'enfant que tu as avec ton mari en t'appuyant à cette colonne. Que la ruche ne tombe jamais avec la branche (cette métaphore se rapporte à une naissance prématurée) ; que tes os soient aussi forts que la colonne de l'attente, soutien de la maison. Je place cette colonne de l'attente. C'est la tienne, ô maîtresse de la demeure. Dresse-toi comme cette colonne, ne te conduis pas en lâche (comme une femme qu'on ne peut pas soigner pendant l'accouchement), afin que les autres femmes ne puissent pas te tourner en ridicule. Porte l'enfant jusqu'à son terme, comme cette colonne soutient la demeure tout entière. Que l'enfant né de toi ait une figure rayonnante qui le fasse aimer de tous. L'enfant ayant le visage du père, puisse-t-il s'attirer l'amour du chef qui lui donnera nourriture. Ton fils, puisse-t-il se rendre agréable à ses compagnons d'âge, afin que ceux-ci l'assistent en toutes circonstances. Quand il arrivera à l'âge adulte, qu'il ait l'estime des hommes, car sa mère sera restée vaillante pendant ses couches, sans faire de mal à quoi que ce soit, inébranlable comme les montagnes.

Oui, que ton fils soit un trésor comme les monts (suit une liste de noms de montagnes habituellement énumérés dans les incantations) ; mais si l'enfant a le visage de la mère, alors, que la fillette devienne en grandissant aussi courageuse que sa mère ! qu'elle ne cause pas de tort à son mari ! mais qu'elle l'aime comme sa mère a aimé son père ! Que son visage soit aussi doux que la face du blaireau des rochers ! Qu'aucun des enfants que tu porteras n'attrape de toux (suit une énumération de maladies enfantines) : qu'ils grandissent et plantent des colonnes de l'attente, comme celle-ci.

Et toi, femme, toi qui vas de cette colonne d'attente jusqu'aux animaux pour leur porter du fourrage ou pour sortir le fumier, puisses-tu être bénéfique pour le lait, comme l'était la grand-mère qui le faisait couler en abondance[1].

Les deux autres colonnes, placées devant le parc à bétail, doivent être perforées pour que le support du râtelier puisse passer au travers. Entre les coups de hache, le *mngari* prononce l'incantation suivante :

Colonnes d'attente du passage ! Nous ouvrons comme vous voulez être ouvertes. Que le corps de l'étranger soit ouvert ainsi — *hofa !* — si, s'appuyant sur cette colonne et regardant mon bétail, il trouve les animaux bien nourris, et si cela l'incite à aller voir le chef et sa femme, et à me calomnier pour qu'ils viennent ouvrir ma maison de force et prendre ce qui est mien.

1. P. 256-257.

Qu'il soit pourfendu comme ceci — *hofa !* — le corps de celui qui viendrait à cette colonne et cacherait au pied un sort pour faire du mal au bétail, si bien que la vache ne pourrait pas être pleine, ou qu'elle mettrait au monde un veau mort-né, ou que son pis deviendrait sec — *Owanga lurunungama*. Que les poteaux d'attache tiennent ferme ! Que leur constructeur soit prospère comme l'était l'ancêtre qui a bâti le râtelier et comme l'était le grand-père qui a donné naissance au constructeur de cette maison, et qui a érigé un râtelier.

Qu'il soit pourfendu comme ceci — *hofa !* — le corps de celui qui s'appuierait à cette colonne de l'attente pour regarder le propriétaire couper de ses mains les tiges de bananes et, le voyant manier la faucille, envierait son travail. Quant à celui qui est de la parenté, que son corps soit pourfendu comme ceci — *hofa !* — si, regardant les mains de son parent, il lui envie les fruits de son travail et, paresseux qu'il est, va dire au chef : mon parent a du beau bétail, ses possessions s'accroissent, et pourtant il ne fait rien ! Il serait bon que tu l'abaisses[1] !

Lorsque l'on érige la « colonne du milieu de l'entrée des licous » — où seuls un taureau ou un taurillon peuvent être attachés — placée en face de la « colonne de la femme », le *mngari* récite cette prière :

Colonne, je fais un trou pour toi. Ta résistance est celle du bois de *mndidi*. Tu nous apportes la chance, apporte-nous le bétail ! Que le taureau mugisse ici ! Apporte-nous des taurillons et des génisses, comme

1. P. 258.

les colonnes d'attente du rang supérieur nous apportent des enfants des deux sexes.

Que le jeune taureau attaché à cette colonne devienne le meilleur des mâles ! Que ce soit un taureau prodigieux ! Qu'il grandisse comme l'arbre *mrie* ! Que notre taureau ne soit jamais malade d'avoir mangé. Qu'il se dresse comme l'arbre *mrie* ! Que notre taureau ne soit pas un incapable, mais que ses veaux se multiplient sur le territoire de notre patrimoine ! Que notre taureau soit un bon mâle avec les vaches pour que les veaux aient des membres souples, et qu'ils se déplacent, mouvants comme la feuille de *msaro-colocasia* !

Et toi, mon fils que j'aurai par les liens de mariage, et toi, jeune femme, n'attachez jamais une génisse ou une vache à cette colonne ! Elles perdraient leur lait et resteraient stériles. Femme, si tu vois un berger attacher une vache à cette colonne, alors hâte-toi de la délier pour passer son licol autour de quelque autre colonne, afin que ton époux ne s'aperçoive pas de cette faute pour laquelle tu devrais payer une amende. Et quand le taureau se détache, si tu appelles ton mari à l'aide et que tu le vois rattacher l'animal à la mauvaise colonne, alors ne te trompe pas, appelle le taureau par son nom honorifique, qui est *puna* pour les hommes, mais, pour les femmes, *ngatse ja non* (veau mâle). Apprends-le à ta fille et ne commets jamais d'erreur en ce qui concerne le nom honorifique : autrement, tu devrais payer une amende et on te traiterait de détracteur de l'homme[1].

1. P. 259-260.

On enlève ensuite solennellement le tronc de bananier placé au centre de la demeure.

D'autres cérémonies accompagnent la préparation et la pose des portes de la demeure. Le *meku*, père du constructeur, donne les premiers coups de hache pour assembler les montants, en disant :

Montant du côté supérieur, tu appartiens au *meku*, tu es notre montant, celui des hommes. C'est le vieil homme de la maison qui t'enduit avec la glaise, à la naissance d'un garçon et quand l'adolescent revient du « bois de la puberté ». Je t'enduirai avec la glaise. Mais que mon corps soit pourfendu comme ceci — *hofa !* — si je mets dans les signes un sort perfide pour faire du mal à la jeune mère de la maison. Que mon corps soit pourfendu comme ceci — *hofa !* — si dans cette demeure je fais entrer quoi que ce soit capable de nuire à mon fils pour empêcher sa croissance ; et toi, homme, si tu passes cette porte avec un sort perfide pour nous détruire, que ton corps soit pourfendu comme ceci — *hofa !* Mais si tu viens avec bonté, en toute innocence, alors puisses-tu échapper à ta perte ! Que ton corps soit pourfendu comme ceci — *hofa !* — si tu invoques contre moi un mauvais sort, alors que nous sommes assis de ce côté de la porte, aujourd'hui tuant un animal, demain nous rassemblant pour partager la tête. Mais sinon... *Hawu !*

Suivent les bénédictions pour les enfants :

Et toi, mon fils, que ton corps soit pourfendu comme ceci — *hofa !* — si tu es capable de haïr ton voisin, et si tu veux lui faire du mal, sans cause...

Jusqu'à la fin de la construction, pour chacun des éléments de l'habitation, le travail est accompagné de prières, d'incantations destinées à propitier la demeure et ses habitants. Au voisin, à l'étranger l'on dit :

Que ta vie rampe comme un crotale si, sous quelque prétexte, tu nous quittes pour aller trouver le chef et nous accuser devant lui-même et ses hommes. Mais si tu nous quittes avec bonté, alors puisses-tu avoir l'estime du chef et de ses hommes. Et toi qui viens de loin, que ton corps soit pourfendu comme ceci — *hofa !* — si tu viens avec la racine magique pour nous détruire par la haine. Mais si tu viens en paix, alors puisses-tu échapper à ta perte[1] !

1. P. 262.

XXVIII

Chant des Nyakusa chrétiens

[M. Wilson, *Ritual of Kinship among the Nyakusa*]
Traduit de l'anglais par M. Luciani

Les Nyakusa et les Ngonde occupent le nord du lac Nyassa, à la limite du Tanganyika et du Nyassaland.

Chaque homme, dans ces deux ethnies, se réclame d'une double appartenance :

— appartenance à un village où il vit en commun avec les hommes de la même classe d'âge, avec lesquels il possède la terre et la cultive ;

— appartenance à une lignée agnatique, c'est-à-dire perpétuée par les hommes, composée de ses aînés qui lui laisseront en héritage le patrimoine familial qu'il aura à sauvegarder et le culte de l'ancêtre commun qu'il devra respecter et poursuivre tout au long de sa vie.

Cette imbrication extraordinaire du système d'habitat et de la structure de la parenté détermine la vie de chaque individu. Dans le lieu de résidence il y a séparation des générations, les villages ne groupant ensemble que des alliés ou des amis, les frères ne pouvant pas cohabiter ; au contraire, le lien familial est extrêmement fort en ce qui concerne la transmission du culte de l'ancêtre d'une part, du cheptel et du patrimoine d'autre part. Ces deux appartenances sont aussi fortes l'une que l'autre : le village est une corporation et la lignée une entité sociale.

Pour les Nyakusa et les Ngonde, la religion se résume en une croyance en la survie des défunts, qui sont pour les vivants autant de forces et d'esprits occultes. Par voie de conséquence, ils croient au pouvoir de ces défunts sur leurs descendants vivants : les ancêtres des hommes du commun ne s'occupant que de leurs propres descendants, alors que les ancêtres des chefs sont devenus des dieux nationaux, auxquels sont rendus de nombreux cultes, et dont les principaux sont *kyala, lwembe* et *mbasi*.

Naturellement se greffe là-dessus toute une magie propre à se concilier ce monde inconnu, tout un rituel où interviennent constamment ces « souffles des hommes » que sont les esprits des morts.

Les participants à ces rites sont très nombreux : il y a d'abord les officiants, qui sont seuls à connaître la signification profonde des rituels, lesquels ne sont pas dogmatiques, mais perpétués par la tradition orale et la richesse des formes expressives ; on trouve ensuite les acteurs qui sont appelés à jouer un rôle plus ou moins important dans le déroulement de la cérémonie, et qui, contrairement aux officiants, varient chaque fois : ce sont soit des vieillards, des enfants ou des femmes, etc. Enfin la congrégation, qui ne joue aucun rôle mais dont la présence est nécessaire pour la bonne marche des choses.

Mais un grand nombre de Nyakusa et de Ngonde se sont convertis peu à peu au christianisme, depuis la fin du XIXe siècle, date de l'apparition des premiers missionnaires anglais et écossais.

Bien que converti, le chrétien continue toujours à appartenir à son village et à sa lignée ; cependant il n'habite plus tout à fait avec les autres, mais plutôt dans un quartier où tous les chrétiens se groupent autour d'une petite église où ils peuvent se réunir pour les prières, les sacrements et les différentes cérémonies.

De même, s'il appartient toujours à sa lignée, le chrétien ne participe plus au culte de l'ancêtre commun, quoiqu'il continue parfois à assister aux cérémonies familiales. Il n'a pas, comme le non-converti, le souci de se concilier les « souffles des hommes », ni le respect des choses et des actes interdits. Cette prière, relevée chez les Nyakusa, est assez typique de l'attitude des convertis vis-à-vis de leurs frères non christianisés.

À QUI ADRESSENT-ILS LEUR PRIÈRE ?

Les chefs, les chefs, à qui adressent-ils leur prière ?
Les chefs, les chefs, à qui adressent-ils leur prière ?
Aux ombres ! Aux ombres !

Le chœur :

Il est au-dessus ! Il est au-dessus !

Les Européens, les Européens, à qui adressent-ils leur prière ?
Les Européens, les Européens, à qui adressent-ils leur prière ?
À l'argent ! À l'argent !

Le chœur :

Il est au-dessus ! Il est au-dessus !

Les Mahométans, les Mahométans, à qui adressent-ils leur prière ?

Les Mahométans, les Mahométans, à qui adressent-ils leur prière ?
À Mahomet ! À Mahomet !

Le chœur :

Il est au-dessus ! Il est au-dessus !

Les baptisés, les baptisés, à qui adressent-ils leur prière ?
Les baptisés, les baptisés, à qui adressent-ils leur prière ?
À Jésus ! À Jésus !

Le chœur :

Il est au-dessus ! Il est au-dessus !

XXIX

Invocation au Dieu suprême : Mwali

[P. Roumeguère, J. Roumeguère-Eberhardt (inédit)]

Cette invocation est énoncée lorsqu'on approche l'oracle du Dieu ouranien Mwali. Ses oracles sont situés en pays kalanga, les plus importants se trouvant dans les rochers de la région Matopos de la Rhodésie du Sud. Ce texte a été traduit du kalanga, mais des invocations analogues existent chez les Karanga (Shona), les Venda et, paraît-il, les Lozi, car toutes ces populations, qui appartiennent au même complexe culturel, viennent consulter le même oracle dans les Matopos Hills.

Grand Mbedzi,
Étang profond d'eau tourbillonnante,
Vous qui dansez sur le rocher,
Projetant la poussière dans toutes les directions
Jusque vers le pays d'où sont venus les Ndebele.
Vous qui avez la force de ce rocher.
Cuisse remplie d'épines ;
Vous, Seigneur aux grandes oreilles,
Vous qui étendez votre jambe et ce faisant couvrez le ciel de nuages,
Vous, aiguille qui ne cousez aucun vêtement,
Mais qui cousez la terre.

Comme toutes les invocations bantoues, celle-ci a plusieurs sens, compris en fonction de la situation de l'intéressé et de sa place dans la hiérarchie sociale. Nous nous proposons ici de commenter chacune des lignes de cette invocation, en indiquant certains des niveaux de signification.

« Grand Mbedzi ». « Mbedzi », tout d'abord, se réfère au nom clanique de la prêtrise de Mwali. Ce nom clanique est utilisé généralement lorsque l'on s'adresse à un membre de la prêtrise qui comprend plusieurs sections hiérarchisées. La plupart des prêtres relèvent de clans divers. Mais au haut de la hiérarchie se trouvent ceux qui appartiennent réellement par leur naissance — et non plus seulement à cause de leur consécration — au clan *Mbedzi*, qui est l'un des vingt-deux clans constituant les populations Venda (ceci bien que l'oracle du culte de Mwali soit situé, comme nous l'avons vu, en pays kalanga). De tout temps le clan *Mbedzi* a fourni les « faiseurs de pluie », qui sont en fait les prêtres les plus importants du culte de Mwali et derniers intermédiaires intervenant auprès de lui pour la pluie. Ceux-ci disent même que Mbedzi serait le totem de Mwali lui-même.

Mbedzi signifie ésotériquement : « le python enroulé ». La position du python en spirale est symbole de fertilité, comme du premier mouvement de la création ; il se retrouve connoté par les tourbillons d'eau ou de vent, ainsi que par le *conus* du coquillage nommé *ndalama* (en langue venda), *ndoro* (en langue karanga). C'est ainsi que Mbedzi, python enroulé, se réfère au mythe de la création : « Au commencement les gens et toute la création étaient assis dans le ventre du python qui les vomit. » Et la perspective microcosmique présente l'image des deux serpents, mâle et femelle, « celui des hommes et celui des dieux », lovés, ancrés au nombril de la femme, et responsables de la création de l'enfant, qu'ils « vomissent » lorsque viennent à terme les neuf mois de gestation.

« Grand Mbedzi » peut donc être compris ainsi :

« Le Grand du clan Mbedzi,
Python primordial enroulé en spirale,
Python créateur. »

« Étang profond d'eau tourbillonnante » se réfère au fait que le python créateur provoque des tourbillons dans l'eau de l'étang dans lequel il vit, comme dans l'air ; il s'identifie ainsi à ceux-ci ; c'est le symbole du premier mouvement créateur représenté par le python qui se déroule, par la spirale et par tout mouvement tourbillonnant, associé à la spirale.

« Vous qui dansez sur le rocher,
Projetant la poussière dans toutes les directions
jusque vers le pays d'où sont venus les Ndebele. »

Il est fait ici allusion à la seconde manifestation de Mwali : de même qu'étant *eau* il se manifeste dans les étangs et les fleuves par un tourbillonnement d'eau, étant aussi *air*, il se manifeste par le tourbillon de vent que l'on accueille en disant : « Aujourd'hui Mwali est venu nous rendre visite. » Ce tourbillon d'air « danse sur le rocher, projetant la poussière dans toutes les directions ». Or, « projeter la poussière » signifie, en langage ésotérique, « répandre sa semence » ; ici allusion est faite à Mwali, qui projette dans l'univers entier son pouvoir procréateur et la vie. « Jusque vers le pays d'où sont venus les Ndebele » indique le Sud, pays d'origine des conquérants Ndebele qui brisèrent le pouvoir du roi Mambo, mais qui, à leur tour, se trouvèrent obligés de se soumettre au culte de Mwali, oracle des populations conquises. On attribue d'ailleurs la perte de pouvoir de Logenbula, roi des Ndebele, au fait qu'il s'était entièrement soumis à la prêtrise de Mwali.

« Vous qui avez la force de ce rocher » indique bien l'association fondamentale de Mwali aux rochers, d'où sa voix se fait entendre. En fait, on substitue souvent au mot Mwali, terme prononcé avec crainte et à voix basse, l'appellation Dombo, « pierre ».

« Cuisse remplie d'épines ayant parcouru le pays des épines » fait allusion à l'aspect « donneur de vie » de Mwali, et, sur le plan initiatique, doit se comprendre ainsi : « Sexe rempli de semence, ayant parcouru la terre (femme) ensemencée. »

« Vous Seigneur aux grandes oreilles » se réfère à un autre des titres du Dieu créateur : « Tête d'éléphant » ou encore : « Grande tête », et indique que les premiers « enfants de Mwali » furent du clan Éléphant.

« Vous qui étendez votre jambe et couvrez le ciel de nuages » se traduit ainsi : « Vous dont le sexe érigé promet la semence fécondante. »

« Vous aiguille qui ne cousez aucun vêtement
Mais qui cousez la terre »

se réfère à la pluie qui ne coud aucun vêtement, mais qui perce comme une aiguille la terre desséchée. Or, la terre est dite : « Le vêtement de nous, les hommes, qui, de notre vivant, nous donne de quoi nous couvrir, et à notre mort constitue notre couverture. »

Introduit et traduit par P. Roumeguère
et J. Roumeguère-Eberhardt

XXX

Prières des Thonga

[H. A. Junod, *The Life of a South Africa Tribe*]
Traduit de l'anglais par M. Luciani

Les Thonga occupent la côte est de l'Afrique du Sud, principalement le Mozambique ; des groupes de cette population occupent aussi le sud de la côte du Transvaal et de la Rhodésie.

Le peuple thonga ne comptait que quelques tribus d'une centaine d'hommes, non pas autochtones de cette région, mais émigrées de l'ouest et du sud. Celles-ci se sont enrichies, au cours des deux derniers siècles, d'invasions zouloues constantes et réitérées, qui grossirent considérablement leur effectif.

Les familles indivises exogames des Thonga constituent les cellules de base de l'organisation sociale. Ces familles se groupent par villages. Le clan, qui englobe plusieurs lignages, réunit plusieurs villages sous l'autorité d'un chef commun ; la chefferie est héréditaire et revêtue d'un caractère sacré. Toutes les familles du même clan se réclament d'un même ancêtre et, au niveau du clan, contrairement à celui de la famille, le mariage est endogame, c'est-à-dire que seuls deux membres du même clan peuvent s'épouser.

Les Thonga sont patrilocaux, les femmes et leurs enfants allant vivre dans la famille de leur mari, et patrilinéaux, la descendance étant assurée par les hommes. Cependant, ils gardent toujours des vestiges remarquables de matriarcat, lequel devait prévaloir à l'origine. L'oncle utérin, ou frère de la mère, a encore sur ses neveux et nièces l'autorité qu'il exerçait autrefois lorsque l'acte conjugal n'était pas considéré comme procréateur : il était considéré comme le plus proche parent masculin des enfants de sa sœur.

Dans cette société remarquablement ordonnée et hiérarchisée, encore empreinte de croyances traditionnelles, les Thonga ont une vie religieuse intense qui pénètre chaque instant de leur vie quotidienne. Ils semblent avoir pour seuls dieux — mais ceux-ci sont légion — leurs ancêtres. Ces dieux-ancêtres ont des personnalités très diverses, ils habitent dans les bois sacrés où se trouvent les tombes des défunts, mais circulent librement là où bon leur semble. On leur adresse de très belles prières, on leur fait des offrandes et des sacrifices en de multiples occasions. Ils apparaissent souvent aux vivants sous la forme d'un petit serpent bleu-vert inoffensif appelé *chihoundjé* que l'on trouve partout dans les cases, dans le village, mais que nul ne touche, ou bien en forêt, sous la forme de la vipère grise ou *chiphyachla*, qu'il ne faut ni fuir ni craindre.

Le prêtre leur adresse cette prière au moment d'un sacrifice :

Toi, Mombo-wa-Ndlopfou[1], Maître de ce pays,
Toi qui l'as donné à ton fils Makoundjou ;
Makoundjou l'a donné à son fils Hati ;
Hati l'a donné à Mikabyana ;
Makhoumbi l'a donné à Kinini ;
Kinini l'a donné à Mikabyana ;
Mikabyana l'a donné à Mawatlé...

1. Mombo-wa-Ndlopfou : serpent, maître de la forêt et du pays.

Voici mon offrande.
N'est-elle pas belle ?
Et me voici, je suis resté seul.
Si je n'avais pas apporté ceci avec moi,
Qui vous aurait donné quelque chose ?
N'est-ce pas bien ainsi ?
Je te demande à toi, mon ancêtre, tous les arbres ;
Les palmiers pour construire les maisons,
Les troncs, que l'on peut creuser pour en faire des canots ;
Que ces troncs ne tombent pas sur les gens et ne les écrasent pas, quand ils vont les abattre, là-bas, au marais[1].

Les guérisseurs thonga tiennent le secret de leur art de leurs ancêtres, comme une tradition de famille. Avant de soigner un malade, un médecin thonga demande toujours la bénédiction de ses ancêtres et leur fait des offrandes. La prière qui suit est énoncée par un guérisseur à l'occasion du voyage d'un homme du village qui se rend à Johannesburg et va affronter la ville et ses tourments. En la récitant, l'officiant oint le corps du voyageur de médecines protectrices qu'il a préparées lui-même.

Gentiment ! Doucement ! Je le dis. La mort ne s'approche pas de celui pour qui l'on prie ; la mort ne vient que pour celui qui se fie à sa propre force ! Que le malheur s'éloigne, qu'il aille à Chibouri et Nkhabélane[2]. Qu'il voyage en sûreté ; qu'il foule aux pieds ses ennemis ; que les épines dorment, que les lions

1. P. 340.
2. Chibouri et Nkhabélane sont les régions limitrophes qui encadrent le pays thonga.

dorment ; qu'il boive de l'eau là où il ira, et que cette eau le rende heureux, par la vertu de cette feuille[1].

Chaque individu peut correspondre avec ses ancêtres-dieux par le truchement des rêves ou des osselets divinatoires que l'on jette à tout propos. Lorsqu'un Thonga est malade, on cherche à savoir à l'aide des osselets divinatoires quel est l'ancêtre-dieu instigateur de cette maladie, ce qu'il convient de lui donner en offrande et par qui cette offrande doit être faite. Puis, devant l'autel désigné par les osselets, on prononce une prière en déposant le don voulu. Cette prière a été récitée par l'oncle utérin d'un enfant malade :

Vous, les dieux, et vous tel et tel, voici votre offrande.

Bénissez cet enfant, faites-le vivre et grandir ;

Rendez-le riche pour qu'il puisse tuer un bœuf pour nous.

Vous ne servez à rien, vous, les dieux, vous ne nous causez que des peines.

Car même quand nous vous présentons des offrandes, vous ne nous écoutez pas !

Nous manquons de tout ! Toi, tu es courroucé, tu es plein de haine,

Tu ne nous enrichis pas ! Tous ceux qui y réussissent y parviennent avec l'aide de leurs dieux ! Maintenant nous t'avons fait cette offrande !

Appelle tes ancêtres ; appelle aussi les dieux de l'enfant malade, car les gens de chez son père n'ont pas volé sa mère. Venez donc ici à l'autel !

1. « Feuille » désigne ici l'ingrédient médical préparé avec des végétaux.

Mangez et partagez-vous votre bœuf selon votre sagesse[1].

Ce qui suit n'est pas une prière mais le seul chant sacré recueilli par l'auteur en pays thonga. Il était chanté par Moungomane, grand chanteur-musicien de Lourenço Marques, et repris en chœur par tout le village avant une consommation rituelle de viande de bœuf.

Que la viande ne s'arrête pas dans vos gorges ! Mangez, vous, chefs, vous, dieux-ancêtres... Ils viennent ; ils me voient en train de mener le deuil sur vous, père et mère, exposés ici dehors, où je reçois de vous la vie, de vous qui êtes sous terre ; je reste ici, je suis un pauvre misérable.

Les bœufs sont immolés ! Immolez les bœufs ! Les voici. Je mène deuil sur vous. Mangeons-les ensemble, toi, mon père, et toi, ma mère ! Donnez-moi la vie et donnez-la aussi à mes enfants. Mangeons ces bœufs que je possède, mais que je possède pour vous. Puissions-nous ne pas être atteints par la maladie de poitrine ici à la maison.

Voici le chant avec lequel nous vous accompagnons, tandis que vous vous en retournez là-dessous. Que nous restions en bonne santé[2] !

1. P. 351.
2. P. 377.

XXXI

Prière des semailles au Natal

[H. C. Lugg, *Agricultural Ceremonies in Zululand*]

Traduit de l'anglais par M. Luciani

Les tribus du Natal et du Zululand qui se consacrent à l'agriculture célèbrent des cérémonies religieuses en rapport avec le travail des champs. Les unes, les plus importantes, se situent à l'époque des semailles, les autres à l'époque de la moisson.

Nombre d'entre elles ont aujourd'hui disparu ; mais on note la survivance de quelques-unes là où le chef — ou roi — existe encore, car il est le gardien des objets sacrés et le promoteur et principal acteur des fêtes. Ces objets sacrés sont la houe, la hache, et tous les objets usuels qui sont supposés avoir appartenu au premier ancêtre royal.

Ces *regalia* sont conservés dans la case de la mère du chef, au lieu spécialement vénéré où reposent les mânes des ancêtres : *ensamo*. Toutes les offrandes sont toujours faites à cet endroit.

Les cérémonies, qui se différencient quelque peu suivant les tribus, comportent un appel adressé à l'ancêtre sous forme de prières accompagnées d'offrandes et de sacrifices rituels. Les prières, souvent chantées, sont toujours des louanges. Leur but principal est l'obtention de la fertilité, c'est pourquoi les principales cérémonies ont lieu à l'époque des semailles. Mais la tribu a aussi le souci de préserver la puissance guerrière et l'autorité de son chef : c'est ainsi qu'on prie l'ancêtre de veiller sur le chef actuel et sur les guerriers.

La prière reproduite ici a été extraite de la partie finale et très importante, ou *umkosi*, de la cérémonie des semailles ou du « premier fruit » d'une tribu du Natal.

Tout d'abord ont lieu des danses et des beuveries générales de bière, puis chacun revêt ses habits d'apparat, les guerriers entrent dans le parc à bestiaux. Le chef apparaît alors, vêtu des pieds à la tête de peaux et de fourrures d'animaux. Il doit, entre autres, porter sur lui une queue de bœuf blanc, une peau de singe argenté, une queue de léopard, tandis que son visage doit être recouvert d'une peau de léopard. Le chef sacrifie alors plusieurs bœufs pris dans le parc à bétail, puis récite la prière suivante :

Bonté et pureté, voilà ce que nous te demandons,
Nous te demandons santé et bonheur,
Protège-nous toujours, Makosi,
Pour que nos enfants grandissent, pour que nous ayons nourriture et richesse,
Pour que nous observions la loi des Blancs,
Et qu'ils continuent de nous gouverner avec justice comme jusqu'à présent.
Je fais appel à toi, Nonyanda le Noir, toi, le musicien, pour dénoncer les lâches.
Brave et puissant guerrier toujours prêt à combattre l'ennemi,
Je fais appel à toi, Makawule, ou Godias, ou Noutshantsha,
Toi dont la maison est réputée pour son hospitalité.

Je fais appel à toi, Madlenya aux longues oreilles d'éléphant,
Toi, l'étoile du matin que voient seulement ceux qui se lèvent tôt.
Je fais appel à toi, Hemuhemu,
Dont le regard est comme l'éclat rouge sang fixé sur une foule,
Dont la parole est comme le tonnerre du ciel[1].

Après cette invocation, le foie et les poumons des bœufs sacrifiés sont offerts à l'autel des ancêtres royaux, dans la case de la mère du chef, le reste de la viande est partagé entre tous en un festin rituel.

1. P. 375.
Tous les noms cités dans cette prière sont ceux des premiers chefs de la tribu.

XXXII

Prière des Nama

[T. Hahn, *Tsui-Goab, the Supreme Being of the Khoi-Khoi*]

Les Nama, qui constituent une fraction importante des Hottentots, sont des pasteurs semi-nomades. Ils vivent en groupes restreints constitués de lignages patrilinéaires exogames. Une agglomération de base fixe, où vivent les vieillards, constitue une résidence permanente où se retrouvent les membres de la communauté après les transhumances. Chacun de ces « villages » est placé sous l'autorité d'un chef héréditaire assisté d'un Conseil des Anciens. Ces groupes locaux autonomes sont réunis en groupes tribaux ayant aussi à leur tête un chef héréditaire et un Conseil des Anciens.

En dehors du pastorat — les troupeaux constituent leur seule richesse — les Nama se livrent à la chasse et à la cueillette sur les territoires qui appartiennent à la communauté.

La religion hottentote a été profondément transformée par le christianisme : les Nama sont aujourd'hui presque tous chrétiens.

Le Dieu suprême, Tsui-Goab, est un ancien héros tribal que le mythe a déifié en lui donnant les attributs de Gauhab, devenu alors le diable, ou « l'esprit du mal » pour les Nama non chrétiens. Il a le don d'ubiquité, écarte le mal, donne la santé. La lune joue un grand rôle dans la mythologie nama : c'est elle qui a apporté la mort à l'humanité en disant : « De même que je vis et meurs, de même vous vivrez et mourrez. » Des prières lui sont adressées à l'occasion des « danses du clair de lune » ; ces danses sont exécutées aussi au printemps, à l'apparition des Pléiades. Un culte est également rendu à Heiseb, Nama très intelligent qui autrefois accomplit des prodiges ; il mourut et ressuscita plusieurs fois ; c'est pourquoi l'on trouve ses tombes dans toute la région : ce sont de gros tas de pierres le long des chemins ; celui qui passe à côté de l'un d'eux doit lui jeter quelque chose pour le saluer, de peur d'avoir un accident en route.

La prière suivante, adressée au Dieu suprême, est récitée au cours des danses exécutées au printemps, lors de l'apparition des Pléiades.

Toi, ô Tsui-Ilgoab,
Toi, père des pères, père unique,
Toi, notre père,
Fais que l'orage ruisselle, qu'il pleuve !
S'il te plaît, fais vivre nos troupeaux,
Fais-nous vivre,
Je suis si faible,
De soif, de faim,
À la dernière extrémité.
Fais que je mange les fruits des champs.
N'es-tu pas notre père
Le père des pères, toi, Tsui-Ilgoab ?
Que nous puissions te glorifier,
Que nous puissions te donner en retour,
Toi, père des pères, toi notre seigneur.

Fils de l'orage,
Toi, brave Guru à la voix tonnante,

Parle doucement s'il te plaît, car je ne suis pas en faute.

Laisse-moi seul, car je suis si faible, je suis assommé, je suis abasourdi.

Toi, ô Guru, fils du nuage d'orage.

Chœur :

Toi, fille de l'orage, belle-fille du feu,

Toi qui as tué mon frère — c'est pourquoi tu reposes si tranquillement dans un trou.

Solo :

En effet, j'ai bien tué ton frère.

Chœur :

C'est pourquoi tu reposes dans un trou
Toi qui as peint ton corps en rouge, comme Goro.
Toi qui ne laisses pas couler le flux de la femme,
Toi, femme de l'homme au corps de cuivre [1].
Ô Heitsieibib,
Toi, notre grand-père,
Laisse-moi être heureux,
Laisse-moi jouer,
Laisse-moi trouver le miel et les racines
Pour que je puisse te bénir encore.
N'es-tu pas notre arrière-grand-père,
Toi, Heitsieibib [2] ?

1. P. 58-60.
2. P. 69.

TEXTES INITIATIQUES

I

Texte initiatique des pasteurs peul

[A. H. Bâ et G. Dieterlen, *Koumen*]

Koumen est le texte initiatique des pasteurs peul. Il est peut-être encore aujourd'hui conservé au Sénégal en même temps que l'exercice du pastorat qu'il implique et les représentations qui lui sont attachées. Les conversions à l'islamisme ont altéré, dans d'autres régions de l'Afrique occidentale, les connaissances traditionnelles.

Selon cette tradition, les Peul se reconnaissent formés de quatre « clans » ou « familles », au sens le plus large du terme. Chacune d'elles, sur le plan des représentations, est associée à l'un des quatre éléments de base (feu, air, eau, terre), à l'une des directions cardinales, à l'une des couleurs des robes des bovidés (jaune, rouge, noir, blanc), car le Peul pasteur se considère comme consubstantiel à ces animaux.

L'initiation introduit le postulant dans la vie pastorale pour l'amener, progressivement, au titre prestigieux de *silatigi*, « celui qui a la connaissance initiatique des choses pastorales et des mystères de la brousse », et en faire un maître ; elle l'instruit en même temps de l'histoire de la création du monde et de la structure de l'univers.

Les Peul révèrent tout d'abord Dieu, créateur de cet univers, omniscient et omniprésent, qu'ils nomment

Guéno, « Éternel », ou Doundari, « Tout-Puissant ». Le monde, créé par Guéno, « est sorti d'une goutte de lait, contenant les quatre éléments, qui a formé ensuite le "bovidé hermaphrodite", symbole de l'univers ».

Guéno a confié la garde de ses troupeaux à Tyanaba, serpent mythique qui les fit sortir de la mer, remonter le cours du Sénégal, puis descendre celui du Niger jusqu'au lac Débo. Son auxiliaire et son berger est Koumen, qui détient les secrets de l'initiation pastorale. Secondé par sa femme Foroforondou, il les transmettra à ceux qu'il veut instruire et consacrer. Le pasteur initié s'adressera aussi aux *lared'i*, puissances surnaturelles ou « esprits gardiens » dont dépendent la vitalité et la fécondité des troupeaux ; ils siègent dans l'espace aux huit directions cardinales et collatérales et sont consultés également au moment de la transhumance.

Jouent un rôle de premier plan dans la vie du pasteur :

— les troupeaux, pour lesquels existent trois catégories de bergers (pour les bovins, les ovins et les caprins) ;

— le lait, dont se nourrissent essentiellement les Peul, objet d'interdits et d'usages rituels ;

— tous les végétaux, classés en catégories et utilisés à des fins techniques diverses, en médecine, pour les usages rituels (purifications, consécrations, etc.) ;

— le matériel du pastorat (bâtons de berger, cordes, gourdes, etc.) qui est consacré et joue un rôle rituel ;

— les autels, contenus dans une outre, désignés par le terme collectif de *ngaïnirki*, « qui favorise la force fécondante des troupeaux ». Placés généralement dans la demeure du maître des pasteurs, c'est par leur intermédiaire que ce dernier invoque les « esprits gardiens » des troupeaux, les *lared'i*.

Le texte de *Koumen* relate, sous une forme imagée, symbolique et très élaborée, l'initiation du premier *silatigi*, Silé Sadio. Il la présente comme un enseignement progressif de la structure de l'univers (éléments, espace, temps) dont l'essence doit pénétrer le postulant et « comme une succession d'épreuves, symboles de la lutte qu'il doit entreprendre avec l'aide de Dieu pour progresser ».

Tout d'abord Silé Sadio « doit pénétrer successivement dans douze clairières » qui symbolisent, sur un premier plan, l'année et ses douze mois, sur un autre plan, son déplacement sur un terrain où il rencontre, en passant d'une clairière à l'autre, les personnalités mythiques qui doivent l'enseigner. Franchir l'entrée de la première clairière consiste pour le postulant à passer du monde désordonné des hommes, de la « citée perturbée » qui est sa demeure, à la brousse, « cité de Dieu », et au « monde organisé du pastorat ».

PREMIÈRE CLAIRIÈRE

Silé Sadio cherchait sa vache égarée quand il entendit ceci : « Ma voix ! ma voix !... me voici, je suis Koumen.

« Le ciel sourit au-dessus de ma tête. La terre frémit sous mes pas. Mon souffle balance les branches. Je suis devant mon parc. C'est la première clairière, faite d'un tissu de branchages du merveilleux *kelli* et du vertueux *nelbi*. Des *delbi* rampants ont obstrué les treillages de mon enclos. Leurs fleurs rares sourient et chantent pour mes bœufs[1].

1. Le texte fait d'abord allusion aux végétaux qui interviennent dans la fabrication des objets ou ustensiles du berger et leur confèrent leur caractère religieux.

« Chantez pour mes bœufs, oiseaux des arbres...

« Je suis souverain dans les choses pastorales. La vache *ndurbele*, de bon augure, beugle au milieu de mes animaux. Elle est la patronne de mes bêtes, une *fadalettode*, une espèce rare[1].

Hurr ! hurr ! hurr !
Fitã ! firã ! fiti ! filti ! firi[2].

« Les mâles et les femelles possèdent dans leurs entrailles la semence des veaux, taurillons, futures vaches et taureaux, manifestation brillante de ma bonne fortune.

« Sortez, bœufs gras et vaches pleines... Sautez par-dessus les sortilèges. Il me plaît que vous alliez dans la prairie et buviez à la mare du “soleil septième”[3].

« Je suis Koumen aux formes multiples : tourbillon soulevant la poussière, inondation submergeant les hautes brousses.

« Quand, pour le bien, je m'empare d'un homme,

1. Le bovidé cité ici est dit *ndurbele* par son sexe, *fadalettode* par les couleurs et taches de sa robe. Il s'agit là du bovidé hermaphrodite, considéré comme le géniteur et le symbole du troupeau.

2. L'incantation est intraduisible : *fitã*, « être éjecté, sortir » ; *firã*, « s'enrouler » ; *fiti*, « s'être éjecté » ; *filti*, « avoir entouré (quelque chose) » ; *firi*, « s'être envolé ». La suite des mots fait probablement allusion à l'égorgement d'un poulet qui précède tout sacrifice important et qui a un caractère divinatoire : les bonds de l'animal agonisant, puis sa position finale lorsqu'il est mort, sont interprétés pour savoir si le sacrifice, offert après son immolation, sera accepté et bénéfique.

3. Chaque « soleil » correspond à un univers comparable à notre système stellaire ainsi qu'à l'un des aspects de l'initiation. Le septième est le degré suprême.

je le plonge dans la mare du soleil où s'abreuvent mes bœufs. Je lui souffle dans l'oreille droite le nom véritable-caché de la vache. C'est un mot magique qui multiplie les bœufs et dispose bien le laitage.

« Je suis Koumen, je fais sucer ma langue à mon pupille. Je lui communique au moyen de ma salive le charme fécondant la vache[1].

« Guéno me connaît. Du haut, il fit de moi un enfant éternel. La terre m'obéit parce que je suis descendu du ciel dans les airs, au moment où les grandes eaux étaient en ébullition et enceintes des terres, mères des pâturages et des cultures. Je suis Koumen l'Enchanteur. Je transforme tous les animaux à garrot et à bosse en bœufs gras et jolis à voir. De même, quand, de colère, je souffle sur un troupeau, il se transforme en buffles ou s'évanouit dans les buissons[2].

« Berger ! veux-tu me voir ? Chasseur ! veux-tu me discerner ? Allez l'un et l'autre vous faire traiter par les auristes et oculistes, demeurant respectivement dans la "termitière noire" et sous le "baobab unique" planté au pays mystérieux où les astres sont blanchis avant d'être incrustés dans le ciel et mis en circulation dans l'espace. Je connais la température initiale des eaux, la nature des étoiles et le but de leur existence. Je connais le secret de la lune, quand, en croissant-faucille, elle transperce les

1. L'initiateur met sa langue un instant dans la bouche du pupille qui la suce. Ensuite il donne l'enseignement, transmettant ainsi la salive qui transporte le fluide du corps, puis la « parole ».

2. Dieu est invoqué ici sous le nom de Guéno, qui implique son éternité. Il sera ensuite invoqué, au moment des épreuves du postulant, sous le nom de Doundari.

nuages, ou quand, en "rond de paille", elle éclaire les nuits du printemps et vante le beurre et le lait[1].

« Entrez, sortants... Sortants, entrez[2]... »

Voilà ce que disait Koumen, quand Silé Sadio le surprit couché sous un grand tamarinier au bord de la mare Toumou (Djoloff)[3].

Silé Sadio se saisit de Koumen. Il le croyait un enfant abandonné par une mère dévorée par des fauves. Il lui trouva une barbe de patriarche à moitié grisonnante. Il en fut au comble de la stupéfaction.

Koumen lui dit : « Silé Sadio ! je suis Koumen l'Enchanteur. J'initie les hommes par degrés à l'exemple des génies de Salomon qui trempent l'acier. Je suis Koumen. Je m'assieds sur le cou du "mâle" de la vache, les deux pieds entre les cornes. La bête s'en va broutant l'herbe sans se gêner et sans m'incommoder[4].

1. Les auristes et oculistes sont des guérisseurs. Il semble que le baobab isolé et la termitière noire soient associés à leurs connaissances et à leurs pouvoirs. Baobab et termitière conjugués ont également un caractère divinatoire.

L'allusion à la pleine lune concerne sa lumière qui éclaire presque comme le jour ; le précédent et le suivant sont dits « jours laiteux », *n'ālde kosamād'e*.

2. L'incantation s'adresse aux initiés qui, étant sortis du premier stade sans avoir violé d'interdits, peuvent y entrer à nouveau pour s'instruire des suivants ; ceux qui veulent pénétrer la connaissance sans passer par les grades successifs de l'initiation sont exclus.

3. Le tamarinier est symbole de vie, de résurrection ; il intervient dans tous les médicaments. À un malade, pour l'encourager à se soigner, on dit : « Attrape les racines du tamarinier » (*nangu dadi d'ammi*).

4. Les Peul font constamment allusion aux événements de l'époque de Salomon, qui apparaît dans les légendes et les traditions historiques comme un maître et la source de certaines initiations. Cette caractéristique des génies est une allusion à

« Je ferai une deuxième apparition dans la vallée de Boukoul. Avant ce temps, porte-moi sur le cou et allons visiter le domaine de Guéno, mon Maître et le tien[1].

— Silé Sadio ! sois le bienvenu, te voici à mon seuil. Dis-moi ce que tu veux de Koumen, Maître des formules.

— Je désire le savoir qui augmentera mes mérites de pasteur et mes connaissances de *silatigi*[2].

— Tu ne serais pas allé plus loin, si tu avais demandé autre chose. »

Les gens du dedans ne vont pas au-dehors, et ceux du dehors ne vont pas dedans. La zone est gardée par un vieil homme qui n'a qu'un poil noir[3].

Silé Sadio perçut une lumière sortant du fond d'une poterie remplie d'eau. Un serpent, face à la poterie, jouait des airs mélancoliques au moyen d'une flûte creusée dans une tige de sorgho et percée de sept trous pour varier les sons[4].

---

l'alliance entre Peul et forgerons. Lors de ses déplacements pastoraux, Koumen est « assis sur la tête d'un taureau » dont les deux cornes symbolisent l'une l'esprit *kakille*, l'autre l'âme *wonki* (de *wonde*, « être ») ou *yonki* (de *yonde*, « être digne de »).

1. La vallée de Boukoul se trouve au Sénégal.

2. Si l'initié demande autre chose que la connaissance à son instructeur, il ne peut pénétrer dans la première clairière, symbole de « l'entrée dans l'initiation », ni naturellement dans les autres.

3. L'homme « qui n'a qu'un poil noir » désigne celui qui « n'a qu'une parole et sait la garder secrète » (dans l'obscurité). Le poil est le symbole de sa virilité, qui préserve son corps de toute faiblesse ; il est également celui de la pérennité et de l'unité de la science de l'initiation.

4. Le serpent, qui est ici Tyanaba, défend l'accès à la connaissance : il joue d'une flûte à sept trous, qui représente la gamme et l'ensemble des sons. Les quatre éléments, base de la création, sont représentés dans cette scène par la poterie (« terre ») contenant

« Ô feu ! dit le reptile, pourquoi ne t'éteins-tu pas sur l'eau ? Est-ce que les sons que je tire de la flûte ne produisent pas une brise qui diminue la force du feu et le tue ?

— Serpent, couche-toi ! », ordonna Koumen.

Silé Sadio franchit la station du serpent avec une peur refoulée dans le fond du cœur[1].

Après avoir franchi les douze clairières, l'initié reçoit de la femme de Koumen une cordelette comportant vingt-huit nœuds. Les « vingt-huit nœuds ou enlacements » correspondent aux jours des mois lunaires qu'il s'agit de « dénouer », c'est-à-dire dont il faut consciemment pénétrer la succession. Ainsi est-il instruit du calendrier mystique de l'année, qui combine le temps solaire avec le temps lunaire, et qui se compose, comme nous l'avons vu, de vingt-huit séquences ; celles-ci correspondent également aux zones successives du savoir[2].

---

l'« eau » surmontée d'un « feu » sur lequel souffle (« air ») le serpent. Si Silé Sadio n'avait pas été digne de la connaissance, l'eau ou le souffle du serpent auraient éteint le feu. La stabilité des quatre éléments démontre que l'initiation peut lui être accordée. Le serpent se couche alors sur l'ordre de Koumen.

Or, de même qu'un serpent mue à chaque saison des pluies, Silé Sadio doit aussi muer sur le plan spirituel. Celui qui trouve la mue d'un serpent s'en frotte le corps deux fois, la première pour se préserver de la morsure du serpent mythique « enroulé dans le périssable », la seconde pour évoluer spirituellement.

1. P. 32.
2. P. 30.

LE DÉNOUEMENT DES NŒUDS

Koumen vint au-devant de Silé et l'escorta jusque sous l'arbre. Il lui enseigna pendant des jours et des jours les formules du *ngaïnirki*. Après quoi, Foroforondou vint vers Silé : elle lui présenta une corde ayant vingt-huit nœuds espacés et dit : « Puisque tu désires connaître le nom secret du bœuf sacré, dis-moi quels sont, parmi les nœuds de cette corde, les nœuds vides, les mystérieux et les chargés, et quel est le nom de ces derniers [1]. »

Koumen dit : « *D'am !* c'est la paix, *ndiyam*, c'est l'eau, et l'eau est le don précieux de Doundari. C'est l'offrande préliminaire. Avant de postuler, ô postulant ! sers au chef de l'eau à boire et du "lait à manger". Avant de consulter l'oracle, ô consultant ! sers à boire aux esprits. Avant de questionner, ô Foroforondou ! sers à boire à Silé qui a chevauché le bœuf sacré. Celui-ci, chemin faisant, a mugi et articulé [2] :

bud'ān ! ābd'uni ! d'ābun
d'unbā bind'ā d'uābin [3]. »

En effet, Silé se souvint qu'au moment où il se trouvait sur le dos du bœuf, celui-ci, tout en marchant, gémissait les sons ci-dessus.

1. La « corde aux vingt-huit nœuds » — qui représentent les vingt-huit *lared'i* et les *ngaïnirki* correspondants en même temps que les jours du mois lunaire — est dite *bogol pibe nogas e d'etati* (pour *dyoy*, cinq, et *tati*, trois). Elle est faite d'écorce de baobab, arbre qui symbolise la longévité.

2. Le « lait à manger » (*n'āmde kosam*) est une expression peule typique : le lait est l'aliment complet par excellence.

3. Incantation intraduisible.

Fororforondou poussa un cri spécial et immédiatement le bovidé hermaphrodite bondit vers elle. Elle dit : « Bovidé de Morimawdo, monte ton urine et ton sang, descends ton lait et ton beurre. » Ceci dit, elle alla derrière le bovidé hermaphrodite qui se laissait faire. Elle lui souleva la queue et souffla fortement dans son unique exutoire : vulve-anus. Elle trait le bovin miraculeux qui ne met jamais bas, mais donne du lait.

Silé but à grands traits ce lait merveilleux. Ainsi désaltéré par le lait connaisseur suprême des choses pastorales, Silé se saisit de la corde nouée et dit : « Maintenant que j'ai bu le lait après avoir mangé les jujubes, je suis consacré. Aucun nœud ne me sera énigmatique, aucune émanation ne sera dangereuse pour moi. Je saurai tout, et spontanément, comme le nouveau-né sait téter au premier mouvement des lèvres [1].

« Je demande pardon à Doundari. Le premier nœud lui appartient, nul ne pourra le connaître en entier avant la mort. Le dernier nœud lui appartient. C'est le dernier mot de tout. Ces deux nœuds sont l'énigme de la douzième clairière ; ils sont à Doundari [2].

« Ces nœuds mis de côté et exclus du compte, j'offre les sept suivants aux sept soleils qui m'ont éclairé jusqu'ici. Ces enlacements sont noués à vide, c'est-à-dire sans le souffle d'aucune parole vertueuse. Ils sont donc les vides. Les sept avant-derniers, je les

1. La consommation du lait du bovidé hermaphrodite constitue une communion avec l'essence même de Dieu, Guéno.

2. Le premier et le dernier nœud appartiennent à Dieu, invoqué ici sous le nom de Doundari, qui implique sa toute-puissance.

voue aux esprits des nuits. Ils ne contiennent rien. Ils sont vides et sans souffle[1].

« Quant aux douze médians, je me présente à eux, et je les présente à moi-même : Je suis, ô nœuds ! Silé Yougo. Je vais me fiancer à vous selon les usages serfs, mais je vous épouserai selon le cérémonial de la noblesse. À ceux qui demeureront avec moi et qui seront pour moi, je donnerai trois fois dix coudées de bandes fines et blanches, sans arrêt et sans amoindrissement ; un coq de dix ans sans arrêt et sans amoindrissement. Ces dons seront les constantes offrandes propitiatoires[2].

« Ces nœuds sont[3] :

1. Les sept qui suivent le premier appartiennent aux « sept soleils », c'est-à-dire aux sept mondes, image de l'infini de l'univers, qui sont l'émanation directe de Doundari. Ils n'ont point de noms. De même les sept avant-derniers appartiennent à la « nuit (et à la lune) des sept mondes » cités plus haut et relèvent de la même interprétation.

2. En revanche, à partir du neuvième, les suivants peuvent être énumérés par leurs noms. Ils sont au nombre de douze et Silé se présente à eux. Il veut les épouser : le mariage avec une serve fait de la femme l'esclave de son mari ; à l'inverse, une femme noble ne travaille pas directement pour lui — c'est-à-dire que l'égalité régnera. Silé suivra les « nœuds » et les « nœuds le suivront ». Les dons auxquels il est fait allusion sont ceux de l'initiation ; « sans arrêt et sans amoindrissement » signifie que le don sera égal à lui-même dans le temps, renouvelé identique à lui-même.

3. Les douze « nœuds » sont les *lared'i* qui correspondent aux douze mois de l'année. Le premier nœud est le premier *d'alãñ* qui correspond au mois du *lotori*. L'objet rituel représentant *d'alãñ* est fait de dix-huit cordelettes nouées de place en place de cent vingt-deux nœuds : dix-sept d'entre elles sont faites de fibres végétales diverses et comportent chacune sept nœuds, la dix-huitième est faite d'un tendon humain, prélevé le troisième jour après l'enterrement d'un cadavre et comporte trois nœuds. Cette représentation du *lãre* le plus important est de préférence placée isolément dans une hutte de paille ; s'il doit être placé dans une demeure en pisé, il est entièrement enveloppé de paille ou d'herbe, *d'alãñ* est le patron des pâturages et ne doit pas être en contact avec la terre mais avec les végétaux.

« Le premier des douze médians ou neuvième de la chaîne entière contient le secret de *d'alãñ*. C'est lui qui chez les hommes se manifeste sous forme d'un dieu hermaphrodite, toujours rassasié de breuvage sanglant. Solitaire dans une hutte de paille, il est doué de dix-huit organes de transmission agissant sous l'action combinée de cent vingt-deux nœuds magiques. Il s'appelle *d'alãñ*. »

Forofforondou dit : « Bien répondu. Tu connais le premier des douze et le neuvième des vingt-huit enlacements secrets. Mais quels sont les trois autres noms avec lesquels on confond *d'alãñ* ?

— Ce sont : *maysa, silinte, denbañāsōru*.

— Connais-tu l'invocation à *d'alãñ* ?

— Oui.

— Réserve-la pour la lutte suprême.

— Bon. »

Fororforondou dit : « Salut à Silé qui a vu la lumière des soleils. Voici, tiens mon sein droit, tète-le, ne crains rien. Tu es mon fils, tu es l'ami de mon époux. »

Silé dit : « Je préfère la langue de Fororforondou. C'est d'elle que coule un lait doux et agréable à boire et non de son sein.

— Tiens, Silé, suce ma langue. » Silé suça la langue de Fororforondou et celle de Koumen (tour à tour).

Fororforondou : « Silé ! qu'est-ce que ceci ?

— Ceci, c'est le second des douze et le dixième des vingt-huit enlacements. Il contient les intrigues de *sambalāsōru*. Il se manifeste aux fils d'Adam comme un dieu sans nectar, toujours coléreux et prêt à abattre, à noyer et à enterrer[1]. »

1. Le second *lāre, sambalāsōru*, est révélé par Silé, après qu'il a reçu la salive et la parole de Fororforondou.

Fororforondou dit : « Salut à celui qui vient de dénouer l'énigme du second des douze et dixième des vingt-huit enlacements. Voici, tiens mon sein gauche, tète-le.

— Je préfère une mèche de cheveux de Forofo-rondou. Ces cheveux sont un porte-bonheur pour le berger[1].

— Tiens, Silé, voici une mèche de mes cheveux. »

Silé prit la mèche, mais il suça aussi la langue de Koumen qui venait de la lui mettre dans la bouche.

Foroforondou dit : « Silé ! qu'est-ce que ceci ?

— Ceci est le troisième des douze et le onzième des vingt-huit enlacements. Il contient les mic-mac de *muse*, connu des fils d'Adam comme deuxième enfant de *d'alãñ* et tantôt comme son frère. C'est un dieu intercepteur. Il étouffe les tracassiers, met une muselière aux indiscrets et aux bavards[2]. »

Foroforondou dit : « Salut à celui qui vient de dénouer l'énigme du troisième des douze et du onzième des vingt-huit enlacements. Que Silé choisisse ce qu'il veut posséder.

— Je demande à Foroforondou un fouet à lait (*sirgal*). »

Foroforondou donna le *sirgal* et continua ses questions par : « Silé ! qu'est-ce que ceci[3] ? »

1. Lorsqu'on veut dominer quelqu'un ou s'en faire aimer, il faut posséder quelques-uns de ses cheveux ou des rognures de ses ongles. C'est pourquoi un Peul ne laisse jamais débris d'ongles ni cheveux coupés à la portée de qui que ce soit.

2. Le troisième *lãre* est *muse*, fils de *d'alãñ*.

3. Après les trois premiers nœuds, Silé demande le fouet à lait, *sirgal*. Il sollicitera d'abord de Foroforondou les objets ayant trait au lait, car elle en est la « patronne » et a tout pouvoir sur lui. D'autre part, le lait, aboutissement des travaux du pastorat, est le plus grand bien qu'un Peul puisse retirer de ses troupeaux.

Silé répond à toutes les questions posées par Foroforondou. Le dénouement des nœuds qui est connaissance lui permet de recevoir les emblèmes du pastorat : bâtons, cordes, gourdes, etc.

Ainsi, Silé reçut tout pouvoir de Koumen et de sa femme Foroforondou.

Il possède l'anneau d'alliance et les deux bâtons de commandement pastoral. Il ne lui reste plus qu'à prendre congé de ses initiateurs et à revenir au pays des hommes.

Koumen dit à Silé : « Je vais te ramener à la lisière de mes domaines et t'y abandonner à tes propres forces. Tu n'auras plus qu'une lutte à mener contre le lion d'entre *d'ēri* et *wālo*. Il porte entre les sourcils une touffe de poils. Tu le tueras. Pour cela, il te suffira de réciter l'incantation à *d'alãñ* et de le frapper sur le nez. Il perdra connaissance et sera à ta merci. Tu l'égorgeras. Tu le brûleras tout entier après avoir arraché la touffe. Celle-ci sera cousue dans une bande de coton. Ce talisman mis sous la tête d'un dormeur, quel qu'il soit, provoquera un rêve au cours duquel le vrai nom de la vache sera donné par un esprit des eaux, pasteur de bovidés marins[1]. »

1. La lutte que devra poursuivre Silé, maintenant armé, mais seul, se mènera entre la « haute brousse » *d'ēri* et le « bord du fleuve » *wālo*, c'est-à-dire sur le trajet de la transhumance.

Le lion symbolise tout d'abord la force temporelle avec tout ce qu'elle comporte de grandeur et de rigueur, mais également la force occulte, car il est considéré comme le « chat des génies ». Silé doit vaincre le lion et l'asservir à sa volonté ; en faisant couler son sang, véhicule de sa force, il prendra celle-ci pour affermir la sienne. Il exercera, dans cette lutte ultime, qui est une épreuve, sa force d'initié contre une autre force. Ceci fait que Silé est prêt. (P. 71.)

LA LUTTE FINALE : INVOCATION À « D'ALÃÑ »

Silé quitte ses instructeurs pour retourner au pays des hommes. Il mène seul, à la frontière, une lutte ultime contre le lion qu'il vainc, par ses incantations, et qu'il sacrifie ensuite. Il invoque Dieu, Doundari, maître de la création, puis *d'alãñ*, le premier des *lāre*.

« Je me soumets à Doundari qui est le créateur des secrets et de la nature. Je me soumets à Sambandji, initié par Dultakko ; Dultakko initié par Dembateko ; Dembateko initié par Dembanāgo ; Dembanāgo initié par Kogoldi ; Kogoldi par Dyafaldi ; Dyafaldi par Dikore Dyāwo. Celle-ci est la gardienne vigilante du grand cours d'eau *gayobēle* d'où provient le principe féminin et de la "mare aux pintades", *bēlel d'awle*, où fut dérobé le principe masculin. Les deux furent unis pour la procréation de *ndurbele*, le bovidé hermaphrodite, source de richesse pour les justes et joie des Peul.

« Logé dans un tube en fer "secret des eaux", tu causas ravage autour de toi ; logé dans une corne de bœuf, tu écourtas les jours et la lignée des parents de ton sacrificateur ; logé dans un paquet de racines, tes éléments furent, lors, domptés sinon apaisés, et l'on vit le principe du bien émanant de tes dix-huit bras sous l'action combinée de leurs cent vingt-deux nœuds magiques.

« Maître ayant la faculté d'agir par dix-sept cordelettes de mouvement ayant chacune sept nœuds et un tendon humain, dix-huitième organe et outil de commande, noué en trois points. Quand je presserai sur le nœud droit du tendon, ouvre le lieu où est enroulé le passé et que le cadavre dans la tombe me révèle le révolu. Quand je presserai sur le nœud gauche du tendon, ouvre le lieu où est enroulé le futur et que celui qui va naître me prédise l'avenir. Mais quand je presserai sur le nœud médian, ô *d'alãñ* ! entre en moi et moi en toi : que le voile tombe, que l'obscurité se dissipe, que je voie les formes, que j'entende les sons et que je discerne la parole[1].

« Voici que, dans le village, un cri perce et s'étend. C'est un appel au secours. Le bien me commande d'y aller. En sacrificateur, je vais chasser le mal par des paroles propitiatoires. Voici du son, voici de la cendre ; je les ai pétris ensemble et je m'en servirai pour enduire le corps du sujet. Agrée mon invocation : *hēra* c'est la paix. La souveraine c'est l'eau. Avant de postuler, donne de l'eau au souverain. J'ai demandé *d'alãñ* en mariage selon les usages serfs ; mais je l'ai épousé selon le cérémonial de la noblesse[2].

« Tant que la cohabitation durera, trois fois dix coudées de bandes fines de coton, sans empêchement et sans amoindrissement, un coq blanc de dix ans, sans empêchement et sans amoindrissement, un taurillon de trois ans, sans empêchement et sans amoindrissement, seront l'offrande constante du serviteur dévoué et mari prévenant que je suis[3].

« Par contre, toute personne procréée de la sub-

1. Sur les cordelettes et le tendon qui constituent une représentation de *d'alãñ*, cf. note 3 p. 279.

2. *Hēra* signifie « paix » en bambara.

3. Il s'agit de la cohabitation de l'initié avec *d'alãñ*, premier des *lared'i*.

stance produite par l'organe génital, laquelle substance partit un soir des reins du mâle, s'arrêta la nuit venue dans la matrice, y séjourna neuf mois, naquit, toucha la terre, fut touchée du savoir et enveloppée dans un lange fait de trois bandes de coton et qui dira :

« "Je ne veux pas te voir ni de jour ni de nuit ; l'ennemi qui s'en va médisant, traînant des complots contre toi, te faisant de fausses promesses, se servant contre toi d'une petite bouche couverte de beurre au service d'un cœur gros de jalousie et ardent de feu, montrant des dents blanches enchâssées dans des cavités où dégoutte du sang ; ôte-le, ô *d'alãñ*, parmi ceux qui sont sur pied, et mets-le parmi ceux qui sont couchés [1].

« "À cet effet, je t'invoque dans le blanc en vertu de la formule : *hēra* c'est la paix. La souveraine c'est l'eau. Avant de postuler, donne de l'eau au souverain. Seigneur, c'est agenouillé que je te sers à boire. Seigneur, bois ; boire, c'est introduire en soi la vie ! la vie ! la vie ! la vie !"... »

Cette litanie récitée et crachée sur le bâton qui servit à Silé fut la cause réelle de l'évanouissement du lion. Silé lui trancha la gorge, il lui arracha la touffe de poils située entre les yeux. Il confectionna le talisman indiqué par Koumen.

La nuit venue, il se coucha en mettant sous sa tête le talisman. Il vit en songe un vieux berger qui sortit d'une vaste étendue d'eau en faisant paître un troupeau composé uniquement de bêtes blanches.

1. L'invocation « Je ne veux pas te voir ni de jour ni de nuit... » s'adresse à l'ennemi, ici au lion.

« Une petite bouche couverte de beurre » signifie « faussement aimable », « trompeuse ».

Le vieux berger chantait : « Ohé ! bœufs blancs de tête, faites-leur traverser les eaux et entrer dans le parc. Qu'ils donnent assez de lait pour laver le chef du "grand village" (ou de la cité)[1]. »

Quand Silé vit ce berger, il alla vers lui. Le berger dit : « Je connais ton désir, toi qui viens vers moi. Tu viens chercher le nom du bovidé sacré : l'hermaphrodite au pelage bigarré qui paît tout seul dans la clairière où deux soleils éclairent au moyen de leurs sept rayons combinés. Je te donnerai le nom, mais tu le garderas pour toi. Tu le souffleras dans l'oreille de ton successeur en esprit, au moment où ton âme sera convoquée à la séance de la douzième clairière où Doundari siège et décide des derniers sorts. »

Silé plaça son oreille contre la bouche du vieux berger. Celui-ci lui récita le nom en murmurant. Silé ferma les oreilles et les yeux et prononça mentalement le nom devant le troupeau. Tous les bœufs blancs le suivirent pendant que le vieux berger resté au bord de l'eau lui faisait des signes avec ses mains en imitant les gestes de celui qui trait[2].

Quel est le nom secret du bovidé ?

Il a été prononcé une fois au cours de cette narration; donc, profane des choses pastorales qui n'a vu en la vache qu'une pourvoyeuse de chair et de lait, pour savoir son vrai nom, il faut avoir évolué et appris à aimer le bovidé, animal désigné par Dieu, Doundari, pour symboliser à la fois l'utilité et la miséricorde[3] !

1. Le vieux berger fait allusion à la retraite des pasteurs ou « sortie du parc » qui intervient à soixante-trois ans.

2. Il souffle alors dans l'oreille de Silé le nom du bovidé, comme Silé le fera lui-même avant sa propre retraite.

3. P. 83.

II

Texte initiatique bambara

[D. Zahan, *Sociétés d'initiation bambara, le* n'domo, *le* koré]

Dans la vallée du Moyen-Niger, entre Bamako et Mopti, sur l'une et l'autre rive de ce grandiose cours d'eau, vit une population d'agriculteurs paisibles : les Bambara. La République du Mali est leur patrie actuelle, mais déjà aux XVIIIe et XIXe siècles ces paysans soudanais avaient leur royaume à eux. Ségou, capitale du pays, était en même temps chef-lieu politique et foyer culturel de la région.

Ceci explique partiellement pourquoi, sous les apparences d'une diversité obsédante, la culture traditionnelle bambara jouit d'une haute cohésion et d'une unité aussi étroite qu'il est possible de l'être.

L'homme se trouve engagé par tout son être au sein de cette culture ; il se confond même avec la vie spirituelle du groupe auquel il appartient, et cela à telle enseigne qu'il est impensable pour un Bambara d'appartenir à sa « race » sans être en même temps l'initié des *dyow*.

Car ce sont les *dyow*, ou sociétés secrètes, qui constituent l'ossature spirituelle de la culture bambara. Mieux que cela : ces confréries traduisent l'expression de la pensée bambara dans ce qu'elle a de plus pur et de plus profond au point de vue de la réflexion religieuse et philosophique. Les *dyow* sont l'homme intégral dans la perspective de sa vie terrestre avec ses prolongements dans l'au-delà.

C'est en appartenant tour à tour aux six sociétés secrètes : le *n'domo*, le *komo*, le *nama*, le *kono*, le *tywara* et le *kore*, c'est-à-dire en parcourant six stades d'initiations, que le Bambara prend conscience de son statut d'homme. Cet état le définit non seulement comme personne humaine, ou comme élément de la société en général, mais comme partie intégrante de l'univers et comme participation à la vie de son dieu.

Le *dyo* (singulier de *dyow*) qui assume cette dernière responsabilité (de beaucoup la plus importante pour un Bambara) est le *kore*. L'initié est censé atteindre ici le suprême degré de la connaissance, celui où il se trouve confronté à la divinité, celui où Dieu l'épouse et le consume dans l'étreinte de la vie mystique. Le *kore* constitue l'épanouissement total de la personne humaine par son irradiation dans l'être divin ; le *kore* a, serions-nous tenté de dire, l'efficience d'un sacrement.

Les textes que nous présentons ici font partie de l'enseignement oral du *kore*. La « voix des *karaw* », *karaw ka*, représente des discours prononcés par l'intermédiaire des *kara samaw*, classe de grands maîtres initiatiques du *kore*, au nom de la sagesse souveraine. Le moment de ce récitatif est solennel entre tous, car ces récits sont considérés comme étant d'inspiration divine, tandis que les *kara samaw* passent pour user du verbe du créateur et parler à sa place.

Du point de vue formel, chaque tirade de la « voix des *karaw* » débute par un court prologue au cours duquel Dieu (*Yori*) se présente en demandant aux maîtres de l'enseignement de lui faire acte de soumission. Ces derniers sont désignés par des locutions poétiques telles que « éclats de l'aile du crépuscule », « souffleteurs du crépuscule », derniers rayons qui s'efforcent de pénétrer l'obscurité naissante (le mystère) pour lui ravir son secret et faire échec à l'ignorance humaine. On les dit aussi « vieux déchireurs », ceux qui lacèrent et défrichent la connaissance pour la posséder.

Quant à Dieu, il se désigne lui-même à l'aide de qualificatifs encore plus évocateurs. Il est la « rencontre de l'espace », la « voûte céleste », attributs de puissance et d'immensité au confluent des directions cardinales. Il est encore la « savane verte toute nouvelle », le « calao (oiseau-révélateur) sourd-muet », le « chef de village sourd-muet », témoins de l'impénétrabilité de ses desseins. Il est la « tête du coq », celui qui annonce le jour et symbolise ainsi l'accès à la lumière, à la connaissance. Il est le « fer de lance », ou le pouvoir de pénétration. Il est, enfin, la « fournaise » à cause du caractère incendiaire de ses révélations et à cause des « sécheresses » qu'il peut faire tomber sur l'âme des humains.

Après cette introduction, le *kara sama* entre lui-même en scène, mais avec quelles difficultés, quelles précautions ! Il se sent impuissant à expliciter la connaissance divine ; il a peur de se tromper ou d'oublier quelque chose. En fait, il attend l'inspiration de son dieu, la lumière divine qui éclairera son intelligence, ce qu'un des récits appelle le « fanion de l'esprit ».

Au point de vue de leur contenu, les récits des *kara samaw* ont le dessein de définir la relation entre Dieu et l'homme. Ils énoncent les étapes de la connaissance de Dieu, de la révélation divine aux humains. Et ceci à l'aide de la soumission complète de la personnalité (« soumettez-vous à moi, je suis *Yori* »), à l'aide de l'attention continue de l'esprit (« c'est la défaillance de l'esprit qui provoque l'erreur »), par la persévérance (« j'affirme que chaque patience est une patience nette »), mais aussi par la fraternité entre les hommes (« certaines choses se trouvent dans la maison de l'ennemi, elles ne se trouvent pas dans la maison de l'ami »).

Ces tirades affirment aussi l'omniscience de la sagesse divine opposée à l'ignorance humaine. L'homme est un « hippopotame aveugle », lequel, par conséquent, ne peut rien sans la lumière divine qui le secourt, l'éclaire mais aussi l'apaise et le rafraîchit. Car Dieu est espoir certain : « Tu es comme l'attente du cœur. »

Pris dans l'ambiance de cette mystique, l'initié a la certitude qu'il débouche sur la résurrection. Le récit le lui signifie d'ailleurs en clair : « Dites : le cadavre n'est pas mort ; affirmez : le cadavre est ressuscité. »

LA « KARAW KA », LA VOIX DES « KARAW »

Première tirade

Éclats de l'aile du crépuscule, soumettez-vous à moi, je suis *Yori*.

Je suis comme la voûte céleste, je suis comme l'espace de la rencontre.

Savane verte toute fraîche, savane verte vraiment exposée, savane verte, le chien ne s'est pas emparé de moi.

Calao sourd-muet, chef de village sourd-muet.

Quelle sorte de chose est-ce là ? (Venez), vieux déchireurs, soumettez-vous à moi, je suis *Yori*.

Étonnement ! ce qu'on apprend (maintenant) existait auparavant, ce qui arrive (maintenant) existait déjà : le rythme.

Je me suis laissé emporter par le courant, c'était la transformation.

Le commencement de tout commencement de la parole (est) la grue couronnée.

L'oiseau grue couronnée dit : je parle.

Si je me trompe, que le châtiment de l'erreur me pardonne l'erreur.

Que le dire de l'erreur de tout oubli me pardonne l'oubli.

Les vieux *karaw* ayant été engainés ; eux ayant été engainés net ! (Venez), vieux déchireurs, soumettez-vous à moi, je suis *Yori*.

Je suis comme la voûte céleste, je suis comme l'espace de la rencontre.

Je suis comme le fils unique de la voûte céleste.

Tête du coq de la transformation, père de mon enseignement, mon bras est derrière mon dos pour toi.

C'est la mémoire qui cause du tort à tout dire ; c'est la défaillance de la mémoire qui provoque l'erreur ; c'est l'oubli qui fait trébucher (dans mon récit).

C'est l'attention (défaillante) de l'esprit qui provoque l'oubli.

Il est possible que je commette des erreurs dans mon dire, cependant, tout vestibule est un vestibule de plaisir.

Tout vestibule (est) le vestibule du Mandé.

Chaque avoir vient d'un (autre) avoir.

Avoir, tu viens ; avoir, tu viens (par) l'enseignement.

Transformation de la maison, avoir véridique, (même) le petit avoir est un vestibule, Mandé.

Sa parole, c'est-à-dire celle de Dieu, a été « traduite » exactement.

Transformation, transformation ; fournaise, fournaise de l'homme. J'affirme que chaque patience (est une) patience nette.

Si cela est la rencontre de l'espace, ils sont comme *Yori*. Chaque enroulement, mon maître, chaque patience (est une) patience nette.

Deuxième tirade

Secousse, secousse, savane blanche.

Éclats du crépuscule de la nuit, derrière les animaux : obscurité devant les animaux : obscurité.

Puissant hippopotame aveugle (placé) à l'intérieur d'une brousse sans issue.

Puissant hippopotame hissé sur un petit animal aveugle et essayant de pénétrer dans la brousse sans entrée.

Comment fera l'aveugle pour voir ? À plus forte raison (comment fera-t-il pour) garder la cadence à la marche ? La fournaise nous a épargnés, père de notre enseignement.

Ciel, courbe-toi ; terre, ouvre-toi. Clairière blanche, brousse abandonnée, forêt abandonnée.

Rien n'est laissé de côté ; tout est là. La fournaise nous a épargnés.

Vieux et vains déchireurs, dites : le cadavre n'est pas mort, affirmez : le cadavre est ressuscité.

Ailes blanches du crépuscule, soumettez-vous à moi, je suis *Yori*.

Père de mon enseignement, vieux *kara*, votre parole est la toute première.

Je dis : jusqu'au Mandé, jusqu'au berceau de l'homme, (jusqu'à) la transformation du berceau de l'homme. (De) chaque vestibule jusqu'à la paillote.

Ceci est le *kara*. Ceci est le *kara* dressé (c'est-à-dire

exposé, montré). (Toi *kara*) tu es comme l'attention de l'esprit.

Tu es comme l'attente du cœur. L'oryctérope connaît cela, le faucon ne le connaît pas.

La signification de la connaissance (est) comme un mystère. Le porc-épic ne le déchire pas, l'oryctérope ne le déchire pas.

Mais je n'ai pas nommé le faucon blanc.

Ce que je connais, je l'ai appris de quelqu'un.

Ceci est le *kara* ; tu ne diras (plus) qu'il est calao sourd-muet, tu ne diras (plus) qu'il est chef de village sourd-muet.

Si je me suis trompé, que l'erreur me pardonne ; si j'ai oublié (quelque chose) que l'omission me pardonne.

Mon père *Yori* ; ma mère *Yori ; Yori* de derrière moi, transformation de mon dos (c'est-à-dire de ma postérité). *Yori* de la transformation, viens transformer, transformer la personne. Chargeons-nous mutuellement la charge sur la tête, fils des déchireurs du ciel.

Chaque persévérance de l'élève (est) comme la persévérance (du maître).

Si tu t'es trompé, esprit captif, que l'erreur ne me fasse pas de mal.

Transformation. Éclats de l'aile du crépuscule, apaisez-vous ici, je suis *Yori*.

Je suis comme la voûte céleste, je suis comme la rencontre de l'espace.

La nuit est une obscurité, une obscurité qui n'est pas vide. Ce que je connais je l'ai appris de quelqu'un.

Troisième tirade

Déchireurs vieux, apaisez-vous ici, je suis *Yori*.

Moi, *Yori* du manche de la lance, je suis comme la voûte céleste.

Je suis comme le fils unique de la voûte céleste.

Souffleteurs du crépuscule, apaisez-vous ici, je suis *Yori*.

Je suis comme la voûte céleste, je suis comme le fils unique.

Calao sourd-muet, flamme du feu (qui a) épargné l'os, chef de village sourd-muet.

Je dis cacophonie, je dis cacophonie.

Engainés, engainés, les vieux *karaw* sont engainés. Mon père, *Yori* ; ma vieille mère, *Yori* ; mon père, *Yori*, mon vieux père, *Yori*, je suis allé consulter N'Gomblé.

N'Gomblé se gratta la tête ; exténué de chercher (en vain la réponse), N'Gomblé se précipita à Ségou.

Certaine chose se trouve dans la maison de l'ami, elle ne se trouve pas dans la maison de l'ennemi ; certaine chose se trouve dans la maison de l'ennemi, elle ne se trouve pas dans la maison de l'ami.

N'Gomblé, mon père N'Gomblé, c'est cela la recherche de l'apaisement. Or, l'apaisement dit : transformation.

Viens, ce qui est appris (maintenant) existe depuis toujours. Viens accomplir ce qui est appris.

Tout vestibule est un vestibule de plaisir.

Quatrième tirade

Éclats de l'aile du crépuscule, soumettez-vous à moi, je suis *Yori*.

Je suis comme la voûte céleste, je suis comme l'espace de la rencontre.

Savane verte toute fraîche, savane verte vraiment exposée, savane verte, le chien ne s'est pas emparé de moi.

Calao sourd-muet, chef de village sourd-muet.

Je dis cacophonie, je dis cacophonie.

Déchireurs vieux, apaisez-vous ici, je suis *Yori*.

Je suis comme la voûte céleste, je suis comme l'espace de la rencontre.

Vieux déchireurs, apaisez-vous ici ; je suis *Yori* du manche de la lance.

Je suis comme la voûte céleste, je suis comme l'espace de la rencontre.

Qu'est ceci ?

Quelle sorte de chose est celle-ci ? Souffleteurs du crépuscule, apaisez-vous ici.

Nous sommes partis interroger les vieilles femmes. Elles ont répondu : « la fournaise de la chaleur ».

Allons questionner les jeunes filles vierges. Elles ont répondu : le fort (puissant) n'est pas fort.

Viens, ce qui est appris (maintenant) existe depuis toujours. Viens accomplir ce qui est appris.

Certaine chose se trouve dans la maison de l'ami, elle ne se trouve pas dans la maison de l'ennemi ; certaine chose se trouve dans la maison de l'ennemi, elle ne se trouve pas dans la maison de l'ami.

Je suis parti consulter N'Gomblé, le père de mon enseignement.

N'Gomblé se gratta la tête ; exténué de chercher (en vain la réponse), N'Gomblé se précipita à Ségou.

Il n'est pas possible d'expliquer l'enseignement du *kara* sans réfléchir ; (mais) la corde de la réflexion ne se pose pas sans le fanion de l'esprit.

Vieux déchireurs, je vous consulte au sujet de la corde de la réflexion,
On dit que la lumière de la pensée est dans un sac [1].

Introduit par D. Zahan

1. P. 255-277.

III

Texte initiatique dogon

[M. Griaule, *Masques dogons*]

Les textes qui suivent sont énoncés chez les Dogon en « langue du Sigui », *sigi so*, qui diffère considérablement des dialectes courants de cette population.

Le Sigui est une cérémonie complexe, qui dure vingt jours, exécutée tous les soixante ans par les Dogon. Un certain nombre d'agglomérations célèbrent ensemble le Sigui ; puis il « passe » à un autre groupe de villages. Cette cérémonie entraîne des dépenses considérables, car elle nécessite, pour tous les hommes, la confection de parures et de costumes coûteux, et pour chaque famille la préparation d'une très grande quantité de nourriture et de bière de mil.

Un certain nombre de dignitaires, choisis parmi les « hommes impurs », subissent une retraite et sont chargés de la garde du Grand Masque taillé à cette occasion. Ce masque représente (sous forme de serpent) Dyongou Sérou, le quatrième ancêtre des hommes descendus sur l'arche avec le Nommo ressuscité[1]. À la suite d'événements complexes, cet ancêtre mourut ; son décès entraîna celui auquel seront voués tous les êtres vivants sur la terre.

1. Cf. « *Amma Boy* », *supra*, p. 40.

Le Sigui actuel commémore, à la fois, deux événements mythiques d'importance considérable :

— la révélation de la « parole » confiée par Amma au Nommo ressuscité pour être transmise aux hommes, ses descendants, et le premier Sigui consécutif à cette transmission ;

— les funérailles et les cérémonies de « lever de deuil » (*dama*) de Dyongou Sérou, qui eurent pour effet de regrouper ses principes spirituels, dispersés par la mort de leur support, et de le promouvoir au rang d'ancêtre, actif et bénéfique pour l'humanité ; ces cérémonies seront répétées pour tous les défunts des deux sexes au cours des âges.

La révélation de la « parole », puis l'apprentissage de la langue dite « secrète », consécutif à la mort de l'ancêtre, constituent l'infrastructure des représentations associées à cette cérémonie. Elles sont en relation avec la consommation de la bière rituelle. Car la fabrication de la bière est symbole de résurrection : elle rappelle celle du Nommo[1] et la promotion — comparable à une résurrection — du premier mort au rang d'ancêtre.

Après une série de sacrifices offerts aux divers autels familiaux, une déambulation des hommes parés et vêtus de riches costumes autour de ces autels, tous s'asseyent sur leur « crosse-siège » rituel pour boire en commun la « bière du Sigui ». Cet acte communiel constitue une promotion pour tous les membres du corps social ; la célébration du Sigui — qui clôt un cycle de vie et en ouvre un autre — vaut même pour l'enfant au stade fœtal car une dignitaire, qui seconde et accompagne les hommes, représente toutes les femmes des agglomérations intéressées.

Avant les cérémonies et pendant leur retraite, les dignitaires du Sigui, gardiens du Grand Masque — qui est l'autel consacré au quatrième ancêtre —, subissent

1. *Ibid.*

une initiation. Ils apprennent par cœur, notamment, les longs textes en langue « secrète » dont nous donnons ici certains extraits et qu'ils sont chargés de déclamer du haut des terrasses lors des cérémonies des funérailles et du *dama,* jusqu'à ce que d'autres initiés, désignés au cours du Sigui suivant, puissent les remplacer. Ces textes relatent, d'une façon voilée et considérablement résumée, la création du monde par Dieu, Amma, les événements mythiques qui précédèrent la descente de l'arche du Nommo et des hommes sur la terre, puis ceux qui intéressent la vie des premiers hommes, enfin l'apparition de la mort et l'instauration des cérémonies funéraires.

Texte en langue secrète

CRÉATION DU MONDE

Amma, salut !

Après Amma, Terre, salut !

Après la Terre, Pierre, salut !

Après la Pierre, Pierres (des grands Totems), salut !

Après les Pierres (des grands Totems), Pierres (des Totems seconds), salut !

Après les Pierres (des Totems seconds), Yéban, salut !

Après les Yéban, Andoumboulou, salut[1] !

1. Les Yéban et les Andoumboulou sont les fils et les petits-fils du fauteur de désordre, le Renard, produits de l'inceste qu'il commit avec sa « mère », la Terre, faite d'un morceau de son propre placenta. Difformes et parfois eux-mêmes incestueux, ils vivent dans la brousse et dans les trous de rochers.

Après les Andoumboulou, Omosanou, salut !
Après Omosanou, Omodivenou, salut !
Après Omodivenou, Diveyonnougou, salut !
Amma a enfermé les paroles de Diveyonnougou dans un trou.
Après Diveyonnougou, Donikéré, salut[1] !
Toutes les paroles sont les paroles des Gyinou.
(Gyinou) Mouno ! salut !
Après Mouno, Mounokanna, salut !
Après Mounokanna, Kannamanga, salut !
Après Kannamanga, Onowagna, salut !
Après Onowagna, Dyonséo, salut !
Après Dyonséo, Manouminé, salut !
Après Manouminé, Sadyimmé, salut[2] !
Toutes les choses sont les choses d'Amma.
Amma (a créé) la terre, il a fait bien.
Amma (a créé) le ciel, il a fait bien.
Amma (a créé) l'eau, il a fait bien.
Amma (a créé) le lamantin, il a fait bien.
L'eau du ciel est tombée sur la terre,
Est entrée dans les trous.
Amma (a créé) les Yéban, il a fait bien.
Il a placé les Yéban sur les rochers.
Amma (a créé) les Andoumboulou, il a fait bien.
Il les a placés sur les rochers.
Il (a créé) les arbres, il a fait bien.
Amma (a créé) le caméléon, il a fait bien.

1. Sont énumérés ici, dans l'ordre, les noms en langue du Sigui des quatre ancêtres mâles de l'humanité descendus sur l'arche.

Nous avons apporté quelques modifications à la traduction, à la suite des enquêtes menées depuis la parution de *Masques dogons*.

2. Sont énumérés ici les descendants du troisième ancêtre, dignitaires initiés chargés de veiller sur le Grand Masque (représentant le quatrième sous forme de serpent).

Amma (a créé) la tortue, il a fait bien.

Amma (a créé) les Gyinou, il a fait bien, il les a posés sur les grands arbres.

Amma (a créé) les espèces des rapaces de brousse, il a fait bien.

Amma (a créé) la tourterelle, il a fait bien.

Amma (a créé) le (lion) puissant de brousse, il a fait bien.

(Il a créé) l'hyène de brousse, il a fait bien.

Amma (a créé) le guépard de brousse, il a fait bien.

Amma (a créé) toutes choses, il a fait bien.

Amma (a créé) tous les hommes, toutes les femmes, tous les enfants, il a fait bien.

Amma (a fait que) les vieillards (se transforment en) serpents ; il a fait bien ; ils sont entrés dans les trous.

QUERELLE DE LA TERRE ET DU CIEL

La Terre (dit : « Je suis la plus) vieille », le Ciel (« Je suis le plus) vieux ».

Le cœur courroucé d'Amma (est devenu) ardent, ardent (de colère).

(Amma) a précipité le Ciel sur la Terre.

La terre est petite.

Le Ciel est (le plus) vieux.

Une mauvaise chose arriva ainsi.

Mauvaise chose pour les hommes.

Mauvaise chose pour les femmes.

Mauvaise chose pour les enfants.

NOUVELLE CRÉATION DES HOMMES

Amma eut le cœur frais.

Le Ciel est remonté s'asseoir dans la maison de son père.

Le Ciel est remonté, Amma (créa de nouveaux) hommes, il a fait bien.

Des femmes, il a fait bien.

Des enfants, il a fait bien.

Il les mit sur la terre.

Amma (transforma) les serpents en Yéban, il a fait bien.

INVENTION DE L'AGRICULTURE

Amma prit du mil, le mit dans la main du forgeron.

Il mit des haricots dans la main du forgeron.

Il mit du gros mil dans la main du forgeron.

Il mit du sésame dans la main du forgeron.

Il mit de l'oseille dans la main du forgeron.

Le forgeron descendit du ciel sur la terre.

Le forgeron donna toutes les (sortes de) mil à l'homme.

L'homme prit le mil et le donna à la femme.

La femme déposa le mil dans une calebasse.

Elle le posa sur la pierre (à moudre).

Elle (l'écrasa) bien avec la petite pierre.

Le mil devint farine.

Elle a versé de l'eau sur la farine,

Ajouta des fruits de tamarinier dans la farine,

(Mélangea) bien de sa main,
L'a mis dans la main de l'homme.
L'homme l'a pris dans une petite calebasse, a tout mis dans sa bouche,
Eut le ventre plein.
L'homme prit une hache dans sa main.
Il prit son outre.
Il mit de l'eau dans l'outre.
Il se mit en route, partit en brousse.
La hache frappa l'arbre.
Sa main (travailla) bien, l'arbre s'abattit.
Il rentra à la maison.
Le soleil fut ardent.
(L'homme) mit le feu à l'arbre.
Arbre détruit.
Ce fut la nuit.
(L'homme) prit la route et revint à la maison.
L'eau du ciel tomba sur la terre.
L'homme prit dans sa main la houe mâle,
Prit son outre,
Prit du mil et le mit dans la main de la femme.
La femme versa le mil dans la calebasse
Qu'elle posa au fond d'un panier,
(Roula) un chiffon et posa (le panier) sur sa tête.
Tous les hommes, toutes les femmes prirent la route, partirent en brousse.
Les femmes posèrent leur panier sous les grands arbres.
L'homme, prenant sa houe mâle, l'enfonça dans la terre.
Sa main travailla bien.
Sa femme posa le mil dans la terre.
Il a bien piétiné.
Le soleil fut ardent, vint la nuit.

(Tous) prirent le chemin, revinrent à la maison.
Le soleil fit lever le mil.
Le coq chanta.
(L'homme) prit sa houe et partit en brousse,
Ayant pris la houe, l'enfonça en terre.
Sa main travailla bien.
Il travailla bien la terre.
La houe tira la terre, le soleil a fait couler la sueur.
Ce fut la nuit.
Il revint à la maison.
Le soleil fit lever le mil.
L'homme prit son outre,
Prit son couteau.
La femme prit son panier.
(Roula) un chiffon et posa (le panier) sur sa tête.
Ils partirent en brousse.
(L'homme) coupa le mil, le versa dans son outre.
L'homme le versa dans le panier.
La femme posa le panier sur son chiffon de tête.
La femme entassa le mil sur le rocher.
Ce fut la nuit.
La femme prit le mil, le posa dans son panier,
Le posa sur le chiffon de tête.
Ils revinrent à la maison.
La femme donna le mil à l'homme.
Il le mit dans le grenier de sa maison.

PRÉPARATION DE LA NOURRITURE

Le lendemain, l'homme prit du mil pour le donner à sa femme.

La femme déposa le mil dans le mortier de bois.

La femme travailla bien avec le pilon.
Elle plaça le mil dans un panier.
La femme, avec une calebasse, vanna bien le mil qui devint propre.
La femme posa le mil sur la pierre (à moudre),
(L'écrasa bien) de la petite pierre.
Le mil devint farine.
La femme prit un chiffon,
Prit une poterie et partit en brousse pour l'eau,
La poterie d'eau sur la tête, revint à la maison.
Elle a versé l'eau dans la poterie,
A fait du feu sur la roche.
Elle a posé la poterie sur le feu.
Grand feu.
L'intérieur de la poterie s'agita, devint chaud.
Elle a mis la farine de mil dans la poterie.
Elle a bien (agité) la mouvette.
La pâte s'est faite.
Ayant enlevé la pâte, elle l'a mise dans le plat de bois.
Elle a versé de la sauce sur la (boule) de pâte.
L'homme l'a pris de sa main.
L'homme a pris de sa main la pâte et l'a mise dans sa bouche.
L'homme eut le ventre plein de pâte.
La femme eut le ventre plein.

QUERELLE DE LA TERRE ET DU DIEU AMMA

Oh ! Amma, salut !
Terre, salut !

Amma (dit : « Je suis le plus) grand » ; la Terre : (« Je suis la plus) grande ».

Le cœur d'Amma agité devint ardent, ardent (de colère).

(Amma) monta au ciel.

L'eau ne tomba plus.

Une femme bonne pour nous, le cœur attristé par cette chose,

Prit en main une calebasse,

Entra dans son grenier,

Mit du mil dans la calebasse,

Prit la route,

S'assit dans la maison du devin.

« Salut ! devin »

« Viens t'asseoir (dit le devin).

Oh ! bien, salut !

Il y a une chose qui étonne notre cœur. »

Le devin prit en main le sac (divinatoire).

Les cailloux de divination ont sauté en l'air.

Il fit un trait sur la terre de la main droite.

« Chose bonne ? chose mauvaise ?

Mauvaise chose (pouvant devenir) bonne. »

Amma est (le plus) grand.

La Terre (la plus) petite.

Amma eut le cœur frais.

L'eau du ciel est tombée sur la terre.

L'eau est entrée dans les trous.

Toutes choses ont bu de l'eau de leur bouche, (se sont empli) le ventre.

Amma est grand,

La terre est petite.

DÉCOUVERTE DES FIBRES ROUGES PAR UNE FEMME ANDOUMBOULOU

Les fibres ardentes, ardentes, sont les fibres d'Amma.

La fourmi était la femme d'Amma.

Le termite était la femme d'Amma.

Amma a donné de sa main les fibres à la fourmi.

Amma a donné de sa main les fibres au termite.

Le ciel a grondé, (il a plu).

La fourmi a posé les fibres sur la terrasse de sa maison.

Le père du renard ayant perdu la vie,

(Le renard) prit la route et arriva sur la fourmilière.

Il vit les fibres.

« Salut ! fourmi, dit-il,

Quoi ! est-ce le soleil, du feu, ou une chose ? »

Il dit (ainsi) dans (son) cœur intrigué.

« Par Amma (répondit-elle), arrête, ce n'est pas le soleil, ce n'est pas du feu, c'est une chose fraîche. »

« (Mon père), (dit le renard), a perdu la vie.

Donne-moi de ta main ces vêtements (de fibres). »

La fourmi prit les vêtements (pour les lui donner).

Le renard les prit de sa main.

Le renard mit les vêtements sur sa tête.

Il les mit sur ses yeux.

Il les mit sur ses bras.

Il prit la route à toutes jambes.

Il monta sur la terrasse de son père.

Tous les hommes eurent les yeux sur lui.

Tous les enfants eurent les yeux sur lui.

Toutes les femmes eurent les yeux sur lui.

Par les tambourinaires les tambours furent battus, bien battus.

Les chiens aboyant s'enfuirent dans les trous.

À toutes jambes (le renard) partit en brousse.

Il alla au trou de pierre.

Une femme (d'Andoumboulou) prit en main un chiffon.

Elle prit le chemin, alla en brousse,

Posa du bois sur sa tête,

Vit les fibres. « Oh ! dit-elle,

Est-ce le soleil ou du feu ? (je me demande) en mon cœur étonné. »

« Par Amma ! arrête ! dit le renard.

Ce n'est pas le soleil, ce n'est pas du feu, c'est de l'eau fraîche. »

« Mon père a perdu la vie, (dit la femme).

Donne-moi de ta main les vêtements de fibres. »

Le renard prit les fibres (pour les lui donner).

La femme les prit de sa main.

La femme mit les fibres sur sa tête.

Elle les mit sur ses jambes, elle les mit sur ses yeux.

À toutes jambes elle prit le chemin du village.

Tous les hommes eurent les yeux sur elle.

Tous les enfants eurent les yeux sur elle.

Les chiens s'enfuirent en courant.

Elle posa le masque dans son grenier.

Elle prit un chiffon.

Elle posa une poterie sur sa tête et partit en brousse pour l'eau.

PRISE DES FIBRES PAR LES ANDOUMBOULOU MÂLES

Un vieillard (en son absence, dit à un voisin) : « Enfant, viens à côté de moi.

Enfant, mets les fibres sur ta tête, mets-les sur tes yeux, mets-les sur tes bras !

Prends ton bâton à la main ! »

L'enfant prit le chemin.

La femme, sa poterie sur la tête, était sur la route du retour.

L'enfant avec son bâton frappa fortement la femme.

La femme laissa choir sa poterie.

« Oh ! » Elle s'enfuit dans la maison d'un Gyinou.

La maison du Gyinou ne lui fut plus (d'aucun secours).

Elle entra dans la maison d'un vieillard.

La maison du vieillard ne lui fut (d'aucun secours).

Elle entra dans la maison des femmes ayant leurs menstrues.

Le masque s'arrêta, la maison des femmes étant mauvaise.

Le masque à toutes jambes revint vite à la maison.

Il dit au vieillard : « Me voici ! »

« J'ai vu que tu es venu.

Place (les fibres) dans la caverne !

Quand un vieillard perdra la vie,

Tu frapperas le sol à genoux (aux pieds et à la tête) du vieillard (mort).

Le masque ardent, ardent, ardent est pour Amma. »

RÉVÉLATION DE LA LANGUE SECRÈTE AUX ANDOUMBOULOU

Toutes les paroles (de la langue secrète) sont les paroles d'Amma.

Amma, salut !

Après Amma, Terre, salut !

Après la Terre, Pierre (du Lébé), salut !

Après la Pierre (du Lébé), Pierres (des Grands Totems), salut !

Après les Pierres (des grands Totems), Pierres (des Totems seconds), salut !

Après les Pierres (des Totems seconds), Yéban, salut !

Après les Yéban, Andoumboulou, salut !

Après les Andoumboulou, Omosanou, salut !

Après Omosanou, Omodivenou, salut !

Après Omodivenou, Diveyonnougou, salut !

Amma a enfermé les paroles de Diveyonnougou dans un trou.

Après Diveyonnougou, Donikéré, salut !

Toutes les paroles sont les paroles des Gyinou.

(Gyinou) Mouno, salut !

Après Mouno, Mounokanna, salut !

Après Mounokanna, Kannamanga, salut !

Après Kannamanga, Onowagna, salut !

Après Onowagna, Dyonséo, salut !

Après Dyonséo, Manouminé, salut !

Après Manouminé, Sadyimmé, salut !

Mouno, la bonne gorge, les oreilles des Andoumboulou l'ont entendu.

La parole de Mouno, les Andoumboulou l'ont entendue.

Les Andoumboulou sont revenus dans leur village.

Revenus au village, ils l'ont déposée dans l'oreille de tous.

APPARITION DE LA MORT ET INVENTION DU « DAMA » CHEZ LES ANDOUMBOULOU

Mauvaise parole venue (ainsi) trouver les Andoumboulou.

Le corps d'un Andoumboulou est tombé (mort).

Ceci vint aux oreilles de tous les mâles.

(Certains) prirent des cauris et partirent chez un devin :

« Salut devin ! »

Le devin salua d'une bonne parole :

« Il y a une chose qui étonne notre cœur. »

Le devin prit son sac de divination.

Les cailloux de divination ont sauté en l'air.

Les cailloux de divination (sautant) en l'air, il fit un trait sur la terre de la main droite.

« Chose bonne ? chose mauvaise ? mauvaise chose (pouvant devenir) bonne. »

Ceci entra dans les oreilles de tous les hommes.

« Que tous les hommes se mettent à genoux (pour demander pardon) à l'homme mort.

Le cœur de l'homme mort sera content

Que tous dansent le *dama*, chose bonne ! »

Les Andoumboulou sont revenus (chez eux) :

« C'est une mauvaise chose que la tête de l'homme soit tombée », dirent-ils.

Les oreilles de tous entendirent.

ACHAT DE LA MORT AUX ANDOUMBOULOU PAR LE DIEU AMMA

Amma a vendu une vache à la femme.
Mauvaise chose pour le village.
Le mari de la femme tomba mort.
Retournée chez Amma, la femme (rendit la vache).
« Une mauvaise chose est arrivée dans notre village.
(Mon) mari est mort.
Un homme d'Amma est mort. »
Des yeux de la femme des larmes ont coulé sur son ventre.
Elle est revenue à la maison.
La femme prit des cauris (pour aller) au devin.
Elle a pris la route,
S'est assise dans la maison du devin.
« Salut devin !
Oh ! bien salut !
Nous sommes ignorants,
Une chose étonne notre cœur. »
Il prit en main son sac de divination.
Les cailloux de divination ont sauté en l'air.
Les cailloux de divination ont sauté en l'air, il fit un trait sur la terre de sa main droite.
« Chose bonne ? chose mauvaise ?
Mauvaise chose (pouvant devenir) bonne.
Mauvaise chose, tu es dans une mauvaise chose. »
Les oreilles de tous les hommes entendirent.

« Que tous les hommes se mettent à genoux (pour demander pardon) à l'homme mort.
Le cœur de l'homme mort sera content.
Que tous dansent le Sigui, chose bonne ! »
« Oh ! (dit la femme) tu es véridique. »

PRÉPARATION ET CÉLÉBRATION DU « DAMA » PAR LES ANDOUMBOULOU

Des vieillards ont pris un panier et l'ont posé à terre,
Ont pris une calebasse,
Sont entrés à l'intérieur du grenier,
Ont pris du mil, l'ont posé dans le panier,
Ont donné le mil aux femmes.
Les femmes placèrent sur leur tête un chiffon,
Ont pris une jarre, la posèrent sur leur tête,
Sont parties en brousse pour l'eau.
Les femmes sont revenues à la maison, jarre posée sur la tête,
Les femmes ont pris du mil, l'ont placé dans une grande jarre,
Ont rempli d'eau la jarre.
Le soleil a fait lever le mil,
Ont pris le mil, l'ont posé sur la terrasse de la maison.
Le soleil est tombé sur le mil.
Les femmes ont pris le mil, l'ont placé dans leur panier.
Les femmes ont pris le mil, l'ont placé sur la pierre (à moudre),
Avec la petite pierre, l'ont bien (écrasé),

Le mil est devenu farine,
Ont mis de l'eau dans une jarre,
Ont mis le tout dans une grande jarre,
De leurs mains ont bien travaillé,
Firent du feu sur la roche,
Ont versé la bière dans de petites jarres,
Ont posé toute la bière sur le feu.
Grand feu.
L'intérieur de la jarre s'agita, (devint) chaud, chaud.
La bière de toutes les petites jarres a été versée dans une grande jarre.
Le coq ayant chanté, le lendemain la bière fut faite.
Les femmes ont pris le sésame.
Les femmes ont posé le sésame dans un éclat de poterie sur le feu,
L'ont mis dans un mortier,
L'ont mis dans un plat de bois,
L'ont bien travaillé de leurs mains (pour en extraire l'huile),
Mirent l'huile de sésame dans une calebasse,
Ont mis du sel sur le sésame.
Tous les hommes se sont assis sur la terre.
On a rempli de bière les grandes jarres posées à terre.
Toutes les grandes jarres posées à terre ont été remplies.
Des paniers remplis de tabac ont été posés à terre.
L'huile de sésame a été posée à terre.
Des boules de sésame ont été posées à terre.
Tous les hommes ont bu de la bière.
Tous les hommes étaient assis sur leur crosse-siège.
Tous les hommes se sont levés tenant en main leur crosse.

Les tambours pris en main, les tambours ont battu, bien battu.

Tous les vieillards ont parlé la langue du Sigui.

Tous les hommes ont dansé des jambes,

Dansé des bras.

Ils ont rempli leurs calebasses de bière.

Ils ont versé la bière dans leur bouche et se sont rempli le ventre...

MORT DE L'ANCÊTRE

Plus tard (les hommes) revêtirent (les fibres).

Les vêtements de fibres étaient posés dans un (abri) de pierre.

Le vieillard Albarga (leur) dit de se mettre à genoux.

« S'ils ne se mettent pas à genoux un malheur arrivera. »

Les hommes attachèrent les fibres sur leur corps.

Le tambour battit, battit bien.

Ils ont dansé des jambes, dansé des bras.

Le cœur du vieillard, agité, devint ardent, ardent.

Le vieillard se coucha sur le chemin.

Le vieillard devint serpent.

Il est entré au milieu des masques.

De la gorge du serpent (sortirent) des insultes.

La tête du serpent tomba.

Les vêtements de fibres furent remis dans (l'abri) de pierre.

INVENTION DU « SIGUI » CHEZ LES HOMMES

Albarga (dit aux hommes que ne s'étant pas) agenouillés pour le vieillard un malheur était arrivé.

Il fallait mettre beaucoup de mil dans le panier,

(Des feuilles) de tabac dans le panier,

Du sésame dans le panier,

Beaucoup de longues (barres de) sel.

Tous les hommes devaient s'agenouiller devant l'homme mort (pour se faire pardonner).

Tous devaient célébrer le Sigui, chose bonne.

Tous les hommes (incrédules) allèrent chez un devin.

Le devin salua.

« Nous sommes ignorants (dirent-ils),

Une chose étonne notre cœur. »

(Le devin) prit son sac de divination.

Les cailloux de divination ont sauté en l'air.

Les cailloux de divination ont sauté en l'air, il fit un trait sur la terre de la main droite.

« Chose bonne ? chose mauvaise ? mauvaise chose (pouvant devenir) bonne.

Mauvaise chose, vous êtes dans une chose mauvaise. »

Les oreilles de tous les hommes entendirent.

« Que tous les hommes se mettent à genoux (pour demander pardon) à l'homme mort.

Le cœur de l'homme sera frais.

Que tous dansent le Sigui, chose bonne ! »

FUNÉRAILLES DE L'ANCÊTRE

Ils attachèrent aux jambes de l'homme mort les fibres aux yeux ardents, ardents,
Les attachèrent aux mains,
Les attachèrent à la tête,
Placèrent (le mort) dans la caverne de pierre.
Les vers de mort entrèrent dans la caverne et mangèrent.
Les larmes coulèrent des yeux de toutes les femmes pour l'homme mort.
L'homme mort devint le maître des masques.

DÉSIGNATION DU PREMIER « NANI [1] »

Une femme accoucha d'un enfant.
Les yeux de l'enfant étaient comme les yeux du serpent.
Le corps de l'enfant était rouge, rouge comme le corps du serpent.
Le cœur de tous les hommes ne comprit pas.
Les hommes allèrent à la maison du devin.
« Devin, salut !
Oh ! bien, salut !
Nous sommes ignorants !
Une chose étonne notre cœur. »
Le devin prit un sac de divination.

1. Le terme *nani* désigne à la fois l'ancêtre qui a délégué une partie de ses principes spirituels à un nouveau-né dans son lignage, et ce dernier, qui l'a reçue.

Les cailloux de divination ont sauté en l'air.

Les cailloux de divination ont sauté en l'air, il fit un trait de sa main droite.

« Chose bonne ? chose mauvaise ? mauvaise chose (pouvant devenir) bonne.

Une mauvaise chose vous est arrivée. »

Le devin (dit) de prendre une hache et de partir en brousse,

De couper l'arbre à la hache, d'abattre l'arbre à terre,

De le poser sur un chiffon de tête et de revenir à la maison.

Que les hommes sachant tailler le bois fassent un Grand Masque.

Qu'on prenne un poulet.

Qu'on prenne un chien.

Qu'on prenne de l'huile de sésame.

Qu'on prenne une poterie et qu'on pose (le tout) à côté du serpent.

« Le cœur agité de l'homme à la tête tombée (est) ardent,

Que tous les hommes s'agenouillent (pour demander pardon) à l'homme mort.

Le cœur de l'homme mort (deviendra) frais. »

TAILLE DU GRAND MASQUE

Les fibres ardentes, ardentes, ardentes, sont les fibres d'Amma.

Tous les hommes prirent une hache.

Ils prirent la route.

Ils partirent en brousse.

La hache frappa l'arbre.

La main a bien travaillé, l'arbre est tombé à terre.

L'arbre sur la tête, ils sont rentrés à la maison,

Ont posé l'arbre à terre.

Les hommes habiles, ayant pris la hache, travaillèrent bien le bois.

(Pour) tous les hommes, ce fut le Grand Masque du serpent,

Le Masque, aux yeux (des hommes), est le serpent.

L'enfant devint l'enfant du serpent.

L'enfant prit un poulet,

Prit un chien,

Prit une petite poterie.

Les hommes prirent de l'huile de sésame.

Tous les hommes s'assirent (près du Grand Masque).

« Amma ! enferme les mauvaises choses dans un trou.

Le Masque rouge, rouge est le masque d'Amma.

Les yeux du Masque sont des yeux de soleil.

Les yeux du Masque sont des yeux de feu.

Les yeux du Masque sont des yeux de flèche.

Grand Masque, enferme les mauvaises choses dans un trou.

Terre, enferme les mauvaises choses dans un trou.

Toutes les paroles sont les paroles de Mouno.

Mouno enferme les mauvaises choses dans un trou.

Mounokanna, enferme toutes les mauvaises choses dans un trou.

Kannamanga, enferme toutes les mauvaises choses dans un trou.

Onowagna, enferme toutes les mauvaises choses dans un trou.

Dyonséo, enferme toutes les mauvaises choses dans un trou.

Manouminé, enferme toutes les mauvaises choses dans un trou.

Sadyimmé, enferme toutes les mauvaises choses dans un trou.

Mouno, enferme toutes les mauvaises choses dans un trou.

Amma, (nos) corps sont courbés (devant) toi.

Nos mains sont dans notre dos.

Tous les hommes ont les mains au dos.

Enferme dans un trou toutes les mauvaises paroles.

Donne à notre gorge de bonnes paroles.

Donne à la gorge de tous les hommes de bonnes paroles.

Que ta gorge prenne la bière.

Que ta gorge prenne la graine de condiment.

Que ta gorge prenne l'huile de sésame.

Que ta gorge prenne le sang du chien.

Que ta gorge prenne le sang de la poule. »

Les vieillards ont versé le sang du poulet, le sang du chien sur le Grand Masque et sur la terre rouge.

Avec du riz et la terre rouge ils ont peint le Grand Masque. Les yeux de tous regardaient.

Le Grand Masque levé toucha la tête de l'enfant.

Tous les hommes, avec la terre rouge, (peignirent) bien la caverne de pierre.

Le Grand Masque levé toucha la caverne de pierre.

Tous les hommes ont porté le Grand Masque en brousse.

L'enfant (l'y a gardé) un bon jour, un bon jour, un bon jour...

CÉLÉBRATION DU « SIGUI »

Tous les hommes se sont assis à terre,
Ont rempli de bière les grandes jarres posées à terre.
Toutes les grandes jarres remplies ont été posées à terre.
Des paniers remplis de tabac ont été posés à terre.
L'huile de sésame a été posée à terre.
Des boules de sésame ont été posées à terre.
Les vieillards ont porté de la bière aux Initiés pour qu'ils la donnent à boire au Grand Masque.
Ils sont allés au Grand Masque.
De l'huile de sésame a été offerte au Grand Masque.
Une poule a été offerte au Grand Masque.
Un chien a été offert au Grand Masque.
« Amma, enferme les paroles mauvaises dans un trou.
Mets dans nos mains des choses bonnes.
Les yeux du Grand Masque sont ardents, ardents.
Voici ton poulet.
Voici ton chien.
Mets dans nos mains des choses bonnes.
Que le sang du poulet descende dans ta gorge.
Que la bouillie de mil descende dans ta gorge.
Que la bière de mil descende dans ta gorge.
Mets dans nos mains des femmes.
Mets dans nos mains des enfants.
Mets dans nos mains du mil.
Mets dans nos mains du gros mil.
Mets dans nos mains du riz.

Mets dans nos mains des haricots.
Mets dans nos mains du petit mil.
Mets dans nos mains du sésame.
Mets dans nos mains de l'oseille.
Mets tout dans nos mains.
Que le soleil fasse germer (le mil).
Mets dans nos mains des cauris.
Mets dans nos mains des moutons.
Mets dans nos mains des chèvres.
Mets dans nos mains des vaches.
Mets dans nos mains des chevaux à (belle) queue.
C'est bien !
Mouno ! que le soleil fasse germer (le mil). »
Les Initiés sont revenus au village.
Les vieillards ont bu la bière.
Tous les hommes ont bu la bière.
Tous les hommes étaient assis sur leur crosse.
Tous les hommes tenant leur crosse en main se sont levés.
Les tambours pris en mains, les tambours ont battu, bien battu.
Tous les vieillards, tous ont parlé la langue du Sigui.
Tous les hommes ont dansé des jambes,
Dansé des bras.
Ils ont rempli leur calebasse de bière.
Ils l'ont versée dans leur bouche et se sont rempli le ventre[1].

1. P. 125 à 151.

IV

Oriki et *mlenmlen*

[P. Verger, *Notes sur les cultes des Orisa et Vodun*]

Les *oriki* et les *mlenmlen* sont, respectivement pour les Yoruba du Nigeria et les Fon du Dahomey, des séries de longs textes traditionnels. Le mot « texte » n'est en fait guère indiqué ici, car aucun de ces groupes ne s'est servi de l'écriture pour transmettre ses traditions et son histoire.

Les *oriki* et les *mlenmlen* remplissent en partie cette fonction ; si nous analysons le terme *oriki, ori* = tête, *ki* = saluer : saluer la tête, nous serons sur le chemin de ce qu'ils représentent pour les Yoruba. Saluer la tête, siège de la personnalité ou de l'identité profonde des gens.

L'*oriki* consiste donc à situer, par une série de salutations, une personne dans son cadre social, à rappeler ses origines et l'histoire de sa famille.

L'*oriki* s'emploie par extension pour les *Orisa*, ancêtres divins. Il s'applique également aux végétaux, aux feuilles liturgiques dont l'usage est constant au cours des cérémonies d'initiation ou de revitalisation d'« objets-supports » de la force des *Orisa*.

À première audition, ces *oriki* et *mlenmlen* sont étranges et déroutants ; le caractère des phrases qui les composent étant tour à tour respectueux, plaisant, ironique, poétique, gaillard, héroïque ou sentencieux.

Les *oriki* des grandes lignées familiales sont prononcés soit par les femmes du lignage pour saluer le chef de famille; soit pour honorer les membres de la famille éloignée lorsqu'ils viennent en visite, proclamant ainsi leur place au sein du groupe; soit au cours de certaines cérémonies consacrées aux défunts et aux ancêtres. Il est admis que ces derniers reviennent sur terre saluer leurs descendants, sous la forme d'une entité, *Baba Egungun*, qui, d'une voix rauque très particulière appelée *iwi*, chante plutôt qu'elle ne déclame les formules rituelles dont le sens est bien souvent oublié ou n'est connu que de quelques vieillards de la famille.

Ces *oriki* et *mlenmlen* vont se complétant et s'augmentant avec le temps. Ils célèbrent certains faits glorieux des ancêtres, ou évoquent plus simplement des événements de la vie quotidienne d'autrefois. On trouve ceci aussi bien dans les *oriki* et *mlenmlen* des lignées familiales que dans ceux des *Orisa* et *Vodun*.

Ainsi, nous pouvons citer le cas précis de Joaquim d'Almeida, *Gbegbe Sokpa* de son ancien nom, originaire de Hoko près d'Aguagon au pays Mahi au nord d'Abomey, que les vicissitudes de l'existence avaient amené au Brésil au début du XIXe siècle; il y reçut un nouveau nom et en revint nanti d'une fortune respectable qu'il fit fructifier à son retour, vers 1835, à Agoué, où un beau monument perpétue sa mémoire. Ce passage au Brésil n'a pas fait oublier à ses descendants la façon correcte de saluer les ancêtres antérieurs à Joaquim; ils placent parmi les souvenirs se rapportant à la famille les phrases suivantes :

« Lignée qui s'est donné la mort bêtement.

Lignée de ceux qui sont allés à la mort en foule.

Lignée dont une partie coupe l'arbre.

Lignée dont l'autre partie voulait tenir l'arbre avec la main. »

Ceci en souvenir de ce qui s'était passé chez le beau-père d'un ancêtre qui, accompagné des siens, avait voulu démontrer que les Mahi étaient des gens courageux et résolus ; il avait déclaré : « Nous allons couper un arbre, il ne tombera pas et n'abîmera pas ce qui se trouve au-dessous, car nous le soutiendrons avec nos mains »... et une partie d'entre eux furent écrasés par la chute de l'arbre. Le *mlenmlen* conclut ainsi :

« Lignée de ceux qui ne craignent pas la mort. »

Le souvenir d'un désagrément subi par une famille d'Houéto en pays Aizo, non loin d'Abomey Calavi, est évoqué dans un *mlenmlen* où il est dit : « La nuit ne laissez pas les jarres d'indigo à la porte de la maison. » En effet, autrefois, durant la nuit, des personnes mal intentionnées glissèrent des poignées de sel dans des jarres de teinture d'indigo restées à la porte de la maison de famille Aysso pour en détériorer le contenu.

Les *oriki* des dieux sont composés d'un mélange de formules anciennes, où les vertus et la puissance de l'*Orisa* sont évoquées, et de phrases se rapportant à certains prêtres locaux de cet *Orisa*, devenus célèbres par leur puissance, leur science ou leur splendeur.

Certains *oriki*, ayant trait à l'*Orisa*, sont connus au lieu d'origine de celui-ci et se retrouvent sur une aire de répartition très vaste qui s'étend quelquefois jusqu'au Brésil et à Cuba.

D'autres, purement locaux, se rapprochent des *oriki* des lignées familiales ; tels ceux relevés dans les *oriki* de Shango à Sakété :

« Prêtre de Shango,

Il fait de grands vêtements pour aller à la maison du roi.

Orgueilleux cultivateur, qui porte un turban au retour du champ.

C'est un chef qui prend le titre de *Awoni*[1].

1. *Awoni* : un ancien prêtre de Shango.

Awoni qui mange dans une assiette.
Le contenu d'une assiette, que le propriétaire prend sens dessus dessous, tombe à terre. »

Avant d'aller plus loin, il est important de faire remarquer que l'*oriki* ou le *mlenmlen* relève de cet élément que les civilisations basées sur l'écriture ont perdu, c'est-à-dire de la « puissance du verbe », de l'« expression faite vie » ; le terme yoruba *afoshe* signifie « réaliser-exprimer ».

L'*oriki* ou le *mlenmlen* ne sont pas de simples formules apprises par cœur ni une suite de citations érudites placées opportunément. Ils sont différents des proverbes, contes et jeux de mots, bien que ceux-ci puissent entrer dans l'énoncé d'un *oriki* ou d'un *mlenmlen*. Ils en sont séparés par toute la différence qu'il y a entre la religion et le folklore.

L'*oriki* et le *mlenmlen* sont destinés à conserver l'équilibre des choses et des éléments en les définissant à nouveau, en leur redonnant l'existence, en les recréant, en les renouvelant et en les réactualisant. S'ils sont connus le plus souvent par l'ensemble de la population d'un pays, ce sont cependant des officiants consacrés qui les prononcent les jours de cérémonies, car seuls ils ont la puissance de donner de la « force » à la chose exprimée.

Une traduction d'un texte ne peut rendre l'atmosphère de ces chants : le ton fervent de la voix donne une ampleur dramatique à ces longues litanies dites en solo et reprises en chœur. « C'est à ce style (homophone) qu'on doit des pièces aussi recueillies que certains *oriki* de Shango, qui met au tout premier rang, dans l'art liturgique de tous les temps, le chant religieux africain[1]. »

1. Gilbert Rouget, *Histoire de la musique*, Encyclopédie de la Pléiade, p. 220.

Les *oriki* que nous allons citer ci-après peuvent être classés de diverses façons :

Certains constituent une sorte d'épopée de l'*Orisa*, décrivant ses moments de gloire et ses périodes de malheur. Ils parlent de ses qualités et de ses défauts, car les *Orisa* sont d'anciens êtres vivants et, s'ils éprouvent de l'orgueil à entendre évoquer les hauts faits dont ils furent les héros, ils s'attendrissent à l'évocation de leurs mésaventures et de leurs moments de faiblesse.

D'autres montrent le dieu agissant à l'encontre de ce qui paraîtrait logique ou raisonnable et lui donnent de ce fait quelque chose d'étonnant et de merveilleux, ainsi pour *Eshu* :

« Accroupi, il atteint de sa tête le toit de la maison,

Debout, il n'est pas assez grand pour atteindre le foyer. »

Shango :

« Porte le mortier sans gémir et gémit s'il porte une fourmi. »

Ou : « Il entre dans la grande maison avec huit cents sacs en équilibre sur sa tête.

Il n'en porte que deux sur la tête pour venir à la maison. »

Obatala :

« Donne à qui possède et prend à celui qui n'a rien. »

Ou : « Mon maître qui met trois ans pour tisser un seul bonnet. »

D'autres *oriki* se présentent sous forme de proverbes ou de sentences, ou encore d'imprécations ou de phrases gaillardes.

Les *oriki* et les *mlenmlen* qui suivent ont été recueillis en divers points du Nigeria et du Dahomey.

« ORIKI » D'« ESHU », MESSAGER DES AUTRES DIEUX

Il est debout seul dans l'entrée comme un fils d'étranger.

Faites au fils d'étranger le mal que vous dit de faire le fils de la maison.

Eshu est debout à l'entrée.

Il est debout dans l'entrée au-dessus de la charnière de la porte.

Eshu, ne me fais pas de mal, fais du mal au fils d'un autre.

Eleyinbo devient la graine du jeu d'*ayo*.

Avec la graine du jeu d'*ayo* on ne peut que s'amuser.

Partant dans les champs d'arachide, son crâne se voit de temps en temps au-dessus des plantations.

Grâce à sa grande taille.

Eshu monte sur le foyer pour faire tomber du sel dans la sauce...

... C'est juste à la porte de la ville que se trouve le champ qu'il pioche.

Il fait son champ à l'endroit où le vieillard peut venir.

Lui seul fait le champ en zigzag comme la tanière d'un *awurèbé*.

Il frappe avec colère n'importe quel arbre et le fait tomber.

S'il se fâche, il piétine une pierre dans la forêt, et cette pierre se met à saigner.

S'il se fâche, il s'assied sur la peau d'une fourmi...

... Si *Eshu* veut entrer dans un pays, il y entre de force...

... Il va avec un tamis pour acheter de l'huile au marché.

Eshu qui pousse dehors les gens qui veulent se battre.

Il bat les porteurs d'offrandes qui ne font pas de bonnes offrandes.

Il crie pour que l'agitation soit rapidement dans la maison.

Il attache une pierre sur la charge de quelqu'un qui a un fardeau léger.

Prière de ne pas attacher de pierre sur mon fardeau...

... Il fait le tors devenir le droit.

Il fait le droit devenir le tors.

Il a huit cents gourdins.

Il a cent soixante gourdins noueux...

... Il part à Oyo et est de retour le même jour...

Il arrive devant le portail et dort pendant trois ans...

... Il marche en se dandinant fièrement...

... Il fait qu'au marché on n'achète ni ne vende jusqu'à la tombée de la nuit...

... Quand *Bara* se mouche, les gens croient que le train va partir.

Les passagers se préparent vite...

... Il est comme un barbu qui reste six mois dans la maison du teinturier.

Le teinturier ne peut ni teindre sa barbe, ni aller dîner...

... De la tête d'un serpent il fait un sifflet...

... Ayant lancé une pierre hier, il a tué l'oiseau aujourd'hui[1].

1. P. 126 à 134.

« ORIKI » D'« OGUN », DIEU DES FORGERONS

Vive *Ogun*, Vive *Ogun* ! Vive *Ogun*.

Ogun qui coupe quelqu'un en morceaux plus ou moins grands.

Ire possède une chose que les gens ne peuvent pas connaître.

Ogun est appelé voleur par définition.

Ogun est propriétaire de la couronne qui coiffe *Onire*.

Ogun est le troisième *Orisa*.

Le propriétaire d'Ire ne laisse pas n'importe qui traiter *Ogun* de voleur.

Il est très haut et très élevé.

Il se sert d'un éléphant pour faire le culte à sa tête.

Il tue le mari dans le feu.

Il tue la femme sur le foyer.

Il tue les petites gens qui fuient dehors.

Ogun est la feuille d'*ejeregun* dans la maison de l'homme fier et entêté.

Il prend à volonté la tête d'un autre.

Il regarde fixement le pénis des gens.

Ayant de l'eau à la maison il se lave avec du sang.

Ogun qui fait se tuer l'enfant avec le fer (avec lequel il joue).

Apportant de l'eau il tue sept (personnes).

L'homme tremble comme quelqu'un qui ouvre une porte.

Il tue à droite et détruit à droite.

Il tue à gauche et détruit à gauche.

Le jour où *Ogun* a pris le mari et la femme, ce jour-là, j'ai eu peur qu'*Ogun* ne me touche, nous avons bu le vin de palme de la frayeur.

Soudain comme l'éclair, il effraie le paresseux.

L'épée ne connaît pas le cou du forgeron.

L'endroit où *Ogun* réside à Ire est obscur comme le soir qui tombe.

Le jour de la fondation (de son temple) il dit à ses enfants de ne pas poser un toit au-dessus de sa tête.

Chef du fer, homme guerrier.

Grande montagne derrière Ire.

Le pilier de terre tombe et fait trembler.

Quelqu'un le voit et il trébuche, il le voit et il se cogne contre un baobab.

Il le voit et renverse ses outils de fer sous un cocotier.

Il va en profondeur, il touche avec sa main la base de son pénis, peut-être est-il inactif.

Il constate que le pénis a pénétré et n'est pas inactif, sauf les testicules,

Sauf les testicules qui se vident.

Pas pesants dans le champ de la guerre.

L'igname négligée de la personne malade pousse rapidement dans la brousse.

Il cultive le champ que son propriétaire ne cultive pas.

Il dit à la personne malade que si elle meurt les gens prendront son champ.

Les râles empêchent la personne malade de dormir.

La feuille de Lisapa a une grosse tête.

L'eau du grand marais coule vers la rivière.

Un mort balance sa tête sur l'épaule de celui qui le porte.

Ogun tue Alara et détruit Ara...

... Il tue la propriétaire de longue mamelle sur l'eau.

La bataille du crabe avec le poisson.

Ayant puisé de l'eau à la maison et sur le chemin, il se lave avec du sang...

... *Ogun* se coiffe d'un chapeau couvert de sang.

Et la brousse et la forêt (brûlent) criant « rororo ».

Si quelqu'un dit qu'*Ogun* ne se bat pas, vous le verrez rapidement comme le plateau du jeu *ayo* sous le pied d'un éléphant.

Ogun fait résonner la tête d'un petit enfant comme une calebasse, il fait résonner la tête d'un grand comme une assiette.

Ogun, que je n'aie pas à subir la castration lorsque se font les cérémonies des coutumes.

Ogun Onire se bat dans le sang.

Ogun Onire qui mange du bélier.

Ogun Iremoje qui porte un serpent accroché au cou et se promène avec.

Ogun des barbiers mange les poils des gens.

Ogun des tatoueurs boit le sang.

C'est dans notre maison qu'on adore ensemble *Ogun*.

Qu'*Ogun* me protège comme il a protégé Lamoye à Jabata.

Il a quatre cents femmes et mille quatre cents enfants.

Ogun ne protège pas celui qui ne lui fait pas d'offrandes de kola.

Ogun Onire, mon mari, gros propriétaire du fer.

Ogun, herbe du marigot qui pousse avec exubérance, bonne à manger, bonne à vendre, bonne pour marcher avec.

Si quelqu'un dit que je vais mourir sur le chemin,

que le malheur tombe sur lui-même, qu'il meure comme une biche, qu'il tombe mort comme un *ekiri*, qu'il prenne la mort comme la biche meurt.

Il a des traits sur le corps comme seulement en a une biche sauvage.

À moins que ce ne soit *Akisale* qui ait enfanté d'un serpent *oka*.

À moins que ce ne soit *Akisale* qui ait enfanté d'un boa.

Ogun a tué *Onire*, il a pris Ire et y campe.

Propriétaire du monde qui marche devant les *Orisa*.

Grand qui prend le chef des hommes puissants.

Etenpe qui mange la tête de celui qui est têtu.

Le forgeron aura plus de bénéfice au marché que celui qui travaille aux champs.

Ogun tue *Onire*, il le tue complètement, il fait de sa maison l'endroit où rester.

Ogun sept parties dans la maison de Ire.

Il est très haut et très élevé[1].

« ORIKI » D'« OMOLU », DIEU DE LA VARIOLE ET DES MALADIES

Nous appelons tous les grands

Babanijè, Alajogun, Iyalayèwu, Ajogun apakè.

Nous ne parlons pas de quelqu'un qui tue et mange les gens.

Patience, il part dans la terre d'un autre.

La feuille d'*irawe* se balance à la surface de l'eau.

1. P. 175-182.

Le loup est sorti dehors, bergers, attachez bien vos moutons.

Une houe de plomb ne peut piocher un champ.

Couteau de cuivre ne peut couper un palmier...

... Sans langue, la bouche ne sert pas.

C'est un *Orisa* qui coupe la route.

Il a beaucoup de petites gourdes...

... À peine réveillé, il prend un talisman.

Nous le rencontrons dans la forêt, nous sortons la hache.

Est-ce un arbre *odan* ou est-ce quelqu'un ?

Touche-le avec la hache, tu sauras qui il est.

Il marche lentement et gifle l'enfant sur la joue.

Le scorpion a une queue recourbée.

Le serpent *paramale* ne répond pas à l'impertinent.

Chose très robuste.

Il tombe sur la route et la ferme comme un piquant.

Le piquant fait boiter celui qui entre en ville.

Pointe dans l'œil.

Il marche en titubant pour entrer dans la ville.

Mon père qui danse sur l'argent.

Il mesure ses perles avec des marmites et les sépare de ses bijoux de cuivre.

Chasseur noir qui se recouvre le corps de pagnes de raphia.

Je me promène longuement dans les champs.

Je n'ai pas rencontré un seul *Orisa*,

Qui fasse un vêtement garni de petites gourdes,

Si ce n'est *Omolu*.

Mon père qui fait un vêtement de peau garni de petites gourdes.

Personne ne doit sortir seul dehors à midi [1].

1. P. 260-269.

« ORIKI » D'« OSHUN », DIVINITÉ DE LA RIVIÈRE DU MÊME NOM EN NIGERIA

Iyalode, très grosse, qui fend les vagues.
Elle, dont la grande parole salue l'eau.
Nous l'appelons et elle répond avec sagesse dans la ville d'Ekiti Efon.
Elle fait à quelqu'un ce que le médecin ne fait pas.
Orisa qui guérit le malade avec de l'eau froide.
Si elle guérit l'enfant, elle ne présente pas d'honoraires au père.
Nous pouvons rester au monde sans crainte.
Iworo, oiseau qui porte une plume brillante sur la tête.
Iyalode qui guérit les enfants, aide-moi à en avoir un.
Elle est témoin du bonheur renouvelé de quelqu'un.
Mère, viens m'aider à avoir un enfant.
Elle dit à la tête mauvaise de devenir bonne.
Je ferai pour *Oshun* ce que je ne ferai pas pour quelqu'un d'autre.
Une femme puissante.
Femme mécontente le jour où son enfant se bat.
Elle assiste avec les gens au palabre.
Oshun ne consent pas que les choses mauvaises du monde soient sur moi.
Elle a des remèdes gratuits et fait boire du miel aux enfants.
Elle a beaucoup d'argent et sa parole est douce...

... Laissez l'enfant entourer mon corps de ses mains.
La main de l'enfant est douce.
Oshun est douce.
C'est une cliente des marchands de cuivre.
Elle agite ses bracelets pour venir danser.
Elle va avec une démarche hautaine.
Elle est élégante et a de l'argent pour s'amuser.
Femme élégante qui a des bijoux de cuivre épais.
Propriétaire du peigne de corail.
Propriétaire de beaucoup de plumes de perroquet.
Oshun lave ses bijoux de cuivre et ne lave pas assez ses enfants.
Iyalode dont la peau est très lisse.
Il n'y a pas d'endroits où on ne connaisse *Oshun*, puissante comme le roi.
Elle refuse le manque de respect.
Elle reste à la maison et tend la main à la richesse.
Elle danse et prend la couronne, elle danse sans demander.
Si la femme est sur le chemin, l'homme fuit.
Elle danse dans la profondeur de la richesse.
Elle se réveille et agit comme quelqu'un de fameux.
Elle porte un titre et voyage.
Une femme couronnée est rare.
Propriétaire de l'or.
Elle creuse le sable pour y garder l'argent,
Elle creuse le sable pour y recueillir l'argent.
Quand elle sort tous les gens la saluent[1].

1. P. 422-434.

« ORIKI » DE « OBATALA », DIVINITÉ DE LA CRÉATION

Obatala, puissant roi d'*Ejigbo*,
Obatala, propriétaire de la chose sacrée.
Roi de *Tapa* dans la cour d'*Iranje*.
Il donne à qui possède et prend à qui n'a rien.
Il reste tranquille et juge tranquillement.
Il regarde du coin des yeux sans en avoir l'air.
Avec des mains longues, il retire le fils tombé dans la trappe.
S'il a à manger, il nous donne à manger.
Si le propriétaire de la maison se réveille, le plomb ne se réveille pas.
Il dort dans la maison et cale sa porte avec le plomb.
Roi dont tous les jours sont des jours de fête.
Roi propriétaire de voile tout blanc.
Roi juste comme la main d'*Ifa*.
Roi qui met au monde sans oublier.
Il brise complètement l'œil du malfaiteur.
Il frotte la fesse du malfaiteur comme on frotte un sac de raphia.
Il mange le rat comme *Oneren*.
Il mange du poisson comme *Onigere*.
Propriétaire d'une chaîne à la cour du ciel,
Il soutient celui qui dit la vérité.
Obatala, mari de *Yemowo*.
Obatala, maître du bossu.
Obatala, maître de l'albinos.
Obatala, mari de *Yemowo*.
Massif comme le chameau.
Auxiliaire puissant sur la terre des hommes,

Il dénoue son voile blanc et le donne en cadeau à l'enfant.
Orisa Olufon a l'œil joyeux.
Il reste au ciel comme un essaim d'abeilles.
Il plonge le ventre de son fils dans l'huile.
Il danse vivement ici au son du tambour *gbin*.
Orisa Ogiyan Elemosho.
Guerrier dont la barbe embellit la bouche.
Le coutelas prend la pâte d'igname et la porte comme vêtement.
Elemosho donne la richesse et les enfants.
Lui seul se lave avec l'eau de gourde.
La mort chasse la guerre sans se sauver.
Silencieusement, il pile l'igname sèche dans le mortier.
Homme beau comme la feuille d'*egbesi*.
Il décharge l'oiseau *adugbo* des plumes qu'il a sur la tête.
Bel *Orisa* qui avale successivement les ignames.
Il meurt avec de la pâte d'igname comme collier.
Nous disons à *Orisa Ogiyan* de ne pas partir à Oyo.
Obatala.
Fameux dans l'assemblée
Têtes couronnées de perles *segi*
La perle *segi* est une perle commune pour lui.
Il est le propriétaire de la loi et prend le commandement.
Il s'éveille et crée deux cents habitudes.
Homme mince et sans cicatrices.
Son activité sur terre n'a pas de limite.
Rond comme un terrain à marché[1].

1. P. 466 et suiv.

« ORIKI » DE « SHANGO », DIEU DU TONNERRE

Il fait venir le feu du ciel.
Ceint d'un tablier d'argent, il rentre dans la ville.
Il rit lorsqu'il va chez *Oshun*.
Il reste longtemps dans la maison d'*Oya*.
Ni *Ogun* ni *Shango* ne révèlent aucun secret.
Si la pluie ne murmure et le tonnerre ne gronde, *Shango* ne peut tuer les gens.
L'indiscret qui veut découvrir le secret de *Shango* ne restera pas au monde.
Celui qui respecte le secret, mon Seigneur lui facilitera les choses.
Propriétaire du fusil au ciel.
Fils de *Yemoja*.
Il porte un grand vêtement écarlate.
Léopard, mari d'*Oya*.
Shango fend le mur, il coupe le mur fortement et y met une pierre de foudre.
Mari de *Yansan*.
Les *elegun Shango* tressent leurs cheveux.
Au réveil, il se saupoudre de rouge (*osun*) comme une jeune fille.
Eau à côté du feu, au centre du ciel.

Il frappe et fait tomber à terre celui qui est stupide.
Il coupe sèchement le mur du menteur.
Il le tue et fait pénétrer son doigt dans l'œil.
Il tue celui qui exagère et ferme sa porte.

Il prend l'enfant têtu et l'attache comme un mouton.

Il lorgne brutalement vers le menteur.

S'il fronce le nez, même s'il ne lui parle pas, le menteur s'enfuit.

Il danse sauvagement dans la cour de l'impertinent.

Il met le feu à la maison du menteur.

Il frappe l'obstiné aux reins.

Si une antilope entre dans la maison, la chèvre a peur.

Si *Shango* entre, tous les *Orisa* ont peur.

Il fend le ciel complètement.

Mon Seigneur qui d'une seule pierre de foudre tue six personnes.

Très sale et très têtu, il gifle le propriétaire de la maison et empoigne l'*amala*.

Il le coupe en morceaux et fait de la tête un remède.

Il se bat comme une tornade dans la ville, il monte en spirale sur un *banyan* et part.

Lorsqu'il a tué quelqu'un, il accroche sa jambe dans un arbre *arere*[1].

Mon Seigneur qui coupe une tête comme un régime de noix de palmes.

Après avoir tué le porteur de cacao, il tue le boa pour empêcher de pénétrer dans le champ.

Roi qui prend celui-ci et prend celui-là.

Il est difficile d'être en sa compagnie.

Mon Seigneur qui fait se sauver celui qui a raison.

Il attend ce qui nous a fait peur.

1. P. 307 et 308.

Il les brise par centaines.
Il verse tous les gens dans la forge.
Mon Seigneur, la forge devient le lit des grands.
Il se bat sans avoir tort.
Il détruit la maison d'un autre et y met la sienne après.
Il a battu deux cents personnes dans la forêt et brisé la forêt autour avec son dos.
Il y a beaucoup de débris autour de lui.
Orisa qui ayant déjà tué *Efun Doyin* veut encore se battre.
Il monte sur le kapokier et le fait tomber déraciné.
Il va en dansant *gbangu* depuis Ibadan jusqu'à Oyo.
Il grille les intestins et les mange.
Sa poitrine est brûlante comme la brousse au pied du palmier.
Éléphant qui marche avec dignité.
Léopard vif qui chasse beaucoup.
Il saute vivement et entre sous l'ongle de la personne qui a préparé de la pâte et ne lui a pas offert à manger.
Bale koso chante deux cents chansons devant les joueurs de tambour bata.
Il saute vivement sur le dos de son cheval.
Il tue *Kaletu*, il tue *Aminam*.
Il s'assied sur la tête d'une tortue.
Il montre des dents comme le kola, lorsqu'il sourit.
Mort aux environs de la forêt de *Lalupon*.
Il va au ciel sans marcher à pied.
Chose étrange sur le chemin à *Teji Oka*.
Je l'ai vu aujourd'hui ramasser les gens du marché et les attacher comme du bétail.

Mon Seigneur qui cuit l'igname avec l'air qui sort de son nez.

Aré cuit le restant sur la lèvre supérieure.

Terrifiant propriétaire de *laba* qui ramasse la tontine sans cotiser.

Mon Seigneur qui attache les ignames chez son beau-père avec des intestins.

Dormant dans la maison, il se fait peur à lui-même.

Avec colère il attache une chaîne au cou d'*Aran Nigan*.

C'est un fou qui va par tous les chemins ouverts.

Quelqu'un qui ramasse le rat devant les yeux de celui qui l'a tué.

Il tue la personne qui prépare la pâte et la mange avec elle.

Il menace le mâle, il menace la femelle, il menace celui qui parle, il menace le riche.

Il casse une chaîne à l'endroit qui lui plaît.

Il peut commander la guerre.

Il baptise à nouveau le musulman.

Il lui fait faire l'ablution à l'endroit où est tombée l'eau de pluie.

Il poursuit le chrétien de son cri puissant.

Orisa, fou qui coupe une portion de son propre corps et le mange.

Il bouleverse avec fureur les tôles du toit de la maison.

Il tue le premier et il tue le vingt-cinquième.

Il a pitié d'un père de six enfants, il lui en laisse un en vie.

Léopard aux yeux fulgurants.

Il sort dans la guerre, léger comme la fumée.

Nuage de pluie qui assombrit un côté du ciel.

Il frappe avec une grosse pierre.

Il fend la porte et se bat avec le propriétaire de la maison.

Il tue un Européen et détruit son automobile, il tue le vieux et tue le jeune.

Si *Shango* tue le sang coule.

Si *Shango* voit du sang il le boit.

Shango a un tablier couvert de talismans puissants.

Il fait trembler les gens du quartier.

Il n'y a pas de danger pour moi en présence d'*Olukoso*.

Il souhaite longue vie à tous les guerriers.

Il fait le vieux se marier à nouveau.

Shango, protège-nous contre ceux qui ont planté contre nous des talismans dans la terre.

Que le talisman se retourne contre eux[1].

PRIÈRES À « SHANGO »

Eshu, que notre réveil soit dans le bonheur.

Nous te saluons à ton réveil.

Que le pied soit calme.

La tête d'un cadavre ne peut guérir.

Ajidigbi marche comme le feu.

Que notre réveil soit dans le bonheur.

Premier prêtre de *Shango*, que notre réveil soit dans le bonheur.

Deuxième prêtre de *Shango*, que notre réveil soit dans le bonheur.

1. P. 306 à 310.

Troisième prêtre de *Shango*, que notre réveil soit dans le bonheur.

Quatrième prêtre de *Shango*, que notre réveil soit dans le bonheur.

Mogba terre.

Mogba ciel.

Shere victorieux (*Ajashe*).

Père être pluie.

Oshe ogbondo.

Le chiffre douze est celui d'un homme puissant.

Roi grand.

Roi mûr.

Roi fort.

Roi, prends de l'eau.

Oba Ajiboye.

Oba Shoispashan.

Roi sept à la Cour du ciel.

Ogun sept à la Cour d'Ire.

Yansan, que notre réveil soit dans le bonheur.

La mort trouve la tête.

Vent de la mort.

Il meurt brutalement.

Oshun, que notre réveil soit dans le bonheur.

Elle creuse le sable pour y garder l'argent.

Yemoja, que notre réveil soit dans le bonheur.

Alara Magba.

Orisha oko, que notre réveil soit dans le bonheur.

Tête richesse.

Omolu, que notre réveil soit dans le bonheur.

Sans langue la bouche ne sert pas.

Ogun, que notre réveil soit dans le bonheur.

Il marche devant les *Orisa*.

Il tue frais et mange frais.

Olukoso (titre de *Shango*), que notre réveil soit dans le bonheur.

Il tue ; son sac est vide.

La tête peut marcher grâce aux yeux.

La mort est à nos côtés.

Léopard dans la forêt d'*Ada*.

Il tue le premier et tue le vingt-cinquième.

Que notre réveil soit dans le bonheur.

Que, à notre réveil, nous ayons de l'argent.

Que, à notre réveil, nous ayons des femmes.

Que, à notre réveil, nous ayons des enfants.

Que notre réveil ne soit pas pour trouver la mort.

Que nous ne nous levions pas pour tomber malades.

Que nous ne nous levions pas pour avoir un procès.

Que nous ne nous levions pas pour éprouver des pertes.

Que nous ne nous levions pas pour être victimes de la malignité qui tue mieux que la mort.

Que nous n'ayons pas de différends avec le roi.

Que nous ne comparaissions pas devant l'Européen.

Que notre bouche soit pure.

Que nous puissions saluer, ayant des noix de kola dans la bouche.

Que le *shere* ne s'échappe pas des mains de nos pères.

Que le pagne ne puisse pas se déchirer au-dessus de l'initié.

Nous adorons *Shango*.

Que le porteur de bien-être vienne à la maison.

Que le porteur de malheur se retire.

Que les petits-enfants soient très fidèles.

Nous appelons.
Qu'à notre réveil il ouvre le chemin.
Qu'il nous ouvre le chemin de l'argent.
Qu'il nous ouvre le chemin de la femme.
Qu'il nous ouvre le chemin de l'enfant.
Que rien de mauvais n'arrive à aucun de ceux qui viennent servir cet *Orisa*...

CHANTS

Regardons.
Mon père l'*Orisa* arrive.
S'il vous regarde vivement vous allez mourir vivement.
S'il vous regarde hâtivement vous allez mourir hâtivement...

Shango peut nous aider.
Shango le mari d'*Oya*.
Nous n'avons qu'à le suivre.
Qu'il vienne faire avec nous ce que nous ne pouvons faire sans aide.
Nous ne savons pas comment lui prononcer des imprécations.
Nous n'avons qu'à savoir saluer *Shango*.
Shango, si l'igname devient pâte d'igname.
Si le maïs devient *amala*.
Ona origana devient difficulté.
Oya, écoute les paroles avec la société.
Écoute si j'ai parlé.
Shango, écoute si j'ai parlé.
Alado, écoute les paroles si j'ai parlé.

Sociétaire, écoute si j'ai parlé.
Oya, écoute si j'ai parlé.
Les perles sont profit sur *Shango*.
Les perles sont profit sur le roi d'*Oyo*.
Les perles sont profit sur *Shango*.
Initiés, bonne cérémonie.
Shango, salue tous les initiés dans la cour.
Initiés, bonne cérémonie.
Alado, viens aujourd'hui et va à la cérémonie.
Roi, viens, que nous partions tous et que la fête soit bonne.
Shango, viens, que nous partions tous et que la fête soit bonne...

Je salue le tout-puissant *Shango*.
Yeye o Areni.
Yemoja ne connaît pas la bataille.
Yemoja, viens soutenir ma voix, l'amusement, la joie.
Ne dors pas à la maison, oh ! mari d'*Oya*.
Shango, porte-moi sur ton dos, que nous sortions ensemble.
Oh ! homme robuste comme un *oshe*.
Laissez-moi sortir avec le père.
Il sort avec nous et il revient avec nous à la maison.
Laissez-moi sortir dehors avec *Woru*[1]

Introduit par P. Verger

1. P. 317 à 320.

V

Les chants initiatiques des Chagga

[B. Gutmann, *Die Stammeslehren der Dschagga*]
Traduit de l'édition anglaise
par R. Gueugniaud

L'initiation, qui s'étend sur de très longues périodes, est particulièrement développée chez les Chagga et semble servir de base à la vie communautaire de ce peuple. Elle commence par le « percement des oreilles » effectué avant la circoncision — laquelle n'est qu'un épisode et constitue, avec les épreuves qui l'accompagnent, un entraînement à la maîtrise de soi. Elle se poursuit après l'opération par l'« initiation du bois », puis celle donnée pendant la retraite dite « du camp », enfin celles du mariage et du « grand » mariage.

Elle est donnée par des instructeurs ou « anciens » responsables de la transmission de l'enseignement, qui appartiennent à la classe d'âge des parents de ceux qu'on a initiés. Chaque enfant a un assistant, le *mwitsi*, choisi par les anciens pour ses compétences, qui a pour mission de lui expliquer les chants d'initiation ; le rôle important de cet assistant est tout entier résumé dans le sens du mot *mwitsi*, « celui qui écoute pour quelqu'un », afin de lui faire comprendre ce qu'on lui apprend.

La base de l'enseignement est constituée d'une série de chants initiatiques qui sont autant de leçons que doivent apprendre les enfants, et qui sont repris en chœur par les anciens et les assistants, et commentés ensuite par ces derniers. Chaque matin, l'enseignement est précédé d'une prière adressée à Dieu, aux esprits, ou aux ancêtres.

Au début de l'initiation du « grand bois », les jeunes néophytes sont conduits aux lieux sacrés, où l'instructeur prendra la parole : d'abord là où pousse l'olivier, à côté de l'« arbre de lait », sa contrepartie féminine. Sous un palmier se trouvent une large pierre et une dent d'éléphant, qui symbolisent le pouvoir sexuel des ancêtres des deux sexes.

Les néophytes sont accueillis à l'entrée par le chant suivant, entonné par leurs aînés, assis sous l'olivier :

Ha eh heh eh ! je parle à mon groupe de novices
Et voici ce que je dis à mon groupe de novices :
Bienvenue après la traversée.
Eh heh heh, eh heh !
Bienvenue, mon groupe de novices,
Il est heureux que vous ayez échappé à la baguette,
et que vous ayez accompli ce rite.
Eh heh heh, eh heh !
Il est heureux que vous ayez échappé à la baguette.
Je dis à l'assistant des enfants :
Il ne doit pas vous permettre de dire puhuh dans la cour.
Eh heh heh, eh heh !
S'il défend le puhuh, il défendra aussi la morsure,
La morsure, la morsure dans la cour !
Eh heh heh, eh heh !
S'il défend la morsure, il défendra tout grognement, tout grognement dans la cour.
Eh heh heh, eh heh !
Je te le dis, mon petit frère,
Il ne doit pas devenir un léopard aux larges taches.

Eh heh heh, eh heh!
Nous les dévorants, nous les aînés,
Nous le mangerons, nous le dévorerons, nous le détruirons.
Eh heh heh, eh heh!
Voilà ce que nous voulons dire aux assistants de l'enfant.
Debout et dis-le à son jeune frère qui le suit!
Eh heh heh, eh heh[1]!

Un peu plus tard, après leur avoir montré individuellement la pierre et la dent d'éléphant, l'instructeur leur chante le chant suivant :

Ha eh heh, eh jeh, mon compagnon d'âge[2]
Écoute bien, mon compagnon d'âge,
Mon compagnon d'âge, toi enfant des hommes,
Hei jeh oh ja eh, écoute bien, mon compagnon d'âge.
C'est le secret des hommes,
Voilà ce que je te dis, écoute bien, compagnon d'âge.
Il recherche la difficulté du secret, c'est cela.
Et c'est le frère aîné de l'homme,
C'est le voyageur qui a marché avec lui,
Il a marché,
C'est ton frère aîné, celui qui a marché.
Je te le dis : Abandonne ton attitude de refus
Par laquelle tu refuses ton frère aîné; il doit t'accompagner dans ton parcours.

1. P. 328-329.
2. « Mon compagnon d'âge » pourrait être traduit avec son sens original par « mon compagnon de révélation et de retour ».

Tu as entendu, c'est l'attitude de refus, enfant des hommes.

Il marche avec toi pour que tu voies chaque chose :

Il t'a parlé de la porte et tu l'as vue,

Il t'a parlé de la cour du secret et tu l'as vue,

Et tu as vu la cour du secret.

Et tu as vu la baguette, la baguette du secret[1].

Et du côté de la cour, tu as vu l'arbre à lait (le banyan).

Tu as vu ces choses, mon jeune frère,

Ton jeune frère t'a aussi montré la grandeur silencieuse,

Et il t'a dit : Qu'as-tu vu d'autre que la grandeur silencieuse, dans le secret ?

Ah, auprès de la grandeur silencieuse, il t'a aussi montré le lien du sang des hommes[2].

Et il t'a dit : Voici le lien du sang des hommes, tu ne pourras plus être injurié par les enfants des femmes.

Mais aussi tu dois cesser de jouer avec les enfants des femmes.

Va où paissent les chèvres, va, compagnon d'âge.

Ô ja heh, hia aha.

Écoute, toi assistant des enfants,

Parle à ton jeune frère de son attitude de refus.

Ô ja heh, hia aha[3].

1. La baguette du secret désigne, dans le « grand bois », l'olivier sauvage auquel on prend les branches du fouet.

2. La large pierre ronde, symbole féminin, est désignée par l'expression « grandeur silencieuse ». La défense d'éléphant, symbole masculin, dite couramment « virilité des hommes », est mentionnée par l'expression « lien du sang ».

3. P. 330-331.

L'instructeur commente ensuite ce chant : il fait comprendre aux futurs initiés que le groupe des hommes dans lequel ils vont entrer est différent de celui formé par ceux qui ne sont pas « relevés », c'est-à-dire les enfants non initiés. Mais ceci présente un danger : l'orgueil de soi-même et le mépris des autres dont ils doivent se défendre.

Après cela l'aîné des « anciens » entonne le *Chant de la fin du grand bois* qu'il commentera ensuite.

Quand le jour se lève, les hommes serrent les rangs pour le pèlerinage du bois.
Oh, il part tôt le matin.
Oh, le pèlerinage des hommes,
La procession des novices serre les rangs quand le jour se lève.
Oh, la procession des novices, oh l'escorte !
Oh, elle part tôt le matin.
Oh, nous sommes tous des hommes, aucun de nous n'est un bavard.
Oh, ceux qui doivent défendre le bétail !
Oh, nous sommes tous des hommes, nous novices.
Oh, toi qui dois défendre le bétail,
Toi, assistant de l'enfant, écoute-le.
Apprends l'enseignement à la génération qui vient.
Dis à l'enfant : Nous, novices, nous sommes tous des hommes !
Heh heh hoh, ceux qui doivent défendre le bétail[1].

Les néophytes sont ensuite conduits au « champ de l'aînée des mères ». L'instructeur chante :

1. P. 333-334.

Ei jeh jeh eh ih he, balance-toi de-ci de-là.
Je me balancerai comme il faut, mon compagnon d'âge.
Je me balancerai aussi fort que les plumes d'autruche.
Eh, jeune mère du son des cloches,
Heh heh heh, tu vois la plume d'autruche, c'est elle qui me conduit.
Je me balance avec elle et tu la vois.
Eh, jeune mère du son des cloches,
Tu vois la plume d'autruche.
Le Colobus se balance aussi à la maison.
Il se balance fort et tu le vois.
Eh, jeune mère du son des cloches,
Tu l'as bien vu, comme il tourne en cercle.
Eh, jeune mère du son des cloches,
Eh ha, balance-toi, balance-toi !
Eh heh heh, est-ce que je ne tourne pas aussi en cercle ?
Par ce cercle, je crie vers le vieil homme céleste,
Pour que, lui aussi, il se balance avec moi, compagnon d'âge.
Pour qu'il m'aide à conduire au but la génération qui vient.
Eh, jeune mère du son des cloches,
Bien, nous avons atteint la prairie de la plus vieille mère.
Eh, jeune mère du son des cloches !
Oui, c'est là,
Oui, partez d'ici, jeunes chèvres et jeunes veaux.
Eh, jeune mère du son des cloches,
Ah, prions bien celui qui vient de Dieu
Pour qu'il prenne soin des veaux.
Eh, jeune mère du son des cloches.

Mais, toi, assistant de l'enfant, écoute.
Dis à ton groupe de novices
Qu'il est venu à la plus vieille mère.
Ne voit-il pas comme je me balance ?
Eh, jeune mère du son des cloches !
Ne voit-il pas comme je me balance
Avec la descendance des abeilles ?
Eh, jeune mère du son des cloches !
Maintenant, assistant de l'enfant, approche-toi.
Dis-le à la descendance des abeilles.
Je l'ai conduit à la grand-mère.
Eh, jeune mère du son des cloches[1].

Puis l'instructeur introduit la tonsure des enfants en chantant :

Ei eh, assistant de l'enfant, qu'y a-t-il après ?
Bien, camarade, où as-tu porté l'étincelle ?
Où as-tu porté l'étincelle pour que nous puissions l'envoyer plus loin ?
Pour que nous puissions lui faire gravir nos montagnes.
Bien, camarade, l'arc, l'arc, l'arc !
C'est ici, oui, notre arc des arcs,
Bien, camarade, il vient d'être coupé.
Il a été coupé par le fils des plaines, par l'homme d'Arusha.
Il a coupé notre arc.
Eh eh, l'arc, l'arc, l'arc, hia !
Oui, bien, toi assistant de l'enfant, voilà ta « dureté ».
Ta « dureté » sait que tu dois la cacher.

1. P. 336-337.

L'aîné vous dit : cache ta « dureté ».
Et c'est moi qui suis l'aîné,
Je te le dis : annonce-le aux novices
Eh eh eh, l'arc, l'arc[1] !

Il commente ensuite le texte. Tous les novices qui sont allés au bois sacré deviendront des hommes qui se marieront, procréeront, iront à la guerre — à laquelle font allusion l'étincelle et l'arc — pour nourrir leur famille et prendre du bétail.

Un peu plus tard, les néophytes sont conduits à la rivière où ils prendront un bain rituel. Au moment où le chant suivant est entonné, ils doivent se jeter à l'eau.

Je me lave du canard sauvage.

Les novices se baignent, heh heh !
Je me lave du canard sauvage,
Les novices se baignent, heh heh !
Je me suis débarrassé du canard sauvage en me lavant.
Je me baigne dans la mare,
Je me suis lavé du canard sauvage.
La voici, mare.
Ne l'oublie pas, ta mare,
Toi, compagnon d'âge, he heh !
Ô ami, ami, eh heh heh heh !
Ô ami, ami, eh heh heh heh !

Soudain, l'aîné, sur un ton suraigu, chante les mots suivants :

1. P. 339.

Tshiu tshiu, eh heh heh heh!
Tsiu tsiu, eh heh heh!
Voici ton jeune frère,
Heh heh heh!

Au mot *tshiu*, les novices grimpent sur la berge et les assistants les aident à s'habiller. La procession s'aligne alors pour le retour et grimpe la colline. On chante alors le refrain du *Chant de l'aîné* :

Toi, jeune homme, tu cherches l'apaisement,
Toi, jeune homme, tu cherches l'abondance,
Tu verras,
Ei jeh, tu verras,
Eh, tu verras.
Tu verras la peine,
Heh, tu verras!
Tu verras l'oppression,
Heh, tu verras!
Tu verras, enfant circoncis,
Heh heh, tu verras!
Tu verras les oppressions,
Heh, tu verras!
Toi, jeune homme, tu cherches le calme.
Toi, jeune homme, tu cherches ta postérité.
Voilà l'assistant,
Je parle pour lui, pour qu'il sache.

Au faîte, là où la route suit la ligne des crêtes de collines, jusqu'au village, l'aîné commence à danser en tête de la procession et chante :

Ah he he hajo hoh!
Je suis le gardien, je reviens, j'ai rempli ma mission en vue des collines, hoh!

Ah le le haja hoh
Je reviens, j'ai rempli ma mission en vue de l'arrière du village.
Ei jeh jeh jia jeh hoh !
Car je suis le gardien, hoh !
Je reviens, j'ai rempli ma mission en vue des collines, hoh !
Ah le le haja hoh !
Je suis le gardien, j'ai rempli ma mission en vue de l'arrière du village, hoh !
Ha, celle qui détruit, qu'elle s'écarte du chemin !
Tu ne verras pas les mâles,
Les mâles, les taureaux.
Tu ne verras pas la procession des novices qui s'avance ah le hoh !
À la mère qui les a mis au monde, nous dirons :
Apporte la crème, apporte la graisse, hia hoh !
Frotte la face du flûtiste.
Frotte son front, hia hoh !
Écoute bien, toi l'assistant,
Fais bien comprendre ceci à tes novices, eh hoh heh !
J'ai maintenant atteint mon but,
Soigneusement, soigneusement, eh kale, comme l'abeille, hoh !
Comme l'abeille apportant sa charge de pollen,
Soigneusement, soigneusement, eh kale, comme la fourmi noire,
Comme la fourmi noire accrochée à son butin, hia hoh !
De la même façon que l'abeille, hia hoh !
De la même façon que la fourmi noire, hia hoh !
Et moi, l'aîné, moi l'aîné du temps jadis,
Je porte cette procession de novices, hia hoh !

Le voici, il revient, celui qui a rempli sa mission de gardien en vue des collines.
Ah le le, haja, hoh !
Il revient, celui qui a rempli sa mission de gardien en vue de l'arrière du village.
Oh le le, heh[1] !

Après le bain rituel, les enfants reviennent en procession au village, où les attendent leurs parents, les anciens et « les plus âgées des mères ». Des cérémonies se déroulent alors dans les cours des maisons : danses des mères, sacrifice d'une brebis, distribution de nourriture préparée par les femmes, onction des garçons. Tout le monde danse, à l'exception des enfants, qui restent les yeux baissés, par déférence. À la demande des anciens, la danse cesse, et l'aîné des assistants instruit les garçons de leurs devoirs envers leurs mères. Puis il commence à danser, « la plus âgée des mères » se joint à lui, les initiés restent debout la figure cachée. Il chante :

Mon père, *weih*, hommage !
Et maintenant, que reste-t-il à faire ?
Mon père, *weih*, sois content !
Que reste-t-il encore ?
Mon père, hei, sois content !
Je te salue, toi et la prospérité (l'enfant).
Eh *weih le*, je te salue, toi et la prospérité.
Weih, mon père, je te le dis,
Voici tes novices, père, mon père !
Les voici, ceux que je t'ai conduits en hâte, mon papa.
Eh, mon papa, je te les amène en hâte.

1. P. 345-347.

Eh *kale weih*, mon père, je les ai donc éveillés pour toi dans l'obscurité de la nuit.

Ah je les ai éveillés pour le père, mon père.

Voudras-tu me montrer la grand-mère, ma grand-mère ?

Ne veux-tu pas le dire à ma grand-mère, le lui annoncer ?

Dis-lui que ses novices sont morts avec la rédemption, ma mère.

Dis-lui que ses novices sont morts avec le rachat.

Viens, ma mère, je voudrais te remercier pour le baume, l'onguent.

Après ce chant, l'instructeur leur explique le rôle de « la plus âgée des mères » qui, comme toutes les mères, « change la face des choses », c'est-à-dire a veillé sur l'enfant depuis sa naissance jusqu'à son initiation.

Viens ici, grand-mère, ma grand-mère,

Ah le, ma grand-mère, toi qui changes le cours des choses, viens !

Toi qui changes le cours des choses, viens !

Ah le, mon père, ce que je réclame, ce que je désire, c'est celle qui change la face des choses.

Je voudrais rendre grâces pour la voir,

Je voudrais rendre grâces et qu'elle le voie !

Je voudrais dire : merci mon père.

Je voudrais le dire à tes yeux.

Ah bien, mon père et toi, ma grand-mère,

Je suis l'assistant de l'enfant.

Je dirai la suite aux novices.

Je leur parlerai de celle qui change la face des choses.

C'est elle qui a mis au monde les petits lourdauds dans la cour.
Elle a épaissi les dragonniers du père, du papa, elle leur a donné du feuillage ; et ainsi, ils bruissent, touffus, ils poussent dans la cour.
Ils sont dans la cour du père.
Ah ke, ma grand-mère, je te donne l'enseignement.
Reçois-le de la même façon, ma grand-mère.

La grand-mère qui entend ces exhortations chante à son tour :

Ainsi, sois bienvenu, jeune frère !
Ainsi, sois bienvenu, petit frère !
Ah, ne suis-je pas l'herbe *yococo*, ne suis-je pas l'antilope naine ?
Je purifie la cour de ton père, jeune frère !
Mon petit frère, je suis la brebis du troupeau, celle qui est bénéfique.
Je suis la bonne brebis du berger.
Ah le, mon petit frère, aide-moi à parler aux novices.
Dis-leur : je suis le sang de la tortue dans la cour.
Ah, voici l'herbe d'expiation qui purge la cour.
Dis-le aux novices : il n'y a que moi pour apporter la paix,
Moi seule j'apporte la paix, la paix dans la cour[1].

« La plus âgée des mères » donne alors son enseignement ; l'aîné lui répond par un chant d'adieu :

Dors avec la prospérité (l'enfant), grand-mère.
Dors avec l'enfant, toi qui mets au monde.

1. P. 370-371.

Tu as mis au monde, pour moi, ma mère, un veau bien poussé.

Tu as mis au monde pour moi, ma mère, un veau qui a bien poussé.

Maintenant dors en berçant.

Maintenant, je loue la confiance que tu as bercée.

Je loue ce fait digne de confiance : le fait que tu as mis au monde et bercé ces petits béliers.

Ah ma mère, donnons-les maintenant au petit :

Le petit, n'est-ce pas l'assistant de l'enfant, ma grand-mère ?

L'assistant de l'enfant nous aidera à terrasser les petits béliers, ma nourrice.

Et quand il les terrasse, peut-être s'aperçoit-il chez eux de quelque dédain.

Ah ma mère, s'il voit un dénigreur, peut-être le dira-t-il au grand bélier.

Et s'il voit un dénigreur, alors je te le dirai, ma grand-mère.

Disons cet enseignement à l'assistant de l'enfant

Pour qu'il puisse le dire à celui qui erre,

Pour que, peut-être, il puisse le mettre en garde,

Le mettre en garde à ce sujet, ma mère.

Et quand il l'aura mis en garde, nous reviendrons sous peu.

Et si possible, à mon retour, je formerai les petits béliers comme il faut.

Voici l'enseignement, avertis bien tes petits béliers[1].

L'assistant se charge ensuite d'expliquer ce chant aux enfants.

1. P. 378-379.

Après le retour des enfants au village, commence la dernière phase de l'initiation, l'instruction proprement dite, dont le but principal est d'apprendre au jeune homme les règles du mariage.

Ils habitent alors tous ensemble dans une construction spéciale, où l'assistant passe la nuit avec eux, afin de les instruire. En les y conduisant pour la première fois, l'un des anciens chante :

Attention, assistant de l'enfant,
Assistant de l'enfant, je vois clairement le hangar
Et je remarque que ton hangar est la maison sans murs.
Elle pourrait devenir la maison sans murs.
Elle pourrait devenir la maison sans murs comme celle de Makudi,
Notre Makudi qui construisit un hangar.
Il le construisit pour lui-même, pour y former les petits béliers.
Plus tard, elle se révéla être la maison sans murs.
Oh ih hia aha !
C'est ce que je te dis, répète-le à ton petit frère.
Forme-les bien afin qu'ils deviennent des béliers gras.
Je te dis ceci qui a trait au passé, mon fils.
Oh ih maintenant, ouvre la maison ;
Qu'elle ne soit pas comme celle de Makudi qui, lui aussi, fut un jour assistant de l'enfant.
C'est ton passé, imprègnes-en les enfants.
Aujourd'hui, tu fais tes débuts,
Tu ne dois plus t'accorder de repos jusqu'à ce que tu m'appelles[1].

1. P. 384.

Lorsqu'ils sont entrés, « la plus âgée des mères » danse dans la cour du bâtiment, pour demander que leur soient rendus les enfants :

Enfant, tu te caches dans le hangar à claire-voie.
Je te guette et ne te vois pas,
Pourquoi me laisses-tu seule dans la chaleur du soleil ?
Si bien que je t'attends et ne te vois pas.
Ta grand-mère est privée de toi.
Elle te guette et ne te voit pas.
Le grand bélier est dans la chaleur du soleil,
Il te guette et ne te voit pas.
L'aîné est dans le hangar à claire-voie.
Il te guette et ne te voit pas.
Toi, toi qui cognes, toi qui frappes, attends-moi !

À son appel, ils ressortent avec l'assistant, la tête haute ; ils ne sont plus obligés de baisser les yeux et ils dansent derrière lui, tandis qu'il chante :

Nous survivons, nous sommes en vie,
Ici, mis à l'épreuve.
Il faut donner quelque chose à manger aux jeunes gens.
Chef, toi jeune homme, mon chef !
Nous survivons, nous souffrons l'épreuve.
Il faut donner quelque chose à manger, hoh mon père !
Dis-le à la mère qui m'a mis au monde.
Oh, ma mère !
Dis-lui : nous survivons, toi qui mets au monde.
Oh ma mère, que va-t-il advenir encore ?
Nous survivons, nous sommes à l'épreuve.

Hoh toi qui prends soin de nous,
Nous survivons, ici, nous sommes mis à l'épreuve.

« La plus âgée des mères » se tourne vers les mères des enfants et chante :

Eh weih, mes jeunes mères !
Eh, mes jeunes mères, parlez à ces jeunes gens !
Eh, mes jeunes mères, les enfants de Mshanga[1] sont tous venus.
Eh oh eh, comme le palmier[2], eh eh heh hm... hm...
Comme un palmier, eh heh eh heh, comme un palmier,
Les enfants de Mshanga sont tous venus.
Eh heh, comme un palmier, eh heh heh hm... hm...
Les enfants de Mshanga sont tous venus[3]...

Après une instruction donnée par l'assistant aux mères pour qu'elles prennent soin des jeunes gens, les anciens dansent devant lui et le remercient en chantant :

Ah leh, mon assistant !
Tu te hâtes de faire ce pour quoi je t'ai appelé.
Je te le dis : mon rôle est de tout accumuler,
Tout le savoir est dans ma tête.
Il est dans ma tête et maintenant tu l'as pris,
Dans ton feuillage, dans ta tête.
Ta tête est vraiment un feuillage.

1. Mshanga est le nom de l'ancêtre d'une famille de chefs dont les descendants furent très nombreux.
2. Les palmes du palmier raphia, qui pousse en brousse, ont des nervures centrales minces, mais réputées pour leur solidité.
3. P. 386-387.

Maintenant, reçois tout le savoir avec ta tête.
Avec ta tête, reçois-le maintenant !
C'est ce que tu dois maintenant accumuler dans ta tête.
C'est ce que tu dois dire aux novices.
C'est ce que tu dois dire à tes petits morceaux de glaise.

Ah leh, mon assistant !
Et la grand-mère des garçons est aussi un feuillage, elle est aussi la tête.
Et la tête de la grand-mère contient des choses, hoh Shenga.
Transperçons-les avec nos yeux, hoh Shenga.
Ah leh, assistant de l'enfant, Shenga.

Je te le dis, assistant de l'enfant.
Aide-moi et dis-le aux novices, tes novices.
Aide-moi et dis-leur de quitter en paix la plus vieille mère.
Je te le dis, mon assistant.
Ils ne doivent plus rien cacher dans leurs têtes.
Hoh Shenga, heh heh, hoh, Shenga.
Nous couperons dans cette chose, avec nos yeux,
Hoh Shenga[1].

Après cela, « la plus âgée des mères » appelle les jeunes mères qui dansent avec elles, tandis qu'elle chante le chant de l'adieu à l'aîné :

Ha hoh la nuit tombe, hoh le jour s'achève.
Que notre chef s'avance, laissons-le retourner à ses gens.

1. P. 389.

Qu'il aille à ses gens.
Il voit tomber la nuit et voudrait rentrer chez lui.
Qu'il aille, il est notre invité et peut rentrer chez lui.
Qu'il rentre, il est notre bloc de pierre, il doit retourner à ses gens.
Qu'il aille à ses gens, car il a ses enfants chez lui.
Qu'il aille chez lui, pourvu qu'il nous laisse son assistant.
Pourvu que son assistant devienne l'exemple sur qui le foyer prend modèle.
Et demain, quand il fera jour, il nous reviendra.
Hoh jah heh, puisse-t-il nous revenir !

L'aîné répond par ce chant :

Ah leh, ma grand-mère, je vais chez moi.
Je vais chez moi, mais je laisse l'assistant.
Je laisse l'assistant, et ainsi le bélier pourra devenir gras et luisant.
Le bélier doit devenir gras et luisant,
Pour pouvoir revenir après-demain.
L'assistant viendra me trouver ; car la grand-mère est avec lui, elle me l'enverra.
Il vient me trouver et me dit : Mes travaux me gardent dans la cour.
Telles sont mes paroles, je les laisse, ma grand-mère.
Je les laisse : que le petit enfant en parle !
Sur ce, je vous souhaite bonne nuit et je vais chez moi.
Je vais chez moi, dis ceci à l'assistant de celui qui est en marche.
Dis-lui que je lui souhaite bonne nuit ; et je ne veux

pas que, pour une raison quelconque, il y ait à porter une accusation[1].

Puis elles prennent congé à la fois des instructeurs et des néophytes. « La plus âgée des mères » chante :

Nous sommes faites pour apaiser, nous passons et nous apaisons ce qui nous appartient.

Nous sommes faites pour apaiser, nous apaisons ce qui nous appartient.

Laisse-moi voir la jeune mère de l'enfant.

Nous aimerions apaiser ce qui nous appartient dans la cour.

Nous sommes les expiatrices, nous sommes la brebis qui donne du lait; nous sommes la brebis qui donne du lait.

Nous sommes la mère-animal avec son lait.

Ah, nous sommes la mère-animal avec son lait, nous sommes fraîches.

La mère-animal expie pour nous.

Et quand elle a expié pour nous, ma jeune mère, tournons-nous vers l'assistant.

Tournons-nous vers l'assistant qui maintenant va nous aider.

Il n'y a que lui (l'homme céleste).

Lui seul nous donne le bélier.

Il nous donne le bélier, tournons-nous vers celui qui prend soin de l'enfant.

Il prend soin de l'enfant, celui que le grand bélier a laissé dans la demeure.

Personne d'autre que l'aîné ne l'a laissé dans la demeure.

1. P. 391-392.

Il l'a laissé dans la demeure, pourquoi ? sinon pour apaiser ses béliers.

Il apaise ses béliers pour qu'ils ne deviennent pas tordus.

Pour qu'ils ne deviennent pas noueux, nous les apaisons, nous qui sommes droits et purs.

Et cette pureté, nous vous la laissons.

C'est cela,

C'est ce que nous vous laissons. Que vos enfants ne finissent pas consumés par le feu.

Nous vous laissons leur parler de la tentatrice.

Parlez-leur de la tentatrice qui les séduira pour les rendre noueux.

Maintenant nous vous donnons le cri de joie et vous remettons vos créatures, vos petits enfants.

Longtemps vous m'avez laissé attendre la fin du chant, mes jeunes mères[1].

Plus qu'une instruction de guerrier, les rites d'initiation et les instructions donnent une éducation sexuelle complète. En témoigne ce chant entonné par le maître de cérémonie peu avant la fin de la période d'initiation :

Le petit garçon est agité.

J'ai porté la nourriture à l'enfant quand sa mère était en promenade.

Mais le garçon restait agité.

J'ai fait appel à la vieille femme pour qu'elle m'aide à recevoir la dent.

Mais le garçon restait agité.

C'est ainsi qu'il est sorti de la matrice, et de ce moment tout a commencé entre lui et moi.

1. P. 402-403.

J'ai également porté la nourriture à l'enfant, pour la dent.

Mais le garçon restait rebelle.

Même il devenait de plus en plus mal élevé en grandissant.

Alors, j'ai trouvé l'oreille, et je l'ai trouée ; mais le garçon restait mal élevé.

De pis en pis en grandissant.

Que veut donc dire une telle révolte ?

Puis j'ai trouvé la dent et je l'ai arrachée, c'est ce que nous appelons l'incision faite au garçon.

Et en commémoration j'ai planté un bananier domestique.

Mais le garçon restait rebelle.

Et le garçon est sorti de l'enfance, alors j'ai coupé son pucelage.

Il n'a pas perdu sa grossièreté, au contraire.

Il cassait tous les récipients qu'il trouvait sur son passage.

Il était complètement possédé de fureur.

Puis j'ai pensé à la marche dans le bois, je l'ai laissé dormir dans le bois.

Cependant il n'obéissait ni à son père ni à sa mère,

Le père se demandait : que signifie la révolte de mon fils ?

Alors je me suis tourné vers des sujets instructifs, je les lui ai enseignés, j'ai cru que l'instruction changerait les choses.

Mais il n'a pas abandonné sa révolte.

Je me suis tourné vers l'instruction *lan* [1] pour changer le garçon.

1. Moment de l'instruction où l'accent est surtout mis sur l'obéissance que les enfants doivent aux parents.

Mais sa révolte ne le quittait pas.

Alors je me suis tourné vers l'assistant rituel du garçon, son frère aîné.

Et je me suis tourné vers la sœur du jeune garçon pour qu'elle aille chercher le frère de la mère,

À qui nous avons demandé : « D'où vient la révolte du garçon ?

Il casse les récipients, les pots de sa mère, pourquoi est-il si irritable ? »

L'oncle maternel a répondu : « Le garçon a pris son arc, il a remonté le fil de l'eau, tirant sur les oiseaux ; là, il a rencontré une jeune fille qui se baignait dans le courant, il a vu ses membres ronds. Depuis ce temps, le garçon est hors de lui, c'est pourquoi il a cassé les pots de sa mère : il voulait attirer l'attention de son père. »

À ces mots, le père a coupé un régime de bananes dans le bois, il l'a chargé sur le dos de la sœur qui l'a porté au marché et changé contre la graine qui donne la bière.

Avec la graine qui donne la bière,

Le père est allé trouver le *mngari*,

Et il lui a demandé : « Pourquoi n'interroges-tu pas ton jeune frère ? Dis-lui : "Cette jeune fille que tu as rencontrée à la rivière, de qui est-elle la sœur ?" »

Et le garçon a répondu à son frère : « C'est la sœur de Wa-Ljatu. »

Là-dessus, son grand frère lui a demandé : « Est-ce que tu l'aimes ? »

Et le garçon a répondu : « Oui, c'est la cause de mon humeur. »

On a écrasé la graine que la sœur avait rapportée du marché, on en a fait de la bière.

Et le *mngari* a parlé au père de Wa-Ljatu.

Il l'a invité à venir à la ferme pour une fête de la bière.

Il lui a demandé de ses nouvelles.

Puis il lui a dit : « Il y a un fils dans cette maison ; il casse les récipients et les pots.

Si tout va bien chez toi, alors je te demande de me donner une brebis pour que je l'installe ici afin de pouvoir nourrir la jeune fille.

En échange, je veux devenir ton débiteur et travailler pour toi dans les champs[1]. »

1. B. Gutmann, *Das Recht der Dschagga*, p. 327-328.

VI

Texte initiatique des Korona

[L. F. Maingard, *Studies in Korona History Customs and Languages*]
Traduit de l'anglais par M. Luciani

Les Korona sont les derniers éléments d'une race hottentote en voie de disparition, qui vivent éparpillés en Union sud-africaine parmi les Bushmen et les Bantou, avec lesquels ils sont plus ou moins métissés. Il ne reste aujourd'hui que quelques dizaines de Korona vivant dans des fermes isolées sur les bords de la rivière Vaal, ou travaillant à Christiana.

Leurs origines sont inconnues ; deux légendes assez contradictoires les feraient venir, l'une des bords de la rivière Orange, l'autre de Capetown. Une chose est sûre : ils furent repoussés et décimés par les invasions européennes successives qui secouèrent la région. Ils perdirent ainsi peu à peu de leur unité et de leur importance avant de se heurter aux autochtones bechuana de la région où ils subsistent encore.

L'auteur a choisi ses informateurs parmi les ancêtres d'un groupe de vingt-cinq fermiers vivant aux environs de Bloemhof qui, malgré leur grand âge — l'un d'entre eux étant centenaire — gardaient une mémoire très fraîche de tout ce qui avait fait jadis la tradition de ce peuple.

Tabab, le principal informateur, raconte ici comment se déroulait la cérémonie de puberté des jeunes garçons korona, cérémonie qui s'appelait le *doro* et qui maintenant a complètement disparu, de même que la cérémonie équivalente pour les filles, dite *habab*.

On retrouve dans son récit et les textes qui l'accompagnent l'épreuve d'endurance physique et l'initiation au monde des interdits qui caractérisent toutes les cérémonies de puberté d'un bout à l'autre du continent africain.

LE « DORO », CÉRÉMONIE DE LA PUBERTÉ DU GARÇON

Version a — *Tabab, décembre 1931 (traduction) :*

On construit une maison pour les jeunes gens dans l'enclos du bétail. Un bœuf est tué. On verse sa graisse dans un plat, à leur intention. Ce plat est en bois de saule. Des notables sont désignés pour faire la cuisine.

Pendant qu'ils boivent, on les appelle et ils répondent. On frappe des pierres l'une contre l'autre à leur oreille et ils disent : « hn-n ». S'ils se sont éloignés, on les appelle et ils entendent.

Ensuite, ils reçoivent un *assegai* (couteau), en même temps qu'un *kirri*.

Alors, on leur donne des instructions :

N'allumez pas votre pipe au feu qui a pris dans le veld.

Si vous voyez dans le troupeau un mouton qui boite, ne regardez pas sa patte.

Ramenez-le à la maison (au village), afin que les sages du village puissent regarder sa patte.

Si vous tombez sur quelque objet (inconnu) dans le veld, portez-le à la maison (au village), afin que son propriétaire puisse le réclamer au village.

Ne mangez pas de lièvre.

Si vous faites des fautes en quoi que ce soit, vous revenez à la « loi » (c'est-à-dire : vous reprenez votre éducation).

Si vous mangez du lièvre, vous mourrez là (c'est-à-dire : sur-le-champ).

Quand il (un novice) sort de la maison (la maison du *doro*), on choisit une génisse de trois ans. Il court de toutes ses forces, afin de l'attraper. S'il l'attrape, c'est un homme. Sinon, il retourne à la « loi ».

Version b — *Tabab, février 1932 (traduction) :*

On l'emmène dans le *doro*. Des vieillards le surveillent. Lorsqu'ils vont trouver les vaches (le garçon boit du lait), on lui donne un *kirri* et un *assegai* (couteau).

Ensuite, on énonce les « lois ».

N'allumez pas votre pipe dans un feu qui a pris dans le veld.

Ne mangez pas de lièvre.

Si vous voyez qu'il y a un animal malade dans le veld, ne regardez pas sa patte. Ramenez-le au village. Les vieillards regarderont sa patte. Si vous regardez son pied dans le veld, vous avez rompu l'interdit et il vous faut revenir.

Ensuite, on boit de la graisse de mouton. Puis on l'appelle. Il répond. Alors on frappe des pierres à son oreille. S'il s'est éloigné et qu'on l'appelle, il entend.

On choisit une génisse de neuf ans, il la poursuit. S'il attrape sa queue, c'est un homme. S'il ne l'attrape pas, il est ramené à la « loi »[1].

1. P. 137-139.

VII

Textes initiatiques des Tswana

[J. Roumeguère-Eberhardt (inédit)]

Les textes et commentaires qui suivent ont été recueillis chez des Tswana de Shoshong, au Bechuanaland. Ils concernent l'édification des villages et la construction de la demeure familiale.

Voici les lois du village :

Le *kgotla,* cour villageoise, est construit solidement en forme de croissant, comme la lune lorsqu'elle commence à croître. Ainsi la famille doit croître et les fils d'un homme s'accroître afin que le village devienne un cercle comme la pleine lune.

Lorsque le cercle est fermé, il est nécessaire d'intervenir. La question est discutée par tous les membres du village réunis, puis l'affaire est référée au *kgotla* (la cour) du chef régional, qui adopte l'une des deux solutions :

— soit scinder en deux le village pour former deux nouvelles agglomérations ;

— soit déplacer tout le monde et reconstruire un nouveau village en croissant de lune, dans un endroit où il y a plus de place.

Voici les lois de la case :

La case est ronde, elle représente la force de la vie.

C'est un cercle, car elle représente la vie sans fin, la continuité de la vie assurée par les enfants.

Ainsi doit être aussi l'amour qui unit les membres de la famille.

Lorsqu'on construit la case, l'homme et la femme travaillent ensemble.

L'homme coupe et prépare les pieux et les poutres.

La femme apporte l'herbe pour le toit et cimente les murs avec de l'argile.

Quatre sortes de matériaux sont utilisés pour construire une case : 1, les pieux ; 2, les poutres, tous deux affectés au travail de l'homme ; 3, l'herbe ; 4, la terre, toutes deux affectées au travail de la femme.

Ces quatre choses représentent : le père et les fils d'une part, la mère et les filles d'autre part, qui doivent être unis pour constituer le foyer.

La case cerne ces quatre choses, comme elle cerne la famille, qu'elle représente dans un même lieu :

— en premier, on pose les pieux : c'est le père ;

— ensuite, on fait un ciment de boue séchée : c'est la mère ;

— puis viennent les poutres du toit, symbolisant les fils ;

— et enfin on pose l'herbe de la toiture : les filles.

Une cinquième chose maintient tout ceci, ce sont les courroies d'écorce qui lient la case ; ainsi la famille doit être liée par l'amour et l'« entente familiale ».

Ceci est l'enseignement que le patriarche donne à ses enfants en ajoutant :

Telle est la signification de la construction du foyer. En voici les lois initiatiques qui viennent de nos ancêtres.

Introduit et traduit par J. Roumeguère-Eberhardt

REMERCIEMENTS

Nous remercions les éditeurs qui nous ont autorisés à publier les extraits des ouvrages cités dans la bibliographie.

Nous remercions le Laboratoire d'anthropologie sociale du Collège de France et de l'École Pratique des Hautes Études, VIe section, et son directeur, M. le professeur C. Lévi-Strauss, qui nous ont permis de consulter un grand nombre d'ouvrages.

Nous remercions également Mme D. Garde, qui a contribué aux recherches bibliographiques, au dépouillement et au classement des documents.

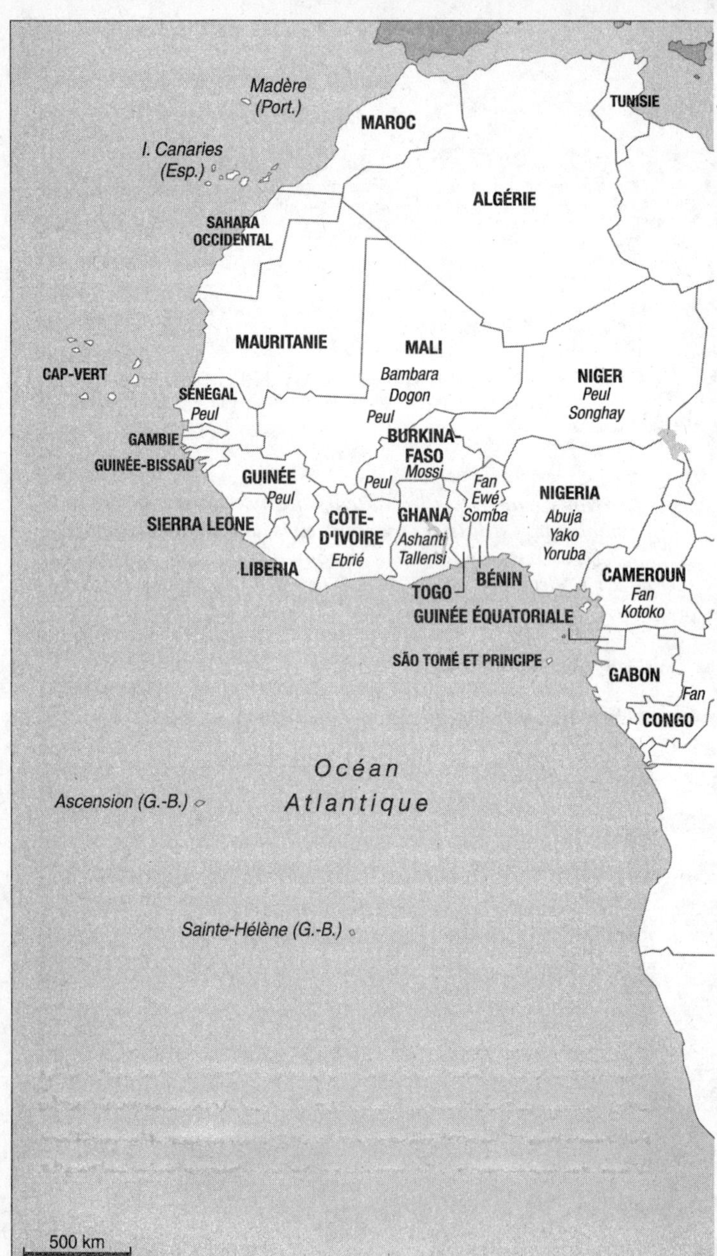
Madère
(Port.)
MAROC
TUNISIE
I. Canaries
(Esp.)
ALGÉRIE
SAHARA
OCCIDENTAL
MAURITANIE
MALI
Bambara
Dogon
Peul
NIGER
Peul
Songhay
CAP-VERT
SÉNÉGAL
Peul
GAMBIE
BURKINA-
FASO
Mossi
GUINÉE-BISSAU
GUINÉE
Peul
Peul
Fan
Ewé
Somba
NIGERIA
Abuja
Yako
Yoruba
SIERRA LEONE
CÔTE-
D'IVOIRE
Ebrié
GHANA
Ashanti
Tallensi
LIBERIA
BÉNIN
CAMEROUN
Fan
Kotoko
TOGO
GUINÉE ÉQUATORIALE
SÃO TOMÉ ET PRINCIPE
GABON
Fan
CONGO
Océan
Atlantique
Ascension (G.-B.)
Sainte-Hélène (G.-B.)
500 km

Nord
Mer Méditerranée
Mer Rouge
LIBYE
ÉGYPTE
TCHAD
Kotoko
SOUDAN
Nuer
ÉRYTHRÉE
DJIBOUTI
ÉTHIOPIE
RÉPUBLIQUE
CENTRAFRICAINE
SOMALIE
Océan
Indien
RWANDA
OUGANDA
KENYA
Bantou
Masaï
Kikuyu
RÉPUBLIQUE
DÉMOCRATIQUE
DU CONGO
Baluba
Nyanga
Tetela
Tutshiokwe
BURUNDI
TANZANIE
Chagga
Nyakusa
SEYCHELLES
COMORES
Mayotte
(Fr.)
ANGOLA
MALAWI
Ngonde
Thonga
ZAMBIE
ZIMBABWE
Kalanga
Karanga
Thongo
Venda
MOZAMBIQUE
NAMIBIE
BOTSWANA
Tswana
MADAGASCAR
I. MAURICE
Europa
(Fr.)
Réunion
(Fr.)
SWAZILAND
RÉPUBLIQUE
D'AFRIQUE DU SUD
Korona
Nama
LESOTHO

OUVRAGES CITÉS

BÂ, A. H. et DIETERLEN, G., *Koumen, texte initiatique des pasteurs peul*, Mouton, Cahiers de l'Homme, Paris-La Haye, 1961.

BEIER, H. U., « Festival of Images », *Nigeria*, n° 45, Lagos, 1954, p. 20.

BIEBUYCK, D., *De hond bij de Nyanga, Ritueel en Sociologie*, Mémoires Acad. des Sciences coloniales, t. VIII, fasc. 3, Bruxelles, 1956.

BUSIA, K. A., *The Position of the Chief in the Modern Political Systems of Ashanti*, Oxford University Press, Londres, 1951.

CLARKE, J. D., « Three Yoruba fertility ceremonies », *Journal of the Royal Anthropological Institute of Great Britain and Ireland*, Londres, 1944.

DIETERLEN, G., et BÂ, A. H.

EVANS-PRITCHARD, E. E., *Nuer Religion*, Clarendon Press, Oxford, 1956.

FORDE, D., *Yakö Studies*, Oxford Univesity Press, Londres, 1964.

GRIAULE, M., *Masques dogons*, Institut d'Ethnologie, musée de l'Homme, Paris, 1938.

GUTMANN, B., *Das Recht der Dschagga*, C. H. Beck, Münster, 1926.

— *Die Stammeslehren der Dschagga*, C. H. Beck, Münster, 1932.

HAHN, T., *Tsui-Goab, the Supreme Being of the Khoi-Khoi*, Trubner and Co, Londres, 1881.

HASSAN et SHUAIBU, M. M., *A Chronicle of Abuja*, Ibadan University Press, Ibadan, 1952.

HENRY, Abbé J., *L'âme d'un peuple africain, les Bambara*, Aschendorfssche Verlags Buchhandlung, Münster, 1910.

HOLLIS, A. C., *The Masai : Their Language and Folklore*, Clarendon Press, Oxford, 1905.

JACOBS, J., Le message tambouriné, genre de littérature orale bantoue, *Kongo-Overzee*, t. XXV, fasc. 2-3, De Sikkel, Anvers, 1959.

JUNOD, H. A., *The Life of a South Africa tribe*, Macmillan and Co, Londres, 1927.

KENYATTA, J., *Facing Mount Kenya : the Tribal Life of the Kikuyu*, Secker and Warburg, Londres, 1953.

LUGG, H. C., *Agricultural Ceremonies in Zululand*, University of Witwatersrand, Johannesburg, 1927-1929, Bantu Studies, vol. III.

MAINGARD, L. F., *Studies in Korona History, Customs and Languages*, Witwatersrand University Press, Johannesburg, 1932.

MANGIN, E., *Les Mossi*, Augustin Challamel, Paris, 1921.

MAUPOIL, B., *La géomancie à l'ancienne Côte des esclaves*, Institut d'Ethnologie, Paris, 1943.

RATTRAY, R. S., *The Ashanti*, Clarendon Press, Oxford, 1923.

— *The Tribes of the Ashanti Hinterland*, Clarendon Press, Oxford, 1932.

ROUCH, J., *La religion et la magie songhay*, Presses Universitaires de France, Paris, 1960.

— Introduction à l'étude de la communauté de Bregbo, *Journal de la Société des Africanistes*, t. XXXIII, fasc. I, Paris, 1963.

TIDJANI, A. S., *Un procédé de divination au Dahomey : la gourde-pendule.*

TRILLES, R. P. H., *Le totémisme chez les Fân*, Aschendorfssche Verlags Buchhandlung, Münster, 1912.

VAN CANAEGHEM, R. P. R., *La notion de Dieu chez les Baluba du Kasai*, Mémoires Acad. des Sciences coloniales, t. IX, fasc. 2, Bruxelles, 1956.

VEDDER, H., *The Nama*, Cape Times ltd, Le Cap,1928.

VERGER, P., *Notes sur le culte des Orisa et Vodun*, Mémoires de l'Institut français d'Afrique Noire, Dakar, 1957.

WAGNER, G., *The Bantu of North Kavirondo*, Oxford University Press, Londres, 1949.

WILSON, M., *Rituals of Kinship among the Nyakusa*, Oxford University Press, Londres, 1957.

ZAHAN, D., *Sociétés d'initiation bambara, le n'domo, le koré*, Mouton, Paris-La Haye, 1960.

INÉDITS

APPIA, B., Prières des tisserands et forgerons peul.

BORGONJON, R. P. P., Prières des Tutshiokwe.

DIETERLEN, G., *Amma Boy*.

FORDE, D., Discours rituels yakö.

IDIART, P., Textes magiques songhay.

LEBEUF, A. et J.-P., Prières des Kotoko.

MERCIER, P., Prières des Somba.

ROUMEGUÈRE, P. et ROUMEGUÈRE-EBERHARDT, J., Prières kalanga.

ROUMEGUÈRE-EBERHARDT, J., Textes initiatiques des Tswana.

TEXTES INITIATIQUES

DANS LA COLLECTION FOLIO / ESSAIS

468 Trinh Xuan Thuan : *Origines (La nostalgie des commencements).*
469 Daniel Arasse : *Histoires de peintures.*
470 Jacqueline Delange : *Arts et peuple de l'Afrique noire (Introduction à une analyse des créations plastiques).*
471 Nicole Lapierre : *Changer de nom.*
472 Gilles Lipovetsky : *La troisième femme (Permanence et révolution du féminin).*
473 Michael Walzer : *Guerres justes et injustes (Argumentation morale avec exemples historiques).*
474 Henri Meschonnic : *La rime et la vie.*
475 Denys Riout : *La peinture monochrome (Histoire et archéologie d'un genre).*
476 Peter Galison : *L'Empire du temps (Les horloges d'Einstein et les cartes de Poincaré).*
477 George Steiner : *Maîtres et disciples.*
479 Henri Godard : *Le roman modes d'emploi.*
480 Theodor W. Adorno/Walter Benjamin : *Correspondance 1928-1940.*
481 Stéphane Mosès : *L'Ange de l'Histoire (Rosenzweig, Benjamin, Scholem).*
482 Nicole Lapierre : *Pensons ailleurs.*
483 Nelson Goodman : *Manières de faire des mondes.*
484 Michel Lallement : *Le travail (Une sociologie contemporaine).*
485 Ruwen Ogien : *L'Éthique aujourd'hui (Maximalistes et minimalistes).*
486 Collectif : *La pensée en Chine aujourd'hui.* Édité sous la direction d'Anne Cheng, avec la collaboration de Jean-Philippe de Tonnac.
487 Merritt Ruhlen : *L'origine des langues (Sur les traces de la langue mère).*
488 Luc Boltanski : *La souffrance à distance (Morale humanitaire, médias et politique)* suivi de *La présence des absents.*

489 Jean-Marie Donegani et Marc Sadoun : *Qu'est-ce que la politique ?*
490 G. W. F. Hegel : *Leçons sur l'histoire de la philosophie.*
491 Collectif : *Le royaume intermédiaire* (*Psychanalyse, littérature, autour de J.-B. Pontalis*).
492 Brian Greene : *La magie du Cosmos* (*L'espace, le temps, la réalité : tout est à repenser*).
493 Jared Diamond : *De l'inégalité parmi les sociétés* (*Essai sur l'homme et l'environnement dans l'histoire*).
494 Hans Belting : *L'histoire de l'art est-elle finie ?* (*Histoire et archéologie d'un genre*).
495 Collectif : *La littérature française : dynamique et histoire I.* Édité sous la direction de J.-Y. Tadié.
496 Collectif : *La littérature française : dynamique et histoire II.* Édité sous la direction de J.-Y. Tadié.
497 Catherine Darbo-Peschanski : *L'*Historia (*Commencements grecs*).
498 Laurent Barry : *La parenté.*
499 Louis Van Delft : *Les moralistes. Une apologie.*
500 Karl Marx : *Le Capital* (*Livre I*).
501 Karl Marx : *Le Capital* (*Livres II et III*).
502 Pierre Hadot : *Le voile d'Isis* (*Essai sur l'histoire de l'idée de Nature*).
503 Isabelle Queval : *Le corps aujourd'hui.*
504 Rémi Brague : *La loi de Dieu* (*Histoire philosophique d'une alliance*).
505 George Steiner : *Grammaires de la création.*
506 Alain Finkielkraut : *Nous autres, modernes (Quatre leçons).*
507 Trinh Xuan Thuan : *Les voies de la lumière (Physique et métaphysique du clair-obscur).*
508 Marc Augé : *Génie du paganisme.*
509 François Recanati : *Philosophie du langage (et de l'esprit).*
510 Leonard Susskind : *Le paysage cosmique (Notre univers en cacherait-il des millions d'autres ?)*
511 Nelson Goodman : *L'art en théorie et en action.*
512 Gilles Lipovetsky : *Le bonheur paradoxal (Essai sur la société d'hyperconsommation).*

513 Jared Diamond : *Effondrement (Comment les sociétés décident de leur disparition et de leur survie).*

514 Dominique Janicaud : *La phénoménologie dans tous ses états (Le tournant théologique de la phénoménologie française* suivi de *La phénoménologie éclatée).*

515 Belinda Cannone : *Le sentiment d'imposture.*

516 Claude-Henri Chouard : *L'oreille musicienne (Les chemins de la musique de l'oreille au cerveau).*

517 Stanley Cavell : *Qu'est-ce que la philosophie américaine ? (De Wittgenstein à Emerson, une nouvelle Amérique encore inapprochable* suivi de *Conditions nobles et ignobles* suivi de *Status d'Emerson).*

518 Frédéric Worms : *La philosophie en France au XXe siècle (Moments).*

519 Lucien X. Polastron : *Livres en feu (Histoire de la destruction sans fin des bibliothèques).*

520 Galien : *Méthode de traitement.*

521 Arthur Schopenhauer : *Les deux problèmes fondamentaux de l'éthique (La liberté de la volonté — Le fondement de la morale).*

522 Arthur Schopenhauer : *Le monde comme volonté et représentation I.*

523 Arthur Schopenhauer : *Le monde comme volonté et représentation II.*

524 Catherine Audard : *Qu'est-ce que le libéralisme ? (Éthique, politique, société).*

525 Frédéric Nef : *Traité d'ontologie pour les non-philosophes (et les philosophes).*

526 Sigmund Freud : *Sur la psychanalyse (Cinq conférences).*

527 Sigmund Freud : *Totem et tabou (Quelques concordances entre la vie psychique des sauvages et celle des névrosés).*

528 Sigmund Freud : *Conférences d'introduction à la psychanalyse.*

529 Sigmund Freud : *Sur l'histoire du mouvement psychanalytique.*

530 Sigmund Freud : *La psychopathologie de la vie quotidienne (Sur l'oubli, le lapsus, le geste manqué, la superstition et l'erreur).*

531 Jared Diamond : *Pourquoi l'amour est un plaisir (L'évolution de la sexualité humaine).*
532 Marcelin Pleynet : *Cézanne.*
533 John Dewey : *Le public et ses problèmes.*
534 John Dewey : *L'art comme expérience.*
535 Jean-Pierre Cometti : *Qu'est-ce que le pragmatisme ?*
536 Alexandra Laignel-Lavastine : *Esprits d'Europe (Autour de Czeslaw Milosz, Jan Patočka, István Bibó. Essai sur les intellectuels d'Europe centrale au XXe siècle).*
537 Jean-Jacques Rousseau : *Profession de foi du vicaire savoyard.*
538 Régis Debray : *Le moment fraternité.*
539 Claude Romano : *Au cœur de la raison, la phénoménologie.*
540 Marc Dachy : *Dada & les dadaïsmes (Rapport sur l'anéantissement de l'ancienne beauté).*
541 Jean-Pierre Luminet : *Le Destin de l'Univers (Trous noirs et énergie sombre) I.*
542 Jean-Pierre Luminet : *Le Destin de l'Univers (Trous noirs et énergie sombre) II.*
543 Collectif : *Qui sont les animaux ?* Édité sous la direction de Jean Birnbaum.
544 Yves Michaud : *Qu'est-ce que le mérite ?*
545 Luc Boltanski : *L'Amour et la Justice comme compétences (Trois essais de sociologie de l'action).*
546 Jared Diamond : *Le troisième chimpanzé (Essai sur l'évolution et l'avenir de l'animal humain).*
547 Christian Jambet : *Qu'est-ce que la philosophie islamique ?*
548 Lie-tseu : *Le Vrai Classique du vide parfait.*
549 Hans-Johann Glock : *Qu'est-ce que la philosophie analytique ?*
550 Hélène Maurel-Indart : *Du plagiat.*
551 Collectif : *Textes sacrés d'Afrique noire.*
552 Mahmoud Hussein : *Penser le Coran.*
553 Hervé Clerc : *Les choses comme elles sont (Une initiation au bouddhisme ordinaire).*
554 Étienne Bimbenet : *L'animal que je ne suis plus.*
555 Sous la direction de Jean Birnbaum : *Pourquoi rire ?*
556 Tchouang-tseu : *Œuvre complète.*

557 Jean Clottes : *Pourquoi l'art préhistorique ?*
558 Luc Lang : *Délit de fiction (La littérature, pourquoi ?)*.
559 Daniel C. Dennett : *De beaux rêves (Obstacles philosophiques à une science de la conscience)*.
560 Stephen Jay Gould : *L'équilibre ponctué*.
561 Christian Laval : *L'ambition sociologique (Saint-Simon, Comte, Tocqueville, Marx, Durkheim, Weber)*.
562 Dany-Robert Dufour : *Le Divin Marché (La révolution culturelle libérale)*.
563 Dany-Robert Dufour : *La Cité perverse (Libéralisme et pornographie)*.
564 Sander Bais : *Une relativité bien particulière...* précédé de *Les équations fondamentales de la physique (Histoire et signification)*.
565 Helen Epstein : *Le traumatisme en héritage (Conversations avec des fils et filles de survivants de la Shoah)*.
566 Belinda Cannone : *L'écriture du désir*.
567 Denis Lacorne : *De la religion en Amérique (Essai d'histoire politique)*.
568 Collectif : *Où est passé le temps ?* Édité sous la direction de Jean Birnbaum.
569 Simon Leys : *Protée et autres essais*.
570 Robert Darnton : *Apologie du livre (Demain, aujourd'hui, hier)*.
571 Kora Andrieu : *La justice transitionnelle (De l'Afrique du Sud au Rwanda)*.
572 Leonard Susskind : *Trous noirs (La guerre des savants)*.
573 Mona Ozouf : *La cause des livres*.
574 Antoine Arjakovsky : *Qu'est-ce que l'orthodoxie ?*
575 Martin Bojowald : *L'univers en rebond (Avant le big-bang)*.
576 Axel Honneth : *La lutte pour la reconnaissance*.
577 Marcel Gauchet : *La révolution moderne (L'avènement de la démocratie I)*.
578 Ruwen Ogien : *L'État nous rend-il meilleurs ? (Essai sur la liberté politique)*.
579 Gilles Cohen-Tannoudji et Michel Spiro : *Le boson et le chapeau mexicain (Un nouveau grand récit de l'univers)*.

580 Thomas Laqueur : *La Fabrique du sexe (Essai sur le corps et le genre en Occident).*
581 Hannah Arendt : *De la révolution.*
582 Albert Camus : *À « Combat » (Éditoriaux et articles 1944-1947).*
583 Collectif : *Amour toujours ?* Édité sous la direction de Jean Birnbaum.
584 Jacques André : *L'Imprévu (En séance).*
585 John Dewey : *Reconstruction en philosophie.*
586 Michael Hardt et Antonio Negri : *Commonwealth.*
587 Christian Morel : *Les décisions absurdes II (Comment les éviter).*
588 André Malraux : *L'Homme précaire et la Littérature.*
589 François Noudelmann : *Le toucher des philosophes (Sartre, Nietzsche et Barthes au piano).*
590 Marcel Gauchet : *La crise du libéralisme. 1880-1914 (L'avènement de la démocratie II).*
591 Dorian Astor : *Nietzsche (La détresse du présent).*
592 Erwin Panofsky : *L'œuvre d'art et ses significations (Essais sur les « arts visuels »).*
593 Annie Lebrun : *Soudain un bloc d'abîme, Sade.*
594 Trinh Xuan Thuan : *Désir d'infini (Des chiffres, des univers et des hommes).*
595 Collectif : *Repousser les frontières ?* Édité sous la direction de Jean Birnbaum.
596 Vincent Descombes : *Le parler de soi.*
597 Thomas Pavel : *La pensée du roman.*
598 Claude Calame : *Qu'est-ce-que c'est que la mythologie grecque ?*
599 Jared Diamond : *Le monde jusqu'à hier.*
600 Lucrèce : *La nature des choses.*
601 Gilles Lipovetsky, Elyette Roux : *Le luxe éternel.*
602 François Jullien : *Philosophie du vivre.*
603 Martin Buber : *Gog et Magog.*
604 Michel Ciment : *Les conquérants d'un nouveau monde.*
605 Jean Clair : *Considérations sur l'État des Beaux-Arts.*
606 Robert Michels : *Sociologie du parti dans la démocratie moderne.*
607 Philippe Descola : *Par-delà nature et culture.*

608 Marcus du Sautoy : *Le mystère des nombres (Odyssée mathématique à travers notre quotidien).*
609 Jacques Commaille : *À quoi nous sert le droit ?*
610 Giovanni Lista : *Qu'est-ce que le futurisme ? suivi de Dictionnaire des futuristes.*
611 Collectif : *Qui tient promesse ?*
612 Dany-Robert Dufour : *L'individu qui vient (... après le libéralisme).*
613 Jean-Pierre Cometti : *La démocratie radicale (Lire John Dewey).*
614 Collectif : *Des psychanalystes en séance (Glossaire clinique de psychanalyse contemporaine).*
615 Pierre Boulez (avec Michel Archimbaud) : *Entretiens.*
616 Stefan Zweig : *Le Monde d'hier.*
617 Luc Foisneau : *Hobbes (La vie inquiète).*
618 Antoine Compagnon : *Les Antimodernes (De Joseph de Maistre à Roland Barthes).*
619 Gilles Lipovetsky, Jean Serroy : *L'esthétisation du monde (Vivre à l'âge du capitalisme artiste).*
620 Collectif : *Les origines du vivant (Une équation à plusieurs inconnues).* Par l'Académie des sciences.
621 Collectif : *Où est le pouvoir ?* Édité sous la direction de Jean Birnbaum.
622 Jean-Pierre Martin : *La honte (Réflexions sur la littérature).*
623 Marcel Gauchet : *L'avènement de la démocratie III (À l'épreuve des totalitarismes (1914-1974).*
624 Moustapha Safouan : *La psychanalyse (Science, thérapie et cause).*
625 Alain Roger : *Court traité du paysage.*
626 Olivier Bomsel : *La nouvelle économie politique (Une idéologie du XXIe siècle).*
627 Michael Fried : *La place du spectateur (Esthétique et origines de la peinture moderne).*
628 François Jullien : *L'invention de l'idéal et le destin de l'Europe.*
629 Danilo Martuccelli : *La condition sociale moderne (L'avenir d'une inquiétude).*

630 Ioana Vultur : *Comprendre (L'herméneutique et les sciences humaines).*
631 Arthur Schopenhauer : *Lettres, tome I.*
632 Arthur Schopenhauer : *Lettres, tome II.*
633 Collectif : *Hériter, et après ?* Édité sous la direction de Jean Birnbaum.
634 Jan-Werner Müller : *Qu'est-ce que le populisme ? (Définir enfin la menace).*
635 Wolfgang Streeck : *Du temps acheté (La crise sans cesse ajournée du capitalisme démocratique).*
636 Collectif : *La cognition (Du neurone à la société).* Édité sous la direction de Daniel Andler, Thérèse Collins et Catherine Tallon-Baudry.
637 Cynthia Fleury : *Les irremplaçables.*
638 Nathalie Heinich : *L'élite artiste (Excellence et singularité en régime démocratique).*
639 François Jullien : *Entrer dans une pensée ou Des possibles de l'esprit* suivi de *L'Écart et l'entre.*
640 Régis Debray : *Civilisation (Comment nous sommes devenus américains).*
641 Collectif : *Mai 68, Le Débat.*
642 Geneviève Fraisse : *Le Privilège de Simone de Beauvoir.*
643 Collectif : *L'âge de la régression.* Édité sous la direction d'Heinrich Geiselberger.
644 Guy Debord : *La Société du Spectacle.*
645 Guy Debord : *Commentaires sur la société du spectacle (1988)* suivi de *Préface à la quatrième édition italienne de « La Société du Spectacle » (1979).*
646 Asma Lamrabet : *Islam et femmes (Les questions qui fâchent).*
647 Collectif : *De quoi avons-nous peur ?* Édité sous la direction de Jean Birnbaum.
648 Claude Romano : *Être soi-même (Une autre histoire de la philosophie).*
649 Collectif : *Tous philosophes ?* Édité sous la direction de Jean Birnbaum.
650 Marion Dapsance : *Qu'ont-ils fait du bouddhisme ? (Une analyse sans concession du bouddhisme à l'occidentale).*
651 Gérard Macé : *Le goût de l'homme.*

652 François Jullien : *La pensée chinoise (En vis-à-vis de la philosophie).*
653 Boniface Mongo-Mboussa : *Désir d'Afrique.*
654 Simone de Beauvoir : *La Vieillesse.*
655 Geneviève Fraisse : *Féminisme et philosophie.*
656 Francis Kaplan : *Propos sur Alain.*
657 Collectif : *Femmes et littérature (Une histoire culturelle, I).* Édité sous la direction de Martine Reid.
658 Collectif : *Femmes et littérature (Une histoire culturelle, II).* Édité sous la direction de Martine Reid.
659 Camille Froidevaux-Metterie : *La révolution du féminin.*
660 Claude Romano : *De la couleur.*
661 Emmanuel Pierrat : *L'auteur, ses droits et ses devoirs.*
662 Jean-Paul Sartre : *Plaidoyer pour les intellectuels.*
663 Cynthia Fleury : *Métaphysique de l'imagination.*
664 Cynthia Fleury : *Mallarmé (et la parole de l'imâm).*
665 Collectif : *L'identité, pour quoi faire ?* Édité sous la direction de Jean Birnbaum.
666 Collectif : *L'identité (Dictionnaire encyclopédique).* Édité sous la direction de Jean Gayon.
667 Valérie Charolles : *Le libéralisme contre le capitalisme.*
668 François Jullien : *Altérités (De l'altérité personnelle à l'altérité culturelle).*
669 Collectif : *Penser en Chine.* Édité sous la direction d'Anne Cheng.
670 Gérard Macé, *La pensée des poètes (Anthologie).*
671 Franz Kafka, *Journal (Édition intégrale, douze cahiers 1909-1923).*
672 John Goldsmith et Bernard Laks, *Aux origines des sciences humaines (Linguistique, philosophie, logique, psychologie 1840-1940).*
673 Jean-Marc Bonnet-Bidaud et Thomas Lepeltier, *Big bang (Histoire critique d'une idée).*
674 Antonio Gramsci, *Cahiers de prison (Anthologie).*
675 Barbara Stiegler, *Nietzsche et la vie (Une nouvelle histoire de la philosophie).*
676 François Jullien, *Vivre de paysage (Entre les montagnes et les eaux).*
677 Ivan Illich, *H_2O, les eaux de l'oubli.*

Tous les papiers utilisés pour les ouvrages des collections Folio sont certifiés et proviennent de forêts gérées durablement.

Impression Maury Imprimeur
45330 Malesherbes
le 26 octobre 2023
Dépôt légal : octobre 2023
1er dépôt légal dans la collection : avril 2011
Numéro d'imprimeur : 273820

ISBN 978-2-07-044137-2 / Imprimé en France.

621103